W0176435

Poley (Hrsg.)   Berichte aus der Arche

Dr. Dieter Poley (Hrsg.)

Berichte aus der Arche

Nachzucht statt Wildfang
Natur- und Artenschutz im Zoo
Menschen und Tiere
Die Zukunft der Zoos

Mit Beiträgen von

Prof. Dr. Lothar Dittrich, Dr. Wolfgang Gewalt,
Prof. Dr. Gunther Nogge, Dr. Helmut Pechlaner
und Dr. Dieter Poley

☰ **TRIAS** THIEME HIPPOKRATES ENKE

Anschrift des Herausgebers:

Dr. rer. nat. Dieter Poley
Tiergarten Heidelberg
Tiergartenstraße 3
D-6900 Heidelberg

Gesamttypographie:
B. und H. P. Willberg, Eppstein/Ts.

Umschlaggestaltung:
Dominique Loenicker, Stuttgart

Textzeichnungen:
Friedrich Hartmann, Nagold

Die Deutsche Bibliothek –
CIP-Einheitsaufnahme

Berichte aus der Arche :
Nachzucht statt Wildfang ; Natur- und
Artenschutz im Zoo ; Menschen und
Tiere ; die Zukunft der Zoos / hrsg. von
Dieter Poley. Mit Beitr. von Lothar
Dittrich ... [Textzeichn.: Friedrich
Hartmann]. – Stuttgart : TRIAS
Thieme Hippokrates Enke, 1993

NE: Poley, Dieter [Hrsg.]; Dittrich,
Lothar

© 1993 Georg Thieme Verlag,
Rüdigerstraße 14,
D-7000 Stuttgart 30
Printed in Germany
Satz und Druck:
Druckhaus Götz GmbH, Ludwigsburg
(Linotype System 5 [202])

ISBN 3-89373-217-9   1 2 3 4 5 6

Zu diesem Buch

Jeder von uns weiß – oder glaubt zu wissen –, was ein Zoo ist: eine Anlage mit vielen Tieren, durch die man sonntags mit den Kindern spaziert. Natürlich ist das richtig, aber es ist bei weitem nicht alles!

Einen »Notausgang zur Natur« nannte der berühmte Direktor des Züricher Zoos, Heini Hediger, die Zoologischen Gärten. Gerade für Kinder stellt der Zoo mehr dar als eine alternative Freizeitgestaltung. Den wenigsten von ihnen ist es vergönnt, mit Tieren aufzuwachsen und sie als Lebewesen mit eigenem Willen und eigenem Wert kennenzulernen. Im Zoo werden die Gestalten aus Märchen, Bilderbüchern, Fernsehsendungen lebendig. Aber auch die meisten Erwachsenen lassen sich noch fesseln vom Lebendigen, von der Fremd- und Andersartigkeit der Tiere. (Geben wir es doch zu, in jedem von uns steckt die Neugier auf das Unbekannte, das Exotische, aber auch der Wunsch, Bekanntes wiederzuentdecken oder bestätigt zu sehen!) Und ganz nebenbei erhält auch der »große« Besucher noch ein bißchen Nachhilfe in Naturkunde und Ökologie. All das wird uns im wahrsten Sinne des Wortes »im Vorübergehen« geboten.

Die Erholung, die Freude und die Information der Besucher sind ein Teil der Aufgaben Zoologischer Gärten. Der andere konzentriert sich erwartungsgemäß auf die Tiere. Dabei machen jedoch das Wohlergehen, die Gesundheit, die Ernährung, die Pflege der im Zoo lebenden Tiere wiederum nur einen Teil dieser Aufgaben aus. Von der Öffentlichkeit weitgehend unbemerkt sind Zoos zu Orten der wissenschaftlichen Erforschung der Lebensgewohnheiten bekannter und unbekannter Tierarten geworden. Mit dem Erfolg, daß manche Tiere inzwischen älter werden und sich besser vermehren als ihre außerhalb des Zoos lebenden Artgenossen. Das Wissen um die Tiere und die Kunst, sie erfolgreich zu züchten, spielen eine immer größere Rolle in Natur- und Artenschutzprogrammen, in denen sich Zoologische Gärten gemeinsam mit anderen Organisationen engagieren. Tierarten vor der Ausrottung zu bewahren und für den Erhalt ihrer Lebensräume zu kämpfen, gehört zu den neuen Aufgaben, denen sich die Zoos verpflichtet fühlen.

Dieses Buch will seinen Lesern zeigen, wie die Zoos selbst ihre Aufgaben sehen. Es will aber auch die Fragen beantworten, die sich manche Zoobesucher vielleicht schon gestellt haben – von »Wie kommen die Tiere in den Zoo?« über »Sind die Tiere im Zoo glücklich?« bis »Wie wird man Zoodirektor?«. Da es gut ist, die Vergangenheit zu kennen, wenn man die Gegenwart verstehen will, spielen Rückblicke in die Geschichte und die Entwicklung der Zoos eine wichtige Rolle. Nicht weniger bedeutsam ist das gesellschaftliche Umfeld, in dem Zoologische Gärten stehen – angefangen vom jeweiligen Zeitgeist über die Kontakte zu Medien bis zur politischen Lobby. Dazu gehört auch die Neigung, Tiere und ihre Bedürfnisse mit (sich wandelnden) menschlichen Wertmaßstäben zu messen.

Jeder der fünf Autoren dieses Buches führt seit Jahren einen Zoo. Sie alle gehören dem Verband Deutscher Zoodirektoren an, in dem sich die wissenschaftlich geleiteten Zoos im deutschsprachigen Raum zusammengeschlossen haben. Trotz unterschiedlichen Werdegangs und persönlichen Stils ist ihnen eines gemeinsam: Sie sind »Zoomenschen« mit Leib und Seele, mit Kopf und Bauch. – Sie als Leser werden das spüren. Viel Vergnügen und auf Wiedersehen im Zoo!

Der Verlag

Wie der Mensch zum Zoo kam:
Eine kurze Geschichte der Wildtierhaltung

Dieter Poley

Vor etwa zwei Millionen Jahren begann die Phase der menschlichen Entwicklung, die man die Zeit der Jäger und Sammler nennt. Noch vor 10 000 Jahren lebte die gesamte Menschheit auf dieser Kulturstufe. Doch der prähistorische Mensch war nicht nur Jäger – sondern auch Gejagter der ihm an Kraft und Schnelligkeit weit überlegenen Wildtiere. Diese Übermacht versuchte der Mensch durch Jagdzauber und Totemismus zu bannen. Die kunstvollen Felsmalereien in den Höhlen von Lascaux und Altamira sowie die Funde des Höhlenbärenkults in verschiedenen Höhlen Kärntens beispielsweise geben davon beredt Zeugnis.

Auf den steinzeitlichen Höhlenbildern in Font de Gaum und La Pileta finden sich auch Hinweise für den Fang und die Haltung von Wildtieren in Gruben und Gattern: Die meisten Haustiere sind aus sozial veranlagten, d. h. in Gruppen oder Familienverbänden lebenden Wildtierarten hervorgegangen. Diese Haltung von Wildtieren als lebende Fleischreserven markiert den Beginn der Haustierwerdung; zusammen mit den Nutzpflanzen bilden die Haustiere ein Fundament für das Seßhaftwerden des Menschen.

Der Augenblick, in dem es dem Menschen gelang, ein Tier unter seine Gewalt zu bringen, das stärker, schneller und schwerer war als er, rief nicht nur eine technische, sondern auch eine geistige Umwälzung hervor. Mit dieser Umwälzung und der sich daraus entwickelnden Kultur – die Historiker sprechen von der neolithischen Revolution –, begann der eigentliche Aufstieg der Menschheit. Sozusagen von der Sorge um das tägliche Brot befreit, konnte eine neue Art von Pflegeverhalten des Menschen in bezug auf die Wildtiere entstehen. Diese nicht von Nützlichkeitskriterien beeinflußte Form der Haltung von Wildtieren entwickelte sich vor allem an Herrscherhöfen, weniger in bäuerlichen Bereichen. Denn nur dort gab es für die Menschen Mußezeiten, in denen sie ihre Neugierde, ihren Erkenntnisdrang und ihr Bedürfnis nach Unterhaltung und Belehrung den Wildtieren zuwenden konnten. Da weltliche Herrschaft sehr häufig die religiöse Führerschaft mit einschloß, diente die Wildtierhaltung auch dem Zweck, Opfertiere, Kulttiere und Götterboten vorrätig zu haben. Solche nicht von der Nützlichkeit diktierten Tierhaltungen markieren deshalb nicht den Anfang von Zivilisation, sondern sind kennzeichnende Merkmale von Hochkulturen.

☰ Die frühen Hochkulturen

Vor über 5000 Jahren entstanden aus den frühen Ackerbaukulturen an den großen Flüssen Euphrat, Tigris, Nil, Indus und den chinesischen Flußsystemen Hochkulturen, in denen sich Wildtierhaltung – oft mit kultischer Bedeutung – nachweisen lassen. Im 3. und 2. Jahrtausend vor Christi Geburt wurden in den Tempelbezirken der Sumerer und in Indien Antilopen, Gazellen, Panzernashörner, Elefanten, Tiger, Gaur, Gaviale und Affen gehalten. In Ägypten hielten die Pharaonen riesige Herden von Antilopen als Opfertiere.

Im 2. Jahrtausend v. Chr. legten ägyptische Könige, so z. B. Thutmosis III. und Ramses II., Tiergärten als Zeichen ihrer Macht an. Um 1500 v. Chr. ließ die ägyptische Herrscherin Hatschepsut in der Nähe der großen Tempelanlage Deir el Bahri in Theben den »Garten des Ammon« errichten. Im Zoo der Königin Hatschepsut lebten größere Herden von Wasserböcken, Kuhantilopen, Mendesantilopen, Gazellen und Strauße. Für ihren Tiergarten erhielt sie als Tribute Elefanten aus Indien, Affen, Leoparden, sogar eine Giraffe und viele Vogelarten aus Ostafrika.

Auch in Assyrien, jenem obermesopotamischen Reich, richteten die Herrscher Tiergärten ein, und wie die Pharaonen schickten sie Tierfangexpeditionen aus. Von dem assyrischen Herrscher Tiglatpilesar I. (1116–1078 v. Chr.) wird berichtet: »In den Tagen der Kälte, des Frostes und der Regenschauer hat er ... weibliche und männliche Steinböcke, weibliche und männliche Hirsche in Netzen gefangen, sie in Herden gesammelt und sie gebären lassen.« Assurnassirpal II. (884–859 v. Chr.) unterhielt einen großen zoologischen Garten mit vielen Tieren, in den er sein Volk einlud, dies alles anzusehen. In seinem Tiergarten wurden Löwen im Überfluß gezüchtet.

Der assyrische König Sanherib (705–681 v. Chr.) besaß in der Nähe seines Palastes in Ninive einen Zoo mit seltenen Tieren und Pflanzen. Er ließ gewaltige Felsen sprengen und legte für seine Zootiere Wasserkanäle und Wasserlöcher an. Eine wahrhaft königliche Verschwendung, denn Wasser war in Assyrien so kostbar wie Gold. Einer Inschrift ist zu entnehmen, daß die Gehege den natürlichen Lebensbedingungen der Tiere nachgebildet wurden. Sicher müssen die Gehege sehr weit gewesen sein, da die verschiedenen Huftierarten in großen Herden und die Raubtiere in beachtlicher Anzahl gehalten wurden. In besonderen Gehegen waren in diesem Park Kamele, Gazellen, Wildesel, Hasen und Vögel zu sehen.

☰ Der Garten der Intelligenz – Zoos in China

Der erste Tiergarten, von dem die Geschichte weiß, wurde um 2000 v. Chr. am Hofe eines chinesischen Kaisers aus der Hia-Dynastie gebaut. Verschiedentlich wird dieser Garten auch als der erste »Park der Intelligenz« bezeichnet.

Im Gegensatz zu den Tiersammlungen der frühen Hochkulturen Ägyptens, Vorder- und Mittelasiens, die im Verlaufe der Geschichte wieder vergingen, hielt sich der Zoo des Kaisers Wu-Wang bis in die neuere Zeit. Eine Ode an Wu-Wang beschreibt einen Besuch des Herrschers im heiligen Park: »Der König ist im heiligen Park, in dem Reh und Hirsch sich verbergen, Reh und Hirsch sind glatt und rein, weiße Vögel leuchten und schimmern.« Im »Park der Intelligenz« gab es wahrscheinlich keine Zäune, keine Käfige oder Zwinger. Die Tiere, darunter Schabrackentapire, Davidshirsche und Bambusbären, konnten sich in dem 400 Hektar großen Gelände frei bewegen.

Das Gedicht über den Zoo aus dem heiligen Buch der Lieder hat Friedrich Rückert (1788–1866) aus dem Chinesischen übersetzt und in deutsche Reime gebracht. Noch heute kann man die von Freude erfüllte Stimmung nachempfinden, die sich bei der Betrachtung von Tieren einstellt und ein gutes Mensch-Tier-Verhältnis charakterisiert:

> *Der mächt'ge Fürst Wen-Wang*
> *Im Waldgehege Lin-yo*
> *Sieht an vergnügt und froh*
> *Der zahmen Rehe Gang,*
> *Die nicht der Menschen Anblick scheuen*
> *Und sich zusammen spielend freuen.*

Die Tierwelt in diesen Gehegen muß erstaunlich gewesen sein. In den Ts'en-hansu-Annalen aus der Regierungszeit des Kaisers Ping (300 v. Chr.) kann man lesen: »Die Gesandten aus Huangtschi, die aus dreitausend Li Entfernung kamen, haben als Tribut ein lebendes Nashorn mitgebracht.« Tierfang und Tierhandel hat es in China schon lange gegeben. Auch Tiergeschenke als Zeichen der Freundschaft waren in China üblich. Die chinesischen Zoos haben also eine lange Tradition in der Tierhaltung. Trotz der Kriege, in denen die Paläste zerstört und die Könige getötet wurden, haben die jeweiligen Sieger und Nachfolger den »Garten der Intelligenz« über 2000 Jahre erhalten.

Der große Weltreisende seiner Zeit, der Venezianer Marco Polo (1254–1324) hat auf seiner Reise die verschiedenen Tiergärten und auch den »Garten der Intelligenz« besucht. Er schildert den Bambusbären Pei-hsiung, den weißrückigen Tapir Mé, den großen Sumpfhirsch Sse-pu-hsiang (den Milu) so genau, daß wir heute genau wissen, um welche Tiere es sich handelte. Bei seinen Zeitgenossen stieß Marco Polo mit den Schilderungen chinesischer Zoos und der frei herumlaufenden fremdartigen Tiere auf großen Unglauben.

Erst Jahrhunderte später riskierte ein Europäer sein Leben, um einmal über die Mauer des von tatarischen Wachen beschützten »Park der Intelligenz« zu blicken. An jenem 17. Mai 1865 erblickte der französische Pater und Missionar Armand David den Sumpfhirsch, der später nach ihm Pater-Davids-Hirsch genannt wurde und von dem Marco Polo schrieb: »Nicht Hirsch, nicht Rind, nicht Ziege, nicht Esel.« Noch vor der großen Flutkatastrophe von 1895 gelangten einige Hirsche nach Europa. Nur 20 Exemplare überlebten die große Flut. Der Kaiser befahl den Wiederaufbau des Gartens, der dann während des Boxeraufstandes (1899/1900) durch europäische Truppen zerstört wurde. Das beschämende Ende des 3000 Jahre alten Zoo liest sich in einem offiziellen Bericht so: »Das internationale Expeditionskorps verschaffte sich Eingang in den kaiserlichen Wildpark, lagerte dort, tötete sämtliche Tiere und verpflegte sich mit ihrem Fleisch.«

≡ Aristoteles' Geschichte der Tiere und die Zirkusspiele in Rom

Im klassischen Griechenland hatten Tiergärten keine Bedeutung. Dennoch fängt die wissenschaftliche Zoologie im eigentlichen Sinne erst mit den Griechen an. Die frühen Naturphilosophen suchten die Entstehung der belebten Welt zu erklären, doch der erste wirklich wissenschaftlich an Tieren interessierte Grieche war Aristoteles (384−322 v. Chr.). Dieser beschränkte sich aber nicht darauf, mit Hilfe des »Ideen-Konzepts« Platons die Tierwelt in Kategorien zu ordnen, er beobachtete vergleichend und faßte das ganze Wissen seiner Zeit in einer zehnbändigen Enzyklopädie zusammen. Viel Unterstützung erfuhr Aristoteles durch seinen Schüler Alexander den Großen (336−323 v. Chr.), der ihm für seine »Geschichte der Tiere« Geldmittel zur Verfügung stellte. Besonders wertvoll war für Aristoteles der Zugang zu den Tiersammlungen Alexanders, die dieser immer wieder aus dem Orient ergänzte. Hierzu gehören vor allem die Tiergärten, Vogelhäuser und Fischteiche.

Die Römer übernahmen mit der Kultur Griechenlands auch die Fortführung der (spärlichen) tiergärtnerischen Traditionen, nutzten sie aber für völlig andere Zwecke. Römische Legionäre brachten von ihren Feld- und Eroberungszügen nicht nur Gefangene und Beute nach Italien, sie fingen auch Tiere aus den besetzten Gebieten ein und brachten sie nach Rom. Viele Tiere hatte man aus den zoologischen Gärten der eroberten Länder geholt. Die gebildeten Römer kannten viele von ihnen aus der zehnbändigen »Geschichte der Tiere« von Aristoteles. Die Tierhaltungen im alten Rom dienten verschiedenen Zwecken. Da gab es Tiergärten, die den Begriff schon verdienten, neben Tierhaltungen für die Kämpfe *(panem et circenses)* in Zirkus und Arena. Andere römische Tierhaltungen dienten der Befriedigung von Gaumenfreuden, wieder andere der Schaulust und Prunksucht von Privatpersonen. Ein Tiergarten, wie wir ihn kennen, wurde in Rom erst um die Zeitenwende gegründet. Kaiser Augustus (63 v. Chr.–14 n. Chr.) darf für sich den Ruhm beanspruchen, in Rom den ersten zoologischen Garten errichtet zu haben. In seinem Tierpark wurden bereits 3500 Tiere gepflegt, also so viel, wie heute ein großer zoologischer Garten besitzt. Darunter befanden sich 420 Tiger, 260 Löwen, 600 andere afrikanische Raubtiere, schon ein Nashorn, das erste Flußpferd, das nach Rom gelangte, weiterhin Robben, Bären, Elefanten, Adler, Krokodile und eine Riesenschlange.

Der Tierpark des Augustus machte Schule. Kaiser Trajan (53–117 n. Chr.) hielt in seinem Zoo sogar 11 000 Tiere. Bald gab es in Rom so viele Privatzoos, daß der römische Gesetzgeber eine Sondersteuer für Löwen und Leoparden erließ. Dieses Gesetz bestimmte, daß man für Schäden, verursacht durch gehaltene Wildtiere, mehr zu bezahlen hatte als für Schäden, die Haustiere anrichteten. Dieser römische Rechtsgrundsatz ist übrigens bis heute in fast allen modernen Gesetzen verankert.

Eine recht traurige Berühmtheit erlangten die Römer dadurch, daß sie Tiere für Kämpfe in ihren Zirkussen in unvorstellbaren Mengen nach Rom und auch in andere Städte ihres Reiches bringen ließen. Bei den Schauspielen zur Eröffnung des Colosseums im Jahre 80 n. Chr. starben 5000 Tiere. Um das Jahr 150 n. Chr. sollen in einer Zirkusspielzeit mehr als 10 000 Tiere getötet worden sein. Auch Hadrian, Antonius und Marc Aurel sorgten für Triumphveranstaltungen mit Hunderten von kämpfenden Löwen. Strauße traten bei allen römischen Tierkämpfen auf, auch Kraniche wurden kämpfend vorgeführt. Das große Ereignis dieser Epoche war jedoch der tausendste Jahrestag der Gründung Roms, der am 21. April 298 mit den Säkularspielen begonnen wurde. Während dieser Spiele wurden 40 Wildpferde, 32 Elefanten, 10 Elenantilopen, 10 Tiger, 60 Löwen, 30 Leoparden, 10 Hyänen, 1 Flußpferd, 1 Nashorn, 10 Giraffen, 20 Wildesel und viele andere Tiere mehr vor den Augen des Volkes in der Arena getötet. Alle diese Vorführungen setzen einen kommerziell betriebenen Tierfang und

-handel ebenso voraus wie die Haltung dieser Tiere über einen längeren Zeitraum. Als Folge dieses Massenfangs zum Zwecke des Abschlachtens wurde bereits um die Zeitenwende manche Tierart in Nordafrika recht selten.

Es mag uns heute bei diesen Zahlen schaudern, und wir sind leicht geneigt, mit Abscheu auf das dekadente Rom zu sehen. Um die Orientierung des Lesers am Ende des 20. Jahrhunderts zu erleichtern, um ihm einen Überblick über die zeitgenössische »Tätigkeit« zu geben, hier eine Jahresstatistik des Bundesministeriums für Ernährung, Landwirtschaft und Forsten zum Washingtoner Artenschutzübereinkommen. Danach wurden 1980 in aller Welt für den Fell- und Elfenbeinhandel – nur eines einzigen Jahres – folgende Tiere getötet:

25 000	Ozelots
45 000	Luchse
72 000	gefleckte Kleinkatzen
131 000	Leopardkatzen
14 000	Pampaskatzen
35 000	Rohrkatzen
45 000	Otter
5 500	Elefanten

≡ Tiergärten im Mittelalter

Mit dem Untergang des römischen Imperiums verschwanden fast alle exotischen Großtiere aus dem europäischen Bewußtsein. Nur Byzanz führte die Tradition der Tiersammlungen für die Verwendung in Zirkussen fort. Auch bei vielen mohammedanischen Fürsten finden sich beachtliche Kollektionen. Durch die Berichte Einhards, eines Mönches und Geschichtsschreibers Karls des Großen (786–814 n. Chr.), wissen wir, daß dem Kaiser von dem Kalifen Harun al Raschid (786–809 n. Chr.) ein Elefant und auch Affen geschenkt wurden. Im Mittelalter blieb allerdings die Bedeutung der Tiergärten gering, sie beschränkte sich im wesentlichen auf bescheidene Sammlungen von Hirschen und Bären in den Stadt- und Burggräben.

Durch die Kreuzzüge und die frühen Entdeckungsreisen kamen dann wieder exotische Tiere nach Europa und bildeten den Grundstock für die Menagerien von Kaisern, Königen, Grafen und Rittern, die damit ihren höfischen Glanz aufputzten. Die ersten Menagerien, in denen einheimische wie exotische Tiere gehalten wurden, entstanden in der zweiten Hälfte des 12. Jahrhunderts an italienischen Fürstenhöfen. Im Gegensatz zu den weitläufigen Gehegen der Tiergärten des Altertums wurden die Tiere nun in engen Zwingern gehalten. Die Tierhaltung als Demonstration von Macht und Einfluß breitete sich rasch im übrigen Europa aus. Auch mächtige Reichsstädte versagten sich diesen Luxus nicht (Frankfurt 1399, Solothurn 1448, Friedberg 1489).

Das Prunkstück von König Heinrich I. von England (1100–1135) war dessen Menagerie Woodstock bei Oxford. Unter seinen Nachfolgern wanderten die Tiere in den Tower. Dort blieb die Menagerie bis 1829 und wanderte dann in den Zoologischen Garten im Regents Park, dem im Jahre 1992 die Schließung wegen Geldmangels drohte.

Kaiser Friedrich II. von Hohenstaufen (1194–1250), seinen Zeitgenossen auf vielen Gebieten weit überlegen, ist nicht nur der Autor des großen ornithologischen Werkes »Über die Kunst, mit Vögeln zu jagen«, sondern auch der Erbauer der ersten großen mittelalterlichen Tiergärten. Schon damals waren persönliche Beziehungen eine gute Basis für einen Tiertausch; so gelangte 1220 eine Giraffe nach Europa, für die Friedrich II. dem ägyptischen Sultan einen Eisbären sandte.

Die Bezeichnung »Tiergarten« kommt erstmals im 14. Jahrhundert in Den Haag auf, hier wurden Löwen und Bären sowie als Attraktion ein Dromedar gehalten. Die Herzöge von Geldern bezahlten für ihre Tiergärten in Nymwegen, Gran und Rosendaal eigene Tierpfleger. Es gab Papageienmeister, Falken- und Löwenwärter, Vorläufer unseres heutigen Zoopersonals. In Stuttgart existierte hinter der alten Grafenburg ein Garten, der schon in den Jahren 1350 und 1393 erwähnt wird und 1451 als »Thiergart« bezeichnet wird.

≡ Im Palast des Kaisers Montezuma

Die erste Kunde von einem außereuropäischen Tiergarten mit exotischen Tieren brachte nach Marco Polo (dem jedoch niemand geglaubt hatte) der Spanier Cortez nach der Eroberung Mexicos nach Europa. Cortez staunte nicht wenig, als er inmitten der Hauptstadt Tenochtitlan einen großen Tierpark vorfand. Doch lesen wir den Bericht von Cortez, der übrigens mit den Berichten des Mönchs Juan de Torquemada und des Chronisten Diaz del Castillo übereinstimmt: »Ein großer Teil des Palastbezirkes des Kaisers *Moctecuma* mit großen Teichen, Wäldern und Häusern war der Haltung von wilden und halbwilden Tieren vorbehalten. Mehrere Gänge aus Jaspissäulen führten zu einem Gemüsegarten, dessen Kernstück zehn oder zwölf große Seen waren, die für die Haltung von Wasservögeln, Krokodilen und Fischen bestimmt waren.« Über diese Teiche berichtet Cortez: »Für die Seevögel gab es Teiche mit Salzwasser, für die Flußvögel solche mit Süßwasser. Zwecks Reinigung wurden die Teiche von Zeit zu Zeit entleert und über Röhren wieder gefüllt. Alles war sehr sauber und gut gepflegt!«

Catillo berichtet, daß er auf einem der Teiche große Vögel mit langen Beinen und rotem Gefieder gesehen habe, mit Sicherheit Flamingos. Im Totocalli oder Vogelhaus wurde eine große Anzahl von Vögeln gehalten. Es gab einen Saal mit Falken, Sperbern und Königsadlern, einen anderen mit Milanen und Geiern; in wieder anderen Häusern waren Papageien und andere bunte Kleinvögel zu sehen.

Im Tecuancalli oder Raubtierhaus waren in großen Käfigen aus geschnitztem Holz Löwen (sehr wahrscheinlich Pumas), Tiger (Jaguare), Wölfe, Goldwölfe (Coyoten), Füchse und viele Katzenarten ausgestellt. In einem anderen Tierhaus lebten Vipern und giftige Schlangen, die an ihrem Schwanz etwas trugen, was wie kleine Glöckchen klang (Klapperschlangen). Weiterhin erwähnte der Chronist, daß kranke Tiere ärztlich betreut und die im Park geborenen mit großer Sorgfalt gepflegt wurden. Von Torquemada erfahren wir, daß jede Tierart das Futter bekam, von dem sie sich auch in der Natur ernährte. Körnerfresser erhielten Körner, Fruchtfresser Beeren, Insektenfresser Fliegen. Allein die fischfressenden Wasservögel erhielten täglich zwei Zentner Fisch, der in einer nahen Lagune gefangen wurde. Für die Ernährung der Greifvögel und anderer Fleischfresser wurden täglich 500 Hühner (Truthühner) geschlachtet.

Mehr als 300 Menschen waren mit der Pflege der Tiere beauftragt und wohnten zu einem großen Teil in den Tierhäusern. Die Einrichtung einer »Dienstwohnung« scheint demnach keine Erfindung der Neuzeit zu sein. Wie wir aus der Geschichte wissen, unterwarf Cortez in blutigen Kämpfen die Azteken und verwüstete auf der Jagd nach Gold das Land, zerstörte die Städte und machte die kaiserlichen Paläste dem Erdboden gleich. Seine Soldaten schonten auch die kaiserlichen Tiergehege nicht.

≡ Zwinger und Menagerien zum Ruhme der Herren

Die Gründungen von Zwingern und Menagerien in der Renaissance und im Barock sind kaum zu übersehen. In den Residenzen der europäischen Kaiser, Könige und Fürsten sammelte man nicht nur Raritäten aus einer Welt, die man sich anschickte zu entdecken, sondern eben auch Tiere. Man erfreute sich zur damaligen Zeit allerdings mehr am Besitz seltener oder wehrhafter Tiere als daran, ihnen angemessene Unterkünfte zu geben. Das Volk durfte solche Gärten nicht oder nur an hohen Feiertagen betreten. Meist bestanden diese Tierhaltungen nur kurze Zeit, und heute erinnern lediglich Bezeichnungen wie beispielsweise Pfaueninsel an sie.

Die Fürsten von Florenz, Mailand, Ferrara und Neapel hielten in ihren Parks ebenso Tiere wie die deutschen Kaiser auf Sizilien. Im Jahre 1513 wurde im Vatikan eine Menagerie eingerichtet. In Linz und in Wien, in Gent, Löwen und Brüssel, in Prag und auf Schloß Ambras bei Innsbruck, in München und Paris, in London und Dresden, überall wurden Tiere gehalten. Aus der Fülle dieser Tiergärten ist lediglich die Menagerie von Wien bis auf den heutigen Tag erhalten geblieben und ist damit der älteste Zoo.

Es würde sicherlich den Rahmen dieses Buches sprengen, wollte man in aller Ausführlichkeit über das Löwenhaus der sächsischen Könige auf der Elbbrücke in Dresden oder über die imposante Geschichte des Schönbrunner Tiergartens in Wien berichten. Doch sind allen Tiergärten dieser Epoche Merkmale eigen, die es festzuhalten gilt: Sie waren nur zur Freude ihrer Gründer erbaut, nicht aber für die große Masse des Volkes. Den Gründungen lag stets ein Prestigegedanke zugrunde und man bemühte sich nicht, die Tiere soweit zu verstehen, um ihnen adäquate Lebensbedingungen zu geben. Von einer Mensch-Tier-Beziehung kann hier nur insoweit gesprochen werden, als das Tier der Unterhaltung und dem Amüsement diente und gleichzeitig den Reichtum und die Macht seines Besitzers demonstrierte.

≡ Das Bürgertum gründet zoologische Gärten

1789 wurden in Paris die Menschenrechte verkündet. Diese mit der französischen Revolution erkämpften Freiheiten sollten – in übertragener Form – auch den Tieren der Menagerie von Versailles zuteil werden. Tatsächlich wurden einige der Tiere freigelassen, doch die meisten brachte man als Verlegenheitslösung in den Botanischen Garten (Jardin des Plantes). Das war die Geburtsstunde des ältesten noch existierenden bürgerlichen Zoologischen Gartens. Fast wäre den Schweizern dieser Ruhm zugefallen: Die Idee, einen Pflanzengarten in Verbindung mit lebenden Tieren als öffentlichen Park einzurichten, hatte der größte Naturforscher seiner Zeit, der Zürcher Stadtarzt Conrad Gesner (1516–1565). Die Stadtbehörden lehnten jedoch sein durchaus verlockendes Angebot ab. So erhielt Zürich seinen »bürgerlichen« Zoo erst 1929.

Die Gründung des Zoologischen Gartens »Jardin des Plantes« ist in der Geschichte der Zoos von großer Bedeutung. Der Direktor de Saint Pierre machte die Nationalversammlung nicht nur auf die in Versailles verkommenden Tiere aufmerksam, er wies auch auf die Möglichkeit naturkundlicher Bildung der Bevölkerung in diesem Garten hin. Dem Volk wurden Tiere bislang nur in Wandermanagerien gezeigt, wo sie als Kuriositäten und Abnormitäten angepriesen wurden. Nach der Gründung des »Jardin des Plantes« erließen die Pariser Bürgermeister eine Verordnung, nach der das Herumziehen mit Wandermenagerien verboten wurde. Es war dies die erste Bestandsgarantie für einen Zoo.

Im 19. Jahrhundert dann reihen sich die Gründungen von Zoos wie die Perlen einer Kette aneinander:

1828	London	1831	Dublin
1835	Bristol	1836	Manchester
1838	Amsterdam	1843	Antwerpen
1844	Berlin	1857	Rotterdam
1858	Frankfurt/M.	1859	Kopenhagen
1859	Philadelphia	1860	Köln
1861	Dresden	1862	Melbourne
1864	Moskau	1864	New York (Central P.)
1865	St. Petersburg	1865	Hannover
1865	Karlsruhe	1865	Breslau
1868	Mulhouse	1869	Charkow
1870	Buffalo	1874	Basel
1874	Posen	1874	Chicago
1874	St. Louis	1875	Münster
1875	Cincinnati	1875	Calcutta
1878	Leipzig	1881	Wuppertal
1882	Cleveland	1882	Tokio (Ueno)
1882	Adelaide	1899	New York (Bronx)

Ende des 19. Jahrhunderts verbreiteten sich in Europa die Gedanken und Lehren Darwins, die zur Grundlage der modernen Biologie wurden. Das Wissen, daß auch der Mensch ein Produkt der Entwicklung des Lebens auf der Erde ist, hat so entscheidend die Zoogründungen dieser Zeit beeinflußt.

Nicht immer wurden die zoologischen Gärten von berühmten Wissenschaftlern oder wissenschaftlichen Vereinigungen gegründet, wie das in Frankfurt, London und Berlin der Fall war. Rotterdam verdankt seinen Zoo drei Bahnbeamten, die neben dem Hauptbahnhof Kleinsäuger, Reptilien und Fische hielten. In Amsterdam kauften drei Bürger den

Tierbestand eines Zirkusunternehmens, das vor dem Bankrott stand. In Mulhouse machte sich eine Vereinigung von Industriellen Sorgen über den unmäßigen Wirtshausbesuch der Arbeiter und gründete einen Zoo für die Freizeitgestaltung. Hier schließt sich wohl die Idee einer finnischen Gesellschaft von Alkoholikern gut an, die auf einer Insel vor Helsinki einen Tiergarten in ihr Freizeitzentrum einbezog.

Im Jahre 1860 wurde unter dem Frankfurter Zoodirektor Max Schmitt (1859–1885) die Zeitschrift »Der Zoologische Garten« herausgegeben. Diese Zeitschrift diente zur Bekanntgabe aller die Tiergärtnerei betreffenden Mitteilungen. 1925 stellte sie ihr Erscheinen ein, um 1927 neu zu entstehen. Sie ist seitdem das Organ des Verbandes Deutscher Zoodirektoren und des Internationalen Verbandes von Direktoren Zoologischer Gärten. Dem Austausch von Erfahrungen und als Interessenverband diente der 1887 gegründete Verband Deutscher Zoodirektoren, der wie die Zeitschrift noch heute besteht und dem auch Direktoren österreichischer und Schweizer Zoos sowie die Direktoren der Zoos von Mulhouse und Kopenhagen angehören.

Die Hagenbecksche Revolution in der Tierhaltung

Es mag merkwürdig klingen, aber Deutschlands erstes Freigehege verdankt seine Entstehung sechs Seehunden. Diese wurden 1848 von Fischern gefangen und von Gottfried Clas Carl Hagenbeck ausgestellt. Gleichzeitig war dies auch der Anfang des Hagenbeckschen Tierhandels, der vom Sohn Carl zu großer Blüte geführt wurde. Im Grunde seines Wesens war Carl Hagenbeck weniger Tierhändler als vielmehr Tierliebhaber. Seine Gedanken kreisten um eine neue revolutionäre Vorstellung, wie man Mensch und Tier als Einheit zeigen könne. Im Jahre 1874 öffnete »Carl Hagenbecks Thierpark« Am Neuen Pferdemarkt 13 seine Pforten für das Publikum. Hier begannen die Hagenbeckschen Völkerschauen, die Vorläufer der späteren Panoramen.

Nach jahrelangen Versuchen, in denen er das Sprungvermögen und das Sprungtalent vieler Tiere prüfte und studierte, eröffnete Carl Hagenbeck am 7. Mai 1907 den Tierpark Stellingen. Zuvor (1896) hatte er vom Kaiserlichen Patentamt in Berlin die Patenturkunde für seine geplanten Panoramenbauten erhalten. Als erster zeigte er die Tiere auf gitterlosen Freianlagen, die durch Gräben voneinander getrennt waren. Der leitende Gedanke zur Schaffung eines neuen Tierparks war, »die Tiere in größtmöglicher Freiheit und in einem der freien Wildbahn angepaßten Gehege ohne Gitter zu zeigen«. Das Verblüffendste ist, daß der Grundgedanke der Freianlagen mit Gräben eigentlich auf ganz simplen Tatsachen beruht und daß die Realisierung solcher Anlagen nur darum zustande kam, weil ein Mann sich die Zeit nahm, Tiere und ihr Verhalten zu studieren und zu beobachten.

Die größte Sensation für die Zoowelt war die erste gitterlose Raubtierschlucht der Welt, hinter der sich eine von dem Schweizer Bildhauer Urs Eggenschwyler geschaffene künstliche Bergwand auftürmte. Sie wird von nordafrikanischen Mähnenspringern bevölkert. Carl Hagenbecks Tierpark in Hamburg-Stellingen ist ein Meilenstein in der Zoogeschichte. Es ist sein Verdienst, daß sich in den wenigen Jahrzehnten nach der Eröffnung seines Tierparks bis heute in der Tierhaltung und der Zooarchitektur mehr geändert hat als in Jahrhunderten zuvor.

Durch den Ersten Weltkrieg und seine Folgen blieb die neue Idee der Tierhaltung zunächst auf Stellingen beschränkt. Hagenbecks Idee der Freisichtgehege, die den natürlichen Lebensräumen der ausgestellten Tiere naturgetreu nachgebildet waren, und die Haltung der Tiere in Verbänden, Herden, Familien oder Trupps sind von vielen Zoos in der Folgezeit kopiert und weiterentwickelt worden.

Die Zeit zwischen den beiden großen Kriegen bescherte uns eine Reihe neuer Zoos und eine Vielzahl neuer Tiere (siehe auch Kapitel »Wie die Tiere in den Zoo kommen«, S. 27).

≡   Zoos heute

Der Zweite Weltkrieg hat vielen zoologischen Gärten in Europa schwere Schäden zugefügt, manche erloschen in dieser Zeit ganz. Die Nachkriegszeit brachte Menschen hervor, die unter abenteuerlichen und widrigen Umständen »ihren« Zoo und »ihre« Tiere über die Runden brachten. Die meisten Zoos in dieser Zeit glichen Trümmerfeldern, blieben aber für die verhärmten Großstadtbesucher grüne Oasen in der Steinwüste ihrer zerstörten Städte.

Ebenso wie nach dem Ersten Weltkrieg folgte eine Reihe von Zoogründungen:

Die Zeit nach dem I. Weltkrieg	Die Zeit nach dem II. Weltkrieg
1922 Djakarta	1949 Gelsenkirchen
1926 Chicago	1949 Caracas
1928 Bremerhaven	1950 Magdeburg

Die Zeit nach dem I. Weltkrieg	Die Zeit nach dem II. Weltkrieg
1928 Detroit	1950 Eskilstuna
1930 Chester	1953 Dortmund
1931 Prag	1954 Tokio (Tama)
1932 Saarbrücken	1954 Cottbus
1933 Bochum	1955 Tierpark Berlin
1933 Belfast	1956 Rostock
1934 Duisburg	1957 Sao Paulo
1934 Heidelberg	1957 Delhi
1936 Glasgow	1957 Kattowitz
1936 Osnabrück	1958 Portland
1937 Augsburg	1958 Erfurt
1937 Straubing	1959 Jersey
1937 Emmen	1961 Salzburg
1938 Lodz	1961 Darmstadt
1938 Krefeld	1962 Innsbruck
	1962 Louisville
	1974 Schwerin

Für die zoologischen Gärten begann eine neue, eine selbstbewußte Periode. Die Ergebnisse der Tierpsychologie und Verhaltensforschung, teilweise im Zoo erarbeitet (wie z. B. von Oskar Heinroth), fanden Eingang in alle Zoobereiche. Heini Hediger, nacheinander Zoodirektor von Bern, Basel und Zürich, postulierte noch *vor* der Mitte unseres Jahrhunderts die vier hauptsächlichen Aufgaben eines zoologischen Gartens:

1. Die erste und vornehmste Aufgabe eines zoologischen Gartens besteht darin, für ein breites Großstadtpublikum als Erholungsraum zu dienen.

2. Den Zoobesuchern muß ein optimales Maß an volkstümlicher Naturkunde vermittelt werden, wobei das Hauptziel die Einsicht in das verhängnisvolle Wirken des Menschen auf die Natur ist.

3. Zoologische Gärten haben dem Naturschutz im weitesten Sinne zu dienen, nicht nur durch Aufklärung und naturkundliche Belehrung. Auch die Werbung für das Tier in einem intakten Lebensraum und die Bereitstellung zoogezüchteter Tiere für Neuansiedlung verwaister Lebensräume oder für die Stärkung bedrohter Populationen gehören dazu.

4. Um Natur- und Artenschutz betreiben zu können, bedarf es eines präzisen Wissens. Die Zoos müssen sich der Forschung am lebenden Tier verschreiben, wobei Zoologie, Ökologie, Psychologie, Physiologie, Parasitologie, Veterinärmedizin usw. Gegenstand der Tiergartenbiologie sind.

Die Zoos wurden so zum Ausgangspunkt einer verhältnismäßig jungen Wissenschaft, der *Tiergartenbiologie,* die 1942 von *Heini Hediger* begründet wurde. »Die Tiergartenbiologie liefert einerseits die wissenschaftlichen Grundlagen für die optimale und sinngemäße Haltung von Wildtieren im Zoo und erforscht und formuliert andererseits die besonderen biologischen Gesetzmäßigkeiten, die sich aus dieser Tierhaltung für Mensch und Tier ergeben. Die Tiergartenbiologie befaßt sich daher mit biologischen Erscheinungen bei Mensch und Tier im Zoo. Kürzer gesagt, umfaßt sie alles, was im Zoo von biologischer Relevanz ist.«

Hagenbecks Verdienst war es, die Tiere aus den engen Käfigen und Zwingern befreit und ihnen mehr Platz und mehr frische Luft gegeben zu haben. Zusammen mit der von Hediger begründeten Tiergartenbiologie, die vor allem die Erkenntnisse der Verhaltensforschung für die Zootiere berücksichtigt, war so das Fundament für die Entwicklung zum modernen Zoo gegeben.

Die zusammenbrechenden Wildtierpopulationen in aller Welt als Folge der Zerstörung ihrer Lebensräume, die rapide Abnahme naturkundlichen Grundwissens in der Bevölkerung sowie die zunehmende Freizeit für Menschen, die in immer lebensfeindlicher werdenden Städten leben, stellen die zoologischen Gärten in Zukunft vor wachsende Aufgaben. Als Folge dieser Erkenntnis erhalten diese vier Hauptaufgaben am Ende unseres Jahrhunderts neue Prioritäten:

– Die (Allgemein-)Bildung erhält einen noch größeren Stellenwert.
– Die Erforschung der Tiere und ihrer Lebensgewohnheiten sind nötiger denn je, um
– im Natur-, Tier- und Artenschutz zu wissenschaftlich untermauerten Konzepten zu kommen.
– Trotz der vielfältigen Konkurrenz auf dem Gebiet der Freizeitgestaltung behält der Zoo seine einmalige Position als Familienausflugsziel.

Die Zoologischen Gärten haben sich von den ursprünglichen Stätten der reinen Tiersammlung und Belustigung zu Anziehungspunkten echter Naturbegegnung gewandelt. So kann man die Zoologischen Gärten heute ohne weiteres als die größten naturwissenschaftlichen Schulen bezeichnen. Der artenreiche Tierbestand gibt den Schulen die einmalige Möglichkeit eines lebendigen und anschaulichen Biologieunterrichts am lebenden Tier. Zoos vermitteln wesentliche naturwissenschaftliche Kenntnisse und beeinflussen damit das wissenschaftliche Jeweilsbild der Biologie. »Keine andere Institution ist darum besser geeignet als der Zoologische Garten, Naturliebe und biologisches Wissen zu vermitteln und in allen

Menschen, vom Kind bis zum Greis, eine humanistische Einstellung zum Tier – das ja ein unentbehrlicher Bestandteil der menschlichen Umwelt ist – zu wecken und zu vertiefen«, sagte Hediger. Zoologische Gärten sind darüber hinaus die einzigen Institutionen, in denen das Wissen um die Haltung und Zucht von Wildtieren vorhanden ist.

Tiere im Zoo

Wolfgang Gewalt

Tiere sind der Daseinszweck eines Tiergartens; das ist eine nur scheinbar banale Feststellung, wenn man an die gelegentlich auftauchenden Überlegungen denkt, Zoos durch Achterbahnen oder Sackhüpf-Festivals »attraktiver« machen zu wollen. Nein – Tierparksattraktionen sind in der Tat die Tiere.

Welche Tiere, d. h. welche Tierarten oder Tiergruppen es sind, wie und von wo sie in unsere Tiergärten kommen oder kamen, wie sie dort gehalten, wie sie dem Besucher »präsentiert« werden – das freilich hat im Laufe der Zeiten vielfältigen Wandel erfahren. Dieser Wandel vollzog sich weithin parallel zu jenen Veränderungen, welche die Tiergärtnerei in ihrer Historie an sich, in der Schwerpunktverlagerung ihrer Aufgaben u. a. grundsätzlichen Entwicklungen bisher durchlaufen hat. Wie schon das vorausgegangene Kapitel über die Geschichte der Wildtierhaltung zeigte, waren die Zoos dabei stets eng in die gesellschaftlichen Rahmenbedingungen und Vorstellungen ihrer Zeit eingebunden. Angesichts der neuerdings manchmal geäußerten Kritik an der Haltung von Wildtieren in Zoos im allgemeinen und besonderen, ist die Versuchung daher groß, zunächst in eine Grundsatz-Erörterung des *Mensch-Tier-Themas* einzutreten (»Tierhaltung als solche«, »Tiernutzer – Tierpfleger – Tiergärtner« usw.), was hier jedoch höchstens andeutungsweise geschehen kann. Selbstverständlich haben die meisten Bereiche aber etwas miteinander zu tun. Zumal für die *Tiere* kann es u. U. fast auf dasselbe hinauslaufen, ob der Mensch sie hält/pflegt/züchtet, damit sie seinen Gaumen oder damit sie sein Gemüt, sein Auge erfreuen, ob sie als Reitpferd seine Muskulatur oder als wiederausgewildertes Wildpferd sein Gewissen entlasten. Ein handgreiflich-pragmatischer Unterschied besteht allerdings darin, daß viele (gaumenerfreuende) Nutztiere ihrer Nutzung als Mastkalb, Spanferkel, Brathendl etc. jung zugeführt, viele (gemüterfreuende) Zootiere dagegen sehr alt werden; älter jedenfalls als in der immer seltener »goldenen«, sondern immer mehr abgeholzten, verölten, zubetonierten »Freiheit«.

Dieses Alt- oder Älterwerden hängt selbstverständlicherweise von der *Qualität ihrer Haltung* ab, d. h. von der Qualität der »Haltungssysteme« (wie Gehege, Volieren, Bassins oder Käfige heute zusammenfassend bezeichnet werden), daneben von der Qualität ihrer Versorgung und Betreuung dortselbst, d. h. von der richtigen, ausgewogenen Ernährung, von der veterinärmedizinischen Fürsorge, von der biologisch-ethologischen

Stimmigkeit der ihnen gebotenen Umgebung – mit einem Wort: vom ihnen zuteil werdenden *tiergärtnerischen Können und Wissen*. Wenn die Recherchen richtig sind, wurde der Begriff »Tiergärtner« erst Mitte der dreißiger Jahre im Umkreis von Heinz Heck und Paul Eipper, München-Hellabrunn, gebräuchlicher; ein gut gewählter, ein schöner Begriff, der wirklich das Entscheidende des Berufsbildes, das *Hegende, Pflegende,* aufnimmt.

Wenn auch nicht als Beruf, als Eigenschaft muß es den »Tiergärtner«, den »Tiermenschen«, denjenigen, der »mit Tieren kann«, schon vor der Frühsteinzeit gegeben haben. Konrad Lorenz war nicht dabei, aber er hat überzeugend geschildert, wie der Mensch einstmals »auf den Hund« bzw. Wolf oder Schakal kam; genau so muß es, anders kann es nicht gewesen sein, vielleicht schon bei Neandertaler und Höhlenbär. Immer wieder, schon in früher Frühzeit, scheint es in unserer Menschensippe diesen oder jenen »Tiermenschen« gegeben zu haben, der dem hungrig um den Rastplatz schleichenden Raubwild keinen glühenden Ast aus dem Lagerfeuer, sondern einen übriggebliebenen Knochen vom Abendbrot zuwarf; der die hinter der erlegten Wildkatze zum Vorschein kommenden Zwillingsjungen nicht an den Bratspieß, sondern unter den Lendenschurz steckte.

Nicht von ungefähr wird der Besucher des dänischen Aalborg-Zoos gleich am Eingang von der lebensgroßen Bronzeskulptur des »Gode Kup« begrüßt – eines zwar ein wenig diabolisch dreinschauenden, aber offenbar

Abb. 1
»En gode Kup « – ein guter Wurf! Schon in früher Zeit gab es Menschen, für die das Wildtier nicht nur Jagdbeute und Nahrung war. (Plastik am Zoo-Eingang von Aalborg/ Dänemark)

tierpflegerisch interessierten Frühzeitmenschen –, der die beiden Jungen einer vielleicht vertriebenen, vielleicht erlegten Bärenmutter heimschleppt. Irgendetwas scheint also den Menschen zum Tier zu ziehen, so sehr, daß in ihm der Wunsch wächst, es zeitweise oder für immer in seiner Nähe haben zu wollen.

≡ Sammeln, fangen, züchten, tauschen: Wie die Tiere in den Zoo kamen und kommen

Natürlich waren diese ersten tierlieben Frühmenschen nicht die Zoodirektoren in spe, an Tiergärtnerei ist noch auf Jahrhunderte und Jahrtausende hinaus überhaupt nicht zu denken; doch daß die Wurzeln des elementaren Wunsches, Tiere nicht nur nutzen oder abwehren, sondern pflegen, hegen, verwöhnen zu wollen, bis in die Vorzeit hinabreichen, das darf ein Zoobuch durchaus erwähnen – zumal wenn diese Wurzeln keineswegs verdorrt sind, als das Tiergärtnern dann ein Beruf wird und die ersten Zoos/Menagerien/Gärten der Intelligenz beginnen, wie Zoos auszusehen.

Selbstverständlich kamen diese Tiere aus der »freien Wildbahn«, waren sie »Wildfänge«, wobei freilich weder das »frei« noch das »Fangen« immer ganz wörtlich zu nehmen ist, wie wir später sehen werden. Daß eigene »Expeditionen« mit dem Ziel des »Bringt sie lebend heim!«*, d. h. des Importes zukünftiger Zoobewohner unternommen wurden, war in späterer Zeit zwar ebenso populär wie abenteuerumwittert, ja schien geradezu das eigentlich Zootypische zu sein, trotz ganz unbezweifelbarer Bedeutsamkeit blieb es aber eine vorübergehende, mit kaum 250 Jahren eigentlich verblüffend kurze Epoche (s. S. 37 ff).

≡ »Mitbringsel«: Die Menagerie als höfische Tiersammlung

Sicherlich fallen die Anfänge neuzeitlicher Tiergärtnerei, die Entwicklung moderner, öffentlicher Zoos, wesentlich mit dieser Epoche der Expeditionen, des (professionellen) Tierfanges und damit dann des Tierhandels zusammen. Doch hatten auch die höfischen Menagerien, die Schaustel-

---

* »Bring 'em back alive« von F. Buck und E. Anthony war der Titel eines Anfang der 30er Jahre außerordentlich erfolgreichen Films über Zoo-Tierfang. – Ihm sind, bis zu »Hatari« mit John Wayne und Hardy Krüger, viele weitere gefolgt.

ler »lebender Naturalien« etc. ihre Tiere, d. h. sie mußten Wege gewußt haben, an diese Tiere zu kommen; und zwar überseeische Wege, Fernreisewege, Karawanenrouten, denn vor allem exotischen Tieren galt das Interesse. (Noch heute wird der »Heimattiergarten« da und dort ein wenig über die Schulter angesehen, obwohl es in der Regel mehr tiergärtnerischen und tierarchitektonischen Aufwandes bedarf, um »gewöhnliches« einheimisches Wild so zu präsentieren, daß es mit dem »Schauwert« einer Zebraherde mithalten kann.)

Es gab also viele, z. T. noch selbstverständlichere Gründe, aus der Ferne möglichst prächtige, möglichst skurrile, möglichst bunte Tiere mitzubringen. Waren sie zu Geschenken bestimmt – gar bei Hofe –, sollten sie etwas »hermachen«, dazu mußten sie möglichst handlich sein, d. h. nicht viel Platz wegnehmen und mit sich umgehen lassen, pflegerische Anspruchslosigkeit mit gesundheitlicher Robustheit vereinen. Nur in seltenen Einzelfällen legten Großtiere (die daraufhin angemessenerweise historisch berühmt wurden) ihren Weg zum Zoo (oder Schausteller!) zu Fuß bzw. auf Schiffsplanken zurück – so die Giraffe, die auf der Strecke Sudan–Kairo–Marseille–Paris von 1826 bis 1827 unterwegs war, bevor sie König Karl X. mit einer Handvoll Rosenblätter willkommen hieß, oder das Lissaboner »Dürer«-Nashorn von 1513, oder der Zürcher Elefant von 1651. Die üblichen frühen Tiergarten-Importe konnten eigentlich nur Mitbringsel-Umfang, heute würden wir sagen »Handgepäckformat« haben, d. h. sie mußten in die Satteltasche, auf ein Packpferd, hinters Vorschiff einer Karavelle passen. Geradezu ideal waren Tiere, die sich an einer *Kette* oder an einem Strick halten ließen, d. h. die nicht nur wenig Platz, sondern auch keine Kiste oder keinen Käfig brauchten.

—— *Exkurs: Tierhaltung mit Strick und Kette*

Daß »Tiere der Wildnis« angebunden oder angekettet geführt, vorgeführt, »gehalten« werden, ist wahrscheinlich die geschichtlich älteste Methode, die Verbindungen zur heutigen Tiergärtnerei finden läßt. Wenn wir uns altägyptischer Friese aus der Zeit Ramses II. (1200 v. Chr.) erinnern, auf denen Säbelantilopen *(Oryx algazel)* wie Milchvieh mit einer Karawane dahinziehen – Antilopen, die der tierpflegerischen Praxis unserer Zeit geradezu als Symbol zerbrechlicher Schreckhaftigkeit gelten! – dann ist gewiß erwähnenswert, daß der Zoo von Niamey, der Hauptstadt des Sahelstaates Niger, seinen Besuchern Khamas und Gazellen nach wie vor an der Kette präsentiert. Auch in manchen Sahel-Dörfern finden sich Gazellen in Anbindehaltung, – *die Übergänge zwischen Haus-, Spiel- oder*

Abb. 2
Jagdleopard (Gepard) an der Leine
– »Anbindehaltung«, wie sie auch
in den Anfängen der Tiergärtnerei
eine Rolle spielte.

»Zoo«*tier* können offenbar fließend sein. Früh tritt dazu die Auswahl von
zur Jagdhilfe ausersehenen Tieren: die (angeblich) 1000 Geparden des
Kublai Khan (1300 n. Chr.), die Kormorane der ostasiatischen Fischer, die
Beizvögel Friedrichs II.

In späterer Zeit sind »Kette« oder »Anketten« dann freilich ein
Symbol für Grausamkeit und Tierquälerei geworden! Der Bezug zum »in
Eisen legen« mittelalterlicher Folterjustiz, zu Sklavenkarawane und jeden-
falls leidvollem Freiheitsentzug lag gar zu nahe. Das Umquartieren in
Käfige wurde deshalb als eine Art »Befreiung« gefeiert, nachdem viele
Tiere der vor-napoleonischen Menagerien von Paris an Ketten gehalten
worden waren. (Inzwischen gelten Käfige als »Kerker«, »Frei«anlagen

dagegen als Gebot der Stunde, eine ebenso verständliche wie vermenschli-
chende Verkennung der Situation, die uns in diesem Kapitel noch wiederholt beschäftigen wird.) In Zoologischen Gärten haben letzte Reste der
Anbinde-Haltung bis in die Neuzeit überdauert, und zwar bei Papageien
und Elefanten. Ein »Spalier« von an Bügeln oder Ständen befestigten Aras
gehörte um die Jahrhundertwende zur typischen Eingangsszenerie der
meisten größeren Tiergärten, die aus Indien übernommene Fußfessel für
die Nachtaufstellung von Elefanten ist noch heute weithin üblich. Wo sie
abgeschafft wurde oder wird, geschieht dies meist weniger aus tierpflegerischen Gründen denn aus ästhetischen Erwägungen bzw. Rücksicht auf den
Publikumsgeschmack. Doch die nicht mehr an einem Fußkettchen, sondern
»frei« auf einer Insel oder hinter einer niedrigen, nicht erkletterbaren
Abschrankung gehaltenen Vögel müssen nun natürlich in ihrer Flugfähig-
keit eingeschränkt werden, und mit »frei« gehaltenen Elefanten sollte die
Prozedur des Anbindens zumindest in Abständen geübt werden, um in Not-
und Bedarfsfällen – schon ein Hufdefekt kann zu einem solchen werden –
nicht auf dieses u. U. lebensrettende Hilfsmittel verzichten zu müssen.

Natürlich müßte sich unsere Aversion gegen Anbinden oder
Anketten – wäre sie denn nicht emotional, sondern konsequent – auch
gegen die Halfter der Guanakos, das Zaumzeug der Pferde, die Sättel der
Trampeltiere richten...

In seinem lesenswerten Essay »Lob der Kette« hat uns L. Dittrich
das vermeintliche Marterwerkzeug tyrannischer Sklavenhalterei als das
geradezu elegante Hilfsmittel *gegen* Kerkerstumpfsinn, Haftpsychosen
oder Klaustrophobie vorgestellt: Waren das Frettchen (an der Seiden-
schnur) auf dem Schoß der Infantin, der Kapuzineraffe (am Bauchkettchen)
auf der Lehne des Thronsessels, der Kakadu (im blattgoldglänzenden
Ringständer) des Audienzsaales nicht besser dran als in allen Frettchen-,
Affen- oder Papageienkäfigen? Waren sie nicht viel stärker »einbezogen«,
erlebten sie nicht ganz einfach viel mehr, als (damals noch gar nicht zu
denkende!) Artgerechtigkeits-Anlagen und Behavioural Enrichment-Pro-
gramme (s. S. 77) ihnen je hätten bieten können?

Schauen wir uns alte Darstellungen (Gemälde, Gobelins) höfischen
Lebens an, zu deren Staffage »Exoten« gehören, sind dies fast stets die o. a.
verpack-, verschnür-, d. h. handlich-anbindbaren Tiere. Ihre geographische
Herkunft gibt dem Historiker zudem Aufschluß über die damals vorhandenen Verkehrsverbindungen (oder über die Glaubwürdigkeit bzw. Sachtreue
der betreffenden Abbildung): Aras, Saimiris u. a. Vertreter der Neuen Welt
können verständlicherweise erst nach der Entdeckung Amerikas auftreten,
Känguruhdarstellungen erst dann, nachdem Seefahrer wie Dampier (1699)

oder Cook (1770) die Küsten Australiens erreicht hatten. Gerade die Entdeckungsreisen nach Übersee besaßen für unsere Tierkenntnis und Tierhaltung von Anbeginn her erhebliche Bedeutung; per Schiff ließen sich »Anbinde-Tiere« leichter mitbringen als in monatelangen Karawanenmärschen aus Innerafrika oder -asien. Daß sie – zusammen mit möglichst viel sonstigem Natur- und Kulturgut – mitgebracht oder zumindest diesem Versuch unterzogen wurden, verstand sich nicht nur vor dem Hintergrund der heraufziehenden Aufklärung von selbst. Keineswegs der Kuriosität halber sei daran erinnert, daß Beagle-Kommandant Fitzroy, von Charles Darwin begleitet, noch in den 30er Jahren des vorigen Jahrhunderts sogar exotische Menschen, nämlich drei Feuerlandindianer, mit nach England nahm; zwar mehr aus (bald scheiternden) missionarisch-entwicklungshelferischen Gründen denn als Vorgriff auf die späteren »Völkerschauen« einiger Zoos(!), auf jeden Fall aber als Ausdruck des Interesses, des Kennenlernen-, des Wissen-, des Haben- und Besitzenwollens, das nicht nur diese Epoche oder die Entwicklung der Tiergärtnerei, sondern – letztlich – die Menschheitsgeschichte geprägt hat.

Wenn Earles zeitgenössisches Gemälde aus der Offiziersmesse der Beagle gleichwohl den (angeketteten) Ararauna und den (angebundenen) Weißkopf-Saki in den Vordergrund rückt, sei dazu noch einer ethnologischen Besonderheit gedacht: Offenbar findet sich gerade unter Angehörigen südamerikanischer Indianerstämme relativ häufig das Talent und die Neigung, Tiere – auch pflegerisch »schwierige« Wildtiere, wie es der Weißkopf-Saki beispielsweise ist – aufzupäppeln, ja schoßtiermäßig zu verwöhnen. In vielen Urwald-Dörfern der Amazonas-Region sieht man zahme Hockos umherlaufen, zahme Brüllaffen auf den Hüttendächern umherklettern, die offensichtlich zum Vergnügen, jedenfalls nicht zum Verzehr gehalten werden. Bei den Aparai der Urwaldhölle des Rio Jary sind Hundewelpen heißbegehrte Hätschelobjekte, die von den Häuptlingen »zärtlich an sich gedrückt«, von den Frauen an der Brust genährt werden. Sofern doch eine gewisse Nutzung stattfindet, geschieht sie pfleglich und durchdacht: Papageien-Brutbäume z. B. sind vererbbarer Familienbesitz, dessen Ertrag – bunte Federn zur Schmuckherstellung, Jungvögel für Handaufzucht und Tauschmarkt – nur im Rahmen des biologisch-ökologisch Vernünftigen ausgeschöpft wird.

Begreiflich, wenn vor solchem Hintergrund schon Columbus' nächste Nachfolger rasch Zugang zu allerlei – bereits eingewöhntem! – Menagerie- bzw. Zoogetier zu finden vermochten.

Eine wesentlich andere Situation ergibt sich, wenn keine Welpen aufgepäppelt, keine Jungvögel aus dem Nest genommen, keine Antilopen-

Ausladung einer Sendung ostafrikanischer Tiere aus dem Schiffe „Kronor" in Triest.
Nach der Natur aufgenommen von H. Leutemann.

Abb. 3   Trotz schon relativ moderner Verkehrsmittel immer noch ein wenig Abenteuer für Tier und Mensch.

kälber einer Hausziege angelegt werden, sondern wenn *erwachsene* Wildtiere das Ziel sind. Die Voraussetzung war, daß man die Anbindehaltung durch die Käfighaltung ersetzt hatte, wobei unter »Käfig« hier auch Gruben, Gräben, Türme, Zwinger u. ä. m. verstanden seien; Gelasse jedenfalls, innerhalb deren Umfriedung der jeweilige Insasse »frei« war. Außerdem konnten erwachsene Wildtiere natürlich nicht einfach ein- oder aufgesammelt, sondern sie mußten *gefangen* werden, womit ein weiteres, gegenüber der Anbindezeit neues Element ins Spiel kam; neu zumindest, was den Bereich Zoo bzw. Zootierbeschaffung betrifft. Diesem Thema werden wir uns später widmen (s. S. 37 ff).

——— *Das Raritätenkabinett zur Belehrung und Erbauung*

Es ist ebenso billig wie unrichtig, wenn heutiger Kenntnisstand und Kunstgeschmack uns den sog. Menageriestil fast als Schimpfwort gebrauchen, die alte Menagerie selber als eine Art Horror-Zwingburg betrachten lassen wollen: Menagerien waren *das* Haltungssystem ihrer Epoche, waren *der* Einstieg der Zoologie in das Wissen ums *lebende* Tier. Die heute (zu Unrecht) verteufelten Gitter ihrer Käfige waren die Befreiung von der (teilweise – s. o. – ebenfalls zu Unrecht) verteufelten Kette. Menagerien waren kurz gesagt Sammlungen von Tieren und damit mitunter etwas komprimierte *Sammlungen von Käfigen*. »Sammlung«, »Käfige« – von »Menagerie« gar nicht zu reden! – in heutiger Zeit sind diese Begriffe beinahe zur tiergärtnerischen Beleidigung geworden, im Umkreis von Ludwig XIV. oder Prinz Eugen dagegen waren sie eine Selbstverständlichkeit, ja Verkörperung des Fortschritts. Während – wie erst unlängst Bernhard Blaszkiewitz, der neue Direktor des Berliner Tierparks, dies treffend darstellte – im modernen Zoo oft schon die Vermutung Entrüstung auslöst, daß Tiere bzw. Tierarten »gesammelt« und statt in öko-ethologischen Bio-Anlagen in »Käfigen« gehalten werden könnten, bedeutete »Sammeln« für Mittelalter, Renaissance und Barock *Erfahrung* sammeln, *Kenntnisse* sammeln, *Anregungen* sammeln. »Sammeln« war ein Grundpfeiler des *rerum cognoscere causas* (lat. für »die Ursachen der Dinge erkennen«). Daß sich Sammlerstolz und Sammelleidenschaft hinzugesellten, gereichte dabei selten von Nachteil. Blumen kamen in den Blumentopf, Tiere, welche flüchtig oder gefährlich werden konnten, kamen in den Käfig – das war seinerzeit keine Grausam-, sondern eine Selbstverständlichkeit. Menageriekäfige baute, Menagerietiere sammelte man, weil man sich an ihnen *erfreuen* wollte – auch das übrigens ein Aspekt, den sich moderne Tierparks kaum noch einzugestehen wagen: Ihre Besucher sollen, wenn nicht Zoologieprofessoren, wenigstens Artenschützer werden, Maria Theresia dagegen wollte »a bissl Freud'« haben und ließ kein Öko-Center, sondern ihren Frühstückspavillon in Schönbrunns Mittelstern setzen. Tote Schätze für Naturalienkabinett oder Juwelenkammer waren in Form von Südseemuscheln, Narwalzähnen seit eh und je gesammelt worden, mit den Menagerien entstanden die ersten Museen für das Lebende. Diese Museen sollten keine Zuchtbücher führen, sondern die Vielfalt der Schöpfung, die Kühnheit ihrer Entdecker und die Macht/Weisheit/Finanzkraft/Weltläufigkeit der Eigentümer zeigen. Möglichst prächtige, absonderliche, »erschröckliche« – vor allem: möglichst *verschiedene* – Tierarten sollten den Wissensdurst stillen, dem Besitzerstolz genügen, den hochgeborenen Nachbarn beeindrucken und später auch den Bürgern gezeigt werden. *Viele Einzeltiere in vielen Einzelkäfigen,* – genau das war der Anfang des Zoologischen Gartens.

Tatsächlich kennt die tierpflegerische Praxis jedoch eine ganze Reihe von Tierarten, die sich – vom Riesensalamander bis zum Kasuar – am besten, ja u. U. *nur* einzeln halten lassen. Bedingt in diesen Zusammenhang passen mag noch der Hinweis, daß auch modernste Gruppenhaltung nur selten auf die Möglichkeit zur wenigstens zeitweisen Aufstallung ihrer Tiere verzichtet, d. h. ihren Zoo zumindest noch nachtsüber als Menagerie betreibt. Daß den Mitgliedern einer Tiergruppe jederzeit Schlupfwinkel, Schlafhöhlen o. ä. Rückzugsmöglichkeiten zugänglich sein sollen, bedarf für heutige Tiergartenbiologie keiner Erörterung, wäre aber allenfalls ein Teilersatz für den tierpflegerischen Vorteil, bei Bedarf jedes Glied einer Herde einzeln »einsperren«, einzeln versorgen, einzeln kontrollieren zu können. Die vorzüglichen Zuchterfolge bei unseren Damara-Zebras beruhen nicht so sehr auf der großen Gemeinschaftsfläche der sog. Duisburger Serengeti als auf den 38 kleinen Einzelboxen des dazugehörigen Afrikanums. Daß sogar jeder Delphin sein – natürlich salzwassergefülltes – »Schlafzimmer« besitzt (und offensichtlich zu schätzen weiß!), pflegt viele Besucher zu überraschen. Umgekehrt mag man sich daran erinnern, wie rasch der anfängliche Alles-gemeinsam!-Rausch von menschlichen Wohngemeinschaften zu den Vorzügen gewisser Minimal-Separierungen zurückzufinden pflegt.

Eigentlich noch in Mittelalter und Menagerie begegnen uns bereits durchaus zeitgenössische Aspekte (einige Grundinhalte der Biologie, der Tierhaltung und unseres eigenen Wesens sind offenbar an keine bestimmte Epoche gebunden), auch das für unser Thema »Tiere im Zoo« entscheidende Grundproblem scheint seit Jahrhunderten das gleiche zu bleiben: die Tendenz, einfach *unsere,* d. h. *menschliche* Wertvorstellungen bezüglich Architektur und Ästhetik, bezüglich »Glück« oder »Freiheit« ins Tierreich, in den Tierpark zu übertragen.

Aus Schaulust und Sammlerstolz, Repräsentationsbedürfnis und Wissensdurst erwachsen, war die Menagerie des 17. Jahrhunderts in der Tat keine Artenschutz-Arche, sondern ein Raritätenkabinett; immerhin aber ein Kabinett *lebender* Raritäten. Daß das Vordergitter verschnörkelt, die Futtergefäße muschelförmig, ihre Ränder vergoldet waren, schien kaum weniger wichtig als der zoologische Inhalt. Prunk oder Schmuck war man weder zu Renaissance- noch Barock- oder Rokoko-Zeiten abgeneigt; wenn denn die Menagerie eine »Schatzkammer« war, verstand sich sogar so gut wie von selbst, daß die befiederten, bepelzten, beschuppten Juwelen die ihnen entsprechende »Fassung« erhielten; eine so kostbare Fassung, wie sie weit hergereisten Exotik-Mitbringseln, Diplomatengeschenken oder wissenschaftlichen Novitäten zukam. Nicht so sehr auf Raumgröße oder tiergemäße Innengestaltung kam es damals an, das Käfig*äußere* mußte passen. An sich war es fast schon ein wenig angewandte Naiv-Biologie, wenn später Stuckornamente und Schmiedezierrat immer öfter durch partielle Biotop-Imitationen (oder was man dafür hielt), ersetzt wurden, wenn sich z. B. die als korinthische Säulen ausgebildeten Eckpfeiler eines nach wie vor zu kleinen Stachelschwein-Verlieses in zackige Tuffstein-Stalakmiten verwandelten; wenn Eulen zwar nach wie vor hinter Eisenstäben, im übrigen nun aber in »Türmen« oder »Burgruinen« gehalten wurden.

Die Anfänge vieler Sammlungen basierten also auf mehr oder weniger zufälligen Tier*geschenken* oder Jagdpark-Anleihen. Das änderte sich, als August der Starke (Kurfürst in Dresden/König von Sachsen) im Jahr 1731 eine wissenschaftliche Expedition nach Afrika sandte, die die Aufgabe zu erfüllen hatte, den Tierbestand der (Dresden-)Neustädter Menagerie zu vergrößern. Doch auch der Wiener Menagerie genügten solche kleineren Akquisitionen auf die Dauer nicht. Kaiser Franz Stephan wollte mehr exotische Tiere in seiner Sammlung sehen und beschloß deshalb, eine Expedition nach Westindien auszurüsten; zur Ausführung des Planes bestimmte er Nicolaus Jaquin. Eine zweite Expedition nach Westindien fand 1783–1788 statt, eine Kap-Expedition war von 1686–1788 unterwegs. Der Initiator war inzwischen Kaiser Joseph II., welcher seinem Vater nicht hatte nachstehen wollen, für die Durchführung zeichnete Hofobergärtnergehilfe Franz Boos verantwortlich, der zwei Jahre später – nun unter Leopold II. – selber Schönbrunner Zoo- bzw. Menageriedirektor wurde. Boos' Auftrag lautete »seltene und merkwürdige vierfüssige Tiere zu erwerben. Es wird gut seyn, wo möglich, von jeder Gattung mehrere beyderley Geschlechts zu bekommen. Sonderlich wäre zu wünschen, nebst einigen Zebres, ganz junge Kälber von Elephanten oder Rhinoceros, auch womöglich von Hyppopotamen und Camelopardus oder Gyrafen bekommen zu können ... Gleichfalls ist es nöthig, daß H. Boos aufschreibe, was ihm über die Nahrung, Wartung und Eigenschaften der überkommenen Vögel und Thiere bekannt werden wird.«

Obwohl man sich betr. Cameloparden (= Giraffe) und Hyppopotamen (= Flußpferd) nachher auf »eine Haut zum Ausstoppen, und die Gebeine«, d. h. »wenigstens für die Wienerische Naturaliensammlung eine Acquisition« beschränken mußte, – man hatte begonnen, Zootiere *gezielt* zu beschaffen und war dabei sogar schon um »Pflegeanleitungen« bemüht! Spätestens hiermit war die Stelle erreicht, von der eine gerade Linie zur Tiergärtnerei der Neuzeit führt. Fast ohne Zäsur folgen der – immer noch Wienerischen – Expedition nach Brasilien (1818–1821) oder der Expedition nach San Domingo (1819) jene Forschungs- und Sammelreisen, auf denen nachher schon Platten-Apparat, ja Filmkamera dabei waren und auf deren »Beute« alles in allem genommen noch die Zooparks der Jetztzeit fußen.

Auch betreffs der Unterbringung dieser »Beute« gab es von jetzt an letztlich keinen Bruch mehr. Ungeachtet aller Grotten, Zierpavillons und »Käfterchen« besaß schon die klassische, meist nach einem radialen Grundriß angelegte Menagerie auch eine Reihe »normaler«, d. h. vergleichsweise einfach umfriedeter Außenanlagen von so viel Fläche, daß darin größere Huftiere wie Hirsche, Steinböcke, Büffel usw., ebenso

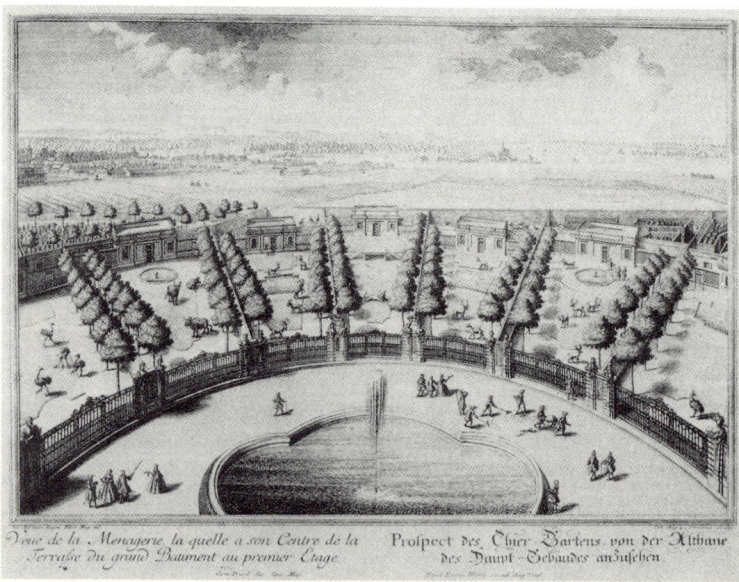

Abb. 4   Schon die verschnörkelte Barock-Menagerie kannte auch relativ geräumige Offengehege zur Gruppenhaltung. (Prinz Eugens Belvedere, Wien um 1700)

Strauße, Stelzvögel u. ä. gehalten werden konnten; und zwar sogar in Gruppen oder kleinen Herden, wie Kupferstiche aus dem Versailles Ludwig XIV. oder aus der Wiener Belvedere-Menagerie des Prinz Eugen vom Jahre 1736 erkennen lassen.

Tierfang und Tierhandel: Mit einem Hauch von Abenteuer

Die ersten höfischen Sammlungen hatten sich also vornehmlich aus »Mitbringsel«-Tieren rekrutiert, d. h. aus mehr oder weniger laienhaften Beschaffungen. Soweit diese Tiere Schiffsreise oder Fußmarsch überhaupt überstanden, hatten sie damit allerdings auch ein gewisses Härtetraining, ein gewisses Ausleseverfahren absolviert, insgesamt aber verbesserte sich die Situation der Tiergärten und ihrer Tiere in dem Maße, wie die *Professionalität* der Importabwicklung zunahm, d. h. in welchem Tierfang und Tierhandel ein Fach- und Sachgebiet, ja *Beruf* wurden.

Dies geschah in einer jahrhundertelangen, durchaus historisch zu würdigenden Stufenreihe, die dabei erzielten Erfolge sind mit den Erfolgen der Tierhaltung bzw. der Zoos aufs innigste verbunden, ja bildeten deren Voraussetzung. Ich betone das hier deshalb, weil man »Tierfänger« oder »Tierhändler« inzwischen fast nur noch unter negativem Vorzeichen erwähnt findet. Wenn es das Zusammenwachsen der Welt, d. h. die Verbesserung der internationalen Kooperation, der Kommunikations- und Verkehrsvernetzung, wenn es geradezu unglaublich scheinende Fortschritte von Tiergartenbiologie, Tiergartentechnik und Tiermedizin ermöglichten, daß sich der globale Zoobestand heute weithin »autark« darstellt, d. h. sich aus eigener oder Nachbarschaftsnachzucht erhält, vielleicht sogar Überschüsse produziert und jedenfalls kaum mehr irgendeines tierfängerischen oder tierhändlerischen Nachschubs aus der »freien« Wildbahn bedarf, so ist das zweifellos höchst erfreulich, ja die Erfüllung der Konzeption »Zoo« an sich. Es darf indes nicht übersehen lassen, daß Fang und Handel dafür Voraussetzung waren, denn jegliche Tierhaltung basiert auf »Entnahmen« aus der Wildnis.

Die eigentlich verblüffend kurze Epoche zooeigener Expeditionen – unverzichtbar in ihrer Bedeutung für die Tiergärtnerei, von kaum geringerem Wert auch für Säugetier- und Vogelkunde allgemein – hatte ihre größte Bedeutung (und Popularität!) in der ersten Hälfte unseres Jahrhunderts; d. h., wenn man die beiden Weltkriege und deren unmittelbare Nachwehen ausklammert, über kaum vier Jahrzehnte. Trotzdem hat sie den Begriff und die Institution »Zoo« in entscheidender Weise geprägt. »Sammeln« für museale Zwecke war seit je integraler Bestandteil der

Zoologie, gehörte spätestens mit Beginn der Kolonialzeit aber auch (Hobby? Alibi? echtes wissenschaftliches Interesse?) zum Repertoire von Sportjägern, Entdeckungsreisenden, Abenteurern und anderen Nicht-Biologen. Schädel, Felle, Trophäen, Völkerkundliches *mitzubringen* war bzw. wurde schlechthin selbstverständlich.

Für heutige Auffassung lesen sich Th. Roosevelts »Afrikanische Wanderungen« wie eine einzige Schießerreportage; für das Jahr 1909 waren sie kühnes Abenteuer und zudem Grundlage des späteren Dioramen-Saales im New Yorker Natural History Museum. Noch in Carl Akeleys Film »Brightest Africa« von 1928 geht es ähnlich zu, selbst Bengt Berg (»Mein Freund der Regenpfeifer«) fand nichts dabei, seinen großartigen fotografischen Naturstudien zur Brutbiologie des Mornells haar- oder federnscharfe Plattenportraits erlegter Schuhschnäbel, Bengal-Tiger oder Weißnacken-Wasserböcke an die Seite zu stellen. Warum sollte er auch? Die »Stücke« (!) waren für Bonns Museum Alexander Koenig bestimmt.

»Sammeln« ein Urtrieb des Menschen: Völlig logisch also Emphase, Zustimmung oder zumindest wohlwollende Resonanz, wenn Tiere nicht nur in Form von Federn oder Fellen, sondern sogar *lebend* »heimgebracht« wurden. Hatten sich erfolgreiche Tier-Bringer schon zu Menagerie- und Monarchenzeiten oft hoher Gunst erfreuen dürfen, so waren sie mit Anbruch der Neuzeit erst recht hoffähig, ja wurden fast so etwas wie Volkshelden.

> *»Schöne Affen, wenn Durchlaucht schaffen,*
> *Papageien hätt' ich da,*
> *aus Indien und Afrika«*

offeriert der »Tierhändler« im Rosenkavalier seiner Marschallin. Karl Zeller widmet dem Vogelhandel eine komplette Operette, in der Gruselphantasie E. A. Poes wird ein König samt sämtlichen Ministern zu Orang-Utans verkleidet und auf »ganz die Art, in der noch heutzutage auf Borneo große Affen zusammengekoppelt werden« (??), aneinandergekettet (und verbrannt). Im nicht weit von Christoph Schulz' ehemaligem »richtigen« Ostafrika-Camp gedrehten Hatari-Film spielt – lässig-souverän, versteht sich – kein anderer als John Wayne den Zoobestellungen ausführenden Obertierfänger; ein arabeskenreicher, gleichwohl respektabler Weg, der über Hagenbeck, Harry Piel, Lutz Heck (»den Mittleren«) und noch einige andere führte, um erst in unseren Tagen sein Ende, d. h. freilich auch sein *Ziel* zu finden.

Es ist keine »Gnade später Geburt«, sondern fehlende Sachkenntnis, wenn wir den Bereich Tierfang/Tierhandel heute fast nurmehr mit kopfschüttelndem »Wie konnte man nur?« kommentiert finden: Man konnte, weil man können mußte. Tiere kamen nicht aus dem Computer, sondern aus dem Kongo-Urwald, Zoos und Zuchtbücher wurden allein dadurch möglich, daß Hatari nicht nur gespielt worden war. Wenn sich Tierfang und Tierjagd noch gelegentlich miteinander mischten, störte das zumindest damals wenig.

Wer – so der Titel einer Zigarettenbildersammlung der Zwanziger Jahre – »Mit Carl Hagenbeck auf Tierfang« zog, fand absolut nichts dabei, wenn »der weiße Jäger beabsichtigt, den Räuber zu erlegen. Unter heiserem Wutgebrüll fällt das durchbohrte Tier von seiner hohen Warte und verendet an einem Blattschuß. Die Eingeborenen ... feiern am Abend den Tod des gefleckten Steppenräubers (= Leopard) durch fröhlichen Tanz.« Über »Elefantenfang auf Sumatra« erfährt der Leser dagegen folgendes:

Abb. 5
Die Fallgrube ist heute das »Fallrep« zur Arche – hier für das von Wilderei bedrohte Panzernashorn.
(Foto: W. Ulrich, Zoo Dresden)

»Zunächst gilt es nun, den ›Wechsel‹ der Elefanten auszukund-
schaften. Der Wechsel ist der Pfad, auf dem allnächtlich die
Elefanten nach den Urwaldgewässern wandern, ihren Durst zu
löschen. Haben die Weißen den Elefantenwechsel festgestellt,
beginnt das Ausschaufeln von Fallgruben. Der Bau der Elefanten-
Fallgrube ist vollendet, die Grube mit einer trügerischen Decke
von belaubten Zweigen verkleidet. Arglos zieht der hier und da
von den Bäumen äsende Elefant seine Straße – plötzlich sinkt er
4 Meter in die Tiefe! Die grüne Decke hat getrogen! Es gibt keine
Rettung: der Elefant ist gefangen. Waldläufer benachrichtigen
sofort die Fänger. Die werfen dem Koloß ein starkes Tau um den
Hals und verankern ihn nach rechts und links an Bäumen. Nun
wird die Grube wieder zugeschüttet. Das Feststampfen der Erde
besorgt der sich immer höher emporarbeitende Gefangene selbst.
Jetzt beginnt die viel Geduld erfordernde Beruhigung und Zäh-
mung des Elefanten und schließlich sein Transport nach dem
Sammellager.

Nach wochenlanger Arbeit sind die Wildlinge im Campong, im
Lager, soweit gezähmt, daß sie das Futter aus der Hand des
Pflegers nehmen. Die Fußtaue, die ein weites Ausschreiten der
Tiere verhindern, werden nun abgenommen« usw. usw.

So hat schon der Steinzeitmensch seine Mammuts überlistet, noch
ganz genau so ist Panzernashornbulle Arjun gefangen worden, bevor er
1959 in den Zoo Berlin kam. Die Fallgrube eine Steinzeitmethode? Für den
»Vater« der Tiergartenbiologie Heini Hediger – nacheinander Zoodirektor
in Bern, Basel und Zürich – ist sie die »eleganteste, die ich mir denken
kann«. Er gerät geradezu ins Schwärmen, wenn er ihren ebenso schonungsvollen wie subtil-durchorganisierten Einsatz beim Fang eines der seltensten, empfindlichsten und kostbarsten Zootiere, des erst Anfang dieses
Jahrhunderts im Kongo-Ituri-Dschungel entdeckten Okapis (Foto s. S. 108)
schildert:

»Die Okapis – wie die meisten Großtiere – durchziehen ihren
Raum, den Urwald, nicht beliebig von einem Ende bis zum anderen, sondern sie leben einzeln oder in kleinsten Familiengruppen
(Vater, Mutter und Junges) in einem bestimmten Urwaldaus-
schnitt, im sogenannten Territorium. Dieses verlassen sie in der
Regel nicht ohne Zwang und durchwandern es auf den Wechseln,
an denen sie mit erstaunlicher Konstanz festhalten ...

Auf solchen Wechseln, die von den Okapis immer wieder begangen
werden, legt man an günstigen Stellen Fallgruben an von 2 m

Länge, 1,8 m Tiefe und ca. 80 cm Breite. Günstige Stellen sind vor allem solche, wo sich der Aushub leicht verbergen läßt und wo das Regenwasser leicht abgeleitet werden kann. In wassergefüllten Gruben könnten hineingestürzte Tiere ertrinken. Erstaunlich ist die geringe Tiefe der Schächte. Jede Antilope könnte mit Leichtigkeit aus der Grube hüpfen; aber das Okapi als ein Mitglied der Giraffenfamilie hat infolge seiner anatomischen Konstruktion, insbesondere seiner kurzen Oberschenkel nicht die geringste Fähigkeit des Springens.

Zum Glück! Denn diese Merkwürdigkeit gestattet die Anwendung sehr wenig tiefer Fallgruben, in denen die Möglichkeit von Beinbrüchen und anderen Verletzungen denkbar gering ist. Zudem wird der Boden der Grube mit einer dicken Schicht gut gepolstert, so daß der Sturz weich abgefedert wird.

Für die Fangaktion ließ man ... nicht weniger als 250 solcher Gruben herrichten. Die Hauptsache daran ist die sorgfältige Verblendung. Wenn der Schacht sauber ausgestochen ist, wird ein feiner Rost aus Zweigen darübergelegt, darauf kommt eine dünne Schicht Humus und Fallaub, so daß es einem Menschen – selbst wenn er unmittelbar daneben steht – völlig unmöglich ist, festzustellen, wo der solide Boden aufhört und der Schacht beginnt. In diesen Gegenden muß man sich von Eingeborenen genau lotsen lassen, wenn man nicht dauernd riskieren will, plötzlich in die Tiefe zu versinken. Das passiert zwar zuweilen selbst den Schwarzen und hat dann immer ein großes Gelächter zur Folge.

Jeder ... hat täglich 10 der 250 Fallgruben zu kontrollieren und zu unterhalten. Das gibt allerlei Arbeit; denn die häufigen heftigen Regenfälle allein schwemmen den deckenden Rost aus, so daß die Fallgrube sichtbar wird. Oder es kriechen Schildkröten daher, welche die Tarnung verschieben; ein Waldelefant kann alles zerstören und die sorgfältig abgestochenen senkrechten Grubenwände abschrägen usw. Ist aber einmal nach Wochen oder gar Monaten gespannten Wartens ein Okapi unversehrt durch den tarnenden Rost durchgebrochen und in die Grube gefallen, dann gibt es Alarm im Fanglager. Sofort begibt sich die ganze verfügbare Mannschaft mit zusätzlichen schwarzen Helfern zur Stelle und erstellt als erste Maßnahme einen mit großflächigen Blättern und stark belaubten Zweigen verkleideten Sicherheitszaun unmittelbar um den Grubenrand. Hinter dieser Deckung beruhigt sich das gefangene Tier sehr rasch.

Jetzt wird an der Schmalseite anschließend auf dünnen Baumstämmen, Rindenstreifen und Lianen und unter Mitverwendung vorhandener dicker Bäume eine Art Manege gebaut, ein Kraal von rundlichem Grundriß von 10 bis 20 m Durchmesser. Sobald dieses Rondell fertig erstellt ist, wird die Verbindung mit dem ersten, rechteckigen Sicherungsgehege, d. h. mit der Fallgrube, hergestellt, indem man auf einer Schmalseite – gegen den Kraal hin – die aus Knüppeln hergestellte Türe entfernt. Das Okapi könnte sich jetzt in den Kraal hinein begeben – wenn es den steilwandigen Schacht zu verlassen vermöchte. Dazu muß man ihm behilflich sein, indem ein Schwarzer die Schmalseite sorgfältig, d. h. ohne Aufregungen zu verursachen, abschrägt und Erde in die Grube hineinschaufelt, so daß eine Art Rampe entsteht. Auf ihr steigt das Okapi aus und fängt nun an, im Kraal zu kreisen, der ja aus einem Stück seines natürlichen Wohnraumes besteht. Hier findet es auch seine natürliche, gewachsene Nahrung, von der es schon nach kurzer Zeit zu knabbern beginnt...

Unmittelbar nach Fertigstellung des manegeartigen Kraals setzt der Bau eines Laufganges von 80 cm Breite ein. Seine Länge beträgt Hunderte von Metern, ja sie kann einen Kilometer und mehr betragen; der Gang muß auf alle Fälle bis an eine Stelle im Urwald führen, wo man mit einem Lastwagen hinfahren kann. Am Ende des Ganges wird eine Rampe aufgeschüttet, welche genau der Höhe der Wagenbrücke entspricht. Auf ihr kann das Okapi mühelos den Wagen ersteigen, bzw. sich in den Transportkäfig begeben, der darauf montiert ist, und zwar besteht dieser aus demselben Material wie der Laufgang und der Kraal, dazu ist er mit Blättern und Zweigen so verkleidet, daß das Okapi völlig arglos selber in den Käfig geht. Man braucht jetzt nur noch hinter ihm die vorbereitete Knüppeltüre herunterzulassen. Das Okapi muß überhaupt nicht getrieben werden: Nachdem es vielleicht einige Tage im Kraal im Kreise herumgegangen ist, geht es nämlich ganz von selbst in den Laufgang, sobald dieser durch Wegnehmen der Türe freigegeben wird, und, einmal im Gang, zeigt das Tier das merkwürdige, aber tierpsychologisch verständliche Bestreben, vorwärts zu eilen – bis auf den Wagen.

Auf diese wahrhaft elegante Art gelingt es, das scheue Urwaldgeschöpf in den Transportkäfig zu bringen, ohne daß es überhaupt je auch nur berührt oder angetrieben werden mußte. Jetzt kann die Fahrt über beliebig viele Kilometer beginnen bis zum Fanglager..., bei dem sich die Eingewöhnungsstation befindet.

Hier erfolgt das Abladen wieder ganz ohne Zwang: Der Wagen fährt rückwärts an eine Absteigrampe heran. Sobald die Türe hochgezogen wird, steigt das Okapi aus, bewegt sich zunächst in einem kleinen Kraal und läuft dann wieder in einem – diesmal viel kürzeren – Knüppelgang direkt in sein Eingewöhnungsgehege, das im Schatten hoher Urwaldbäume angelegt ist. Darin erfolgt die erste intime Kontaktaufnahme mit dem Menschen, d. h. seinem schwarzen Pfleger, dem es meist schon nach der erstaunlich kurzen Zeit von ein oder zwei Wochen gelingt, den ruhig gewordenen Wildfang von oben bis unten abzubürsten. Diese Bürstenbehandlung lassen sich die Okapis gerne gefallen, sie empfinden sie – wie viele andere Tiere – unzweifelhaft als angenehm. Der Mensch verliert dadurch, und da er als Futterbringer erscheint, seine ursprüngliche Feindbedeutung und erhält sozusagen ein positives Vorzeichen.

In diesen Eingewöhnungsgehegen – mitten im natürlichen Biotop – bleiben die gefangenen Okapis mehrere Monate lang...«

Dieser Schilderung wird hier nur deswegen so breiter Raum eingeräumt, weil sie mehrere wichtige Grundsätzlichkeiten zeigt, nämlich:

Einige Methoden des Tierfanges, zumal des Großtierfanges, haben sich im Prinzip *seit Jahrhunderten,* wenn nicht Jahrtausenden kaum verändert. Gerade deshalb wird Außenstehende überraschen, wieviel *Detailarbeit* und *Detailwissen,* Ausdauer und Geduld erforderlich sind, das scheinbar simple Verfahren »Fallgrube« erfolgreich werden zu lassen. Fast noch verwunderter freilich müßten sie registrieren, daß – bei richtiger Anwendung – gerade das vermeintlich Grobschlächtige des »dem anderen eine Grube graben« einen besonders *schonungsvollen Übergang* von der Wildnis ins Wildgehege ermöglicht: Hedigers »eleganteste Methode« ist ein Kabinettstück angewandter Tiergartenbiologie bzw. Tierpsychologie.

Allerdings ist sie inzwischen auch ein Stück Tiergartengeschichte: Als eine der letzten Großsäuger-Entdeckungen des Jahrhunderts ist die Urwald-Giraffe Okapi erst im Jahr 1901 der Wissenschaft zur Kenntnis gelangt. Die 250 Fallgruben unseres Berichts galten einem Tier für den Basler Zoo und datieren von 1949. – Heute züchten sich die Zoologischen Gärten – Frankfurt/M., Rotterdam, Antwerpen und viele andere – ihre Okapis selbst. Die noch unter der belgischen Kolonialverwaltung eingerichtete Fangstation von Epulu wäre längst arbeitslos, wenn nicht wenigstens der Park am Präsidialpalais von Kinshasa ab und zu ein wenig Nachschub des »atti« oder »o'chapi« – so heißt die zoologische Rarität bei den Bambuti-Pygmäen des Ituri – brauchte. Mit dem Lkw sind das »nur« 700 km.

Weitere Steinzeitmethoden? Nächst der Fallgrube sind auch Netz und Schlingen uralt, das vermutlich älteste Verfahren bleibt aber wohl das *Treiben*. Höhlenmenschen vom Neandertaler aufwärts trieben Rentiere, Wisente oder Wildpferde über steile Abhänge vom Typ Drachenfels, so daß sie abstürzen und sich die Knochen brechen mußten. Ausgrabungsfunde belegen, daß diese Plätze mit einer gewissen Tradition, d. h. mehrmals, möglicherweise generationenlang für diese Zwecke benutzt wurden und daß sie vermutlich in solchen Gefilden lagen, in denen sich das begehrte Wild besonders zahlreich aufhielt oder bei bestimmten Wanderzügen besonders regelmäßig vorbeikam.

Für den Lebend- bzw. Zootierfang, der statt Bein- oder Genickbrüchen unversehrte Beute liefern sollte, durfte solch ein Treiben natürlich nicht in einer Felsschlucht, sondern mußte in einer weichen Auffangzone enden, z. B. in einem weitmaschigen Netz aus Pflanzenfasern bei den zentralafrikanischen Bambuti oder zwischen den Tüchern oder Lappen sog. »eingestellter Jagen« unserer mitteleuropäischen Feudalzeit oder in der aus Bambus und Baumstämmen so kunstvoll zusammengefügten indischen Keddah, die bei aller Nachgiebigkeit ganzen hineingetriebenen Elefantenherden zu widerstehen vermochte. Obwohl primär gewiß nicht zur Zootierbeschaffung konzipiert, sind bzw. waren die vorderindischen Keddah-Treiben – bei uns seinerzeit durch den Film »Elefantenboy« bekannter geworden – fraglos eines der eindrucksvollsten Kapitel des Themas »Tierfang« überhaupt. Auch in Indien selbst, wo die auf S. 40 für Sumatra beschriebene Einzelfallgrube das Normalverfahren war, galt die – nur in Mehrjahresabständen veranstaltete – Keddah stets als etwas Besonderes, ja war oft im Wortsinne »Staatsaktion«.

Aus Berichten wie dem von Hermann Wiele (»Für Hagenbeck im Himalaya und den Urwäldern Indiens«)* wissen wir, wie ein Keddah-Treiben Anfang dieses Jahrhunderts vonstatten ging:

Mehr als 1000 (!) Menschen waren unter der Leitung von 30 Forstbeamten mit diesem Bau beschäftigt, bei welchem insgesamt drei Keddahs – jede ca. 130 ha (!) groß und mit den Nachbaranlagen kombinierbar – entstanden. Dazu kamen weitere über 1000 Treiber und »Tracker«, welche – wiederum unter Anleitung erfahrenen Forstpersonals – nun die Aufgabe hatten, Elefanten bzw. Elefantenherden aufzuspüren und zu den Keddahs bzw. in deren trichterförmige Eingänge zu treiben. Eine fraglos schwierige Aufgabe, wenn man berücksichtigt, daß es um das unauffällige

---

* Vlg. Deutsche Buchwerkstätten, Dresden 1925

Herandirigieren scheuer, wehrhafter Wildtiere an eine »Großbaustelle« ging – oft über die Distanz vieler Meilen und noch dazu genau an dem Stichtag, an welchem der Staatsgast mit seiner Begleitung auf den hierzu unweit der Keddah-Tore errichteten Hochsitzen Platz genommen hatte – und sich dort selbstverständlich völlig ruhig verhalten mußte, seit einmal ein Treiben durch das Herabfallen des weißen Sonnenhutes eines Zuschauers in dem Augenblick, als eine starke Elefantenherde gegen das Keddahtor vorgedrückt wurde, vollständig mißlungen war.

Zweck der Keddahtreiben war, den indischen Forstbetrieb, vor allem die Teakholzplantagen, mit den nötigen Arbeitselefanten zu versorgen, dazu wurde gelegentlich für den Repräsentations-Stall des jeweiligen Maharadschas ein wenig Nachschub ausgewählt, hin und wieder erwarben schließlich auch Aufkäufer wie z. B. John Hagenbeck ein paar Jung-Elefanten für den Zoo-Export. Wenn der Indische bzw. Asiatische Elefant inzwischen zu den bedrohten Arten gerechnet wird, ist bzw. war allerdings nicht der geschilderte Elefantenfang, schon gar nicht die zahlenmäßig unbedeutenden »Entnahmen« für Zoologische Gärten die Ursache. Auch der heute – zumal für Afrikas Landschaften – vielzitierte Horrorbegriff »Elfenbeinwilderei« spielt keineswegs die entscheidende Rolle. Der Grund liegt allein in der steten Vermehrung der Bevölkerung mit gleichzeitig ebenso steter Verminderung des Waldbestandes, d. h. elefantenfähiger Wildnisfläche.

Da heute erlassene Schutz- und Einfuhrrichtlinien zwangsläufig auch den Bereich »Zoo« berühren, sollte an dieser Stelle sehr deutlich festgestellt sein, daß noch kein einziges Mal in einem einzigen Fall eine einzige Tierart durch die Institution Zoologischer Garten auch nur in die Nähe artexistentieller Bedrängnis geraten oder gar ausgetilgt worden ist, dagegen wird gerade umgekehrt die Reihe jener Tierarten von Woche zu Woche länger, die nur noch in oder durch Zoos eine letzte Zuflucht und Lebensmöglichkeit haben! Allein unsere Zoos sind jene Arche, die etwas vom Schönsten der Schöpfung hinüber ins Jahr 2000 oder gar 3000 retten wird.

Um indes zur »Keddah« zurückzukehren: ihr wichtigstes Detail ist wahrscheinlich die große Falltür. Anfänglich aus Baumstämmen, später aus Feldbahnschienen zusammengefügt, läßt sie ein Machetenhieb auf das sie blockierende Palmfaserseil herabsausen, sobald die Herde vollzählig passiert und das Kral-Innere erreicht hat. Zwei rechts und links trichterförmig zur Türöffnung leitende Flecht- oder Palisadenwände sollen beitragen, die Tiere in die richtige Richtung zu lenken.

Denkt man sich die Keddah zu einem Käfig oder Kasten verkleinert und die Falltür mit einer Auslösevorrichtung für das betreffende Tier versehen, haben wir die sog. *Kastenfalle;* auch sie demnach eine Fangeinrichtung frühester Ursprünge, zugleich aber eines der wichtigsten späteren Hilfsmittel zur schonenden Beschaffung lebender, unversehrter Einzeltiere, vor allem einzelner Säugetiere, wie z. B. Großraubkatzen, Bären, Hyänen usw. In Sonderanfertigungen, z. B. dem sog. Habichtsfang, dem »Meisenkasten« u. ä. m., wurden sie aber auch für Vögel eingesetzt.

Kastenfallen sind unter dem als besonders streng bzw. »gut« geltenden deutschen Jagdgesetz nach wie vor als waidgerechtes, humanes Instrument der Raubwild-Bestandsregulierung, also für den Fang von Fuchs, Steinmarder, Wiesel usw. bewährt und empfohlen, auch für moderne Forschungsprogramme praktischer Wildbiologie sind sie weiterhin in Gebrauch: Im Schutzgebiet von Wolong in der chinesischen Provinz Szichuan z. B. dienen sie zum Fang von Großen Pandas, wenn diese vermessen, umgesetzt oder in das Zucht-Center am Minfluß verbracht werden sollen, im Chabarowski Krai-Reservat westlich von Wladiwostok benutzt man sie, um Tiger-Bestandsüberschüsse unter Schonung der Individuen abzubauen oder umzusiedeln, einzelne »Menschenfresser« auszusondern u. ä. m.

Wenn Kastenfallen auf Tierwechseln – möglichst in sogenannten »Zwangspässen« oder gar als die einzigen Durchlässe dafür errichteter, u. U. recht langer »Fangzäune« – aufgestellt werden können, erübrigt sich ein Köder: dafür erhält der in der Regel längliche Kasten nun zwei Falltüren, die bei Betreten einer kleinen Wippe oder eines Trittbretts ausgelöst werden, sobald ein Tier den vermeintlichen Durchschlupf zu benutzen trachtet. Viele höhlenbewohnende, deckungsliebende Säuger schlüpfen von allein in sichtschutzverheißende, dunkle »Röhren« oder Verstecke, für Tiere offener Landschaft kann sich dagegen empfehlen, die Kastenfalle in sehr lichter Bauweise aus Drahtgeflecht oder Gitter anzufertigen.

Im südwestlichen Afrika wurde es erst Anfang 1960 auf mehr und mehr Farmen üblich, die bis dahin vorwiegend mittels Tellereisen erbeuteten und darin erschlagenen Geparden nunmehr lebend in Drahtkastenfallen zu fangen. Diese Drahtkastenfallen wurden mehr oder weniger stationär* als Durchlässe in jene vielkilometerlangen Zäune eingebaut, welche die einzelnen Abteilungen (Camps) der dortigen Viehfarmen voneinander

---

* stationäre, d. h. kontinuierlich arbeitende Fallen ganz anderen Prinzips wären z. B. die »Aalfänge« unserer Mühlenwehre.

trennen, um eine gewisse Wechselweidewirtschaft zu ermöglichen. Auf einem Farmkomplex von 75 000 ha wurden von 1970—1974 140 Geparden in Kastenfallen erbeutet, auf zwei angrenzenden von je 14 000 ha weitere 100 Geparden, ohne daß danach etwa Geparden weniger oft gesichtet oder gespürt werden. Bis zum Inkrafttreten des Washingtoner Artenschutzabkommens in Namibia am 13. 10. 75 konnten dem genannten »Reservoir« pro Jahr ca. 150 Geparden entnommen und auf — oft private — Tierparks, z. B. aber auch das Großreservat Etosha-Pfanne verteilt werden, während der Gesamtbestand der Art offenbar noch zunahm. Nachdem Fleckenkatzen nicht mehr »gehandelt« werden dürfen, sie für den Viehhalter aber weiterhin »Raubzeug« darstellen, haben die Farmer den Lebend- bzw. Kastenfallenfang weitgehend eingestellt; offenbar entledigen sie sich ihrer »Konkurrenz« nunmehr auf andere Weise, u. U. sogar mittels des berühmt-berüchtigten Tellereisens.

Was, wie die Handelssperre des Washingtoner Artenschutzabkommens, zum Schutze einer Art geplant und propagiert wurde, kann also im Einzelfall vor Ort und unter speziellen Verhältnissen genau das Gegenteil bewirken. Freilich: da die Gepardenzucht in Zoologischen Gärten und zumal südafrikanischen Semi-Reservaten immer regelmäßiger gelingt, wäre inzwischen auch der Absatz von Wildbahn-Lebendfängen immer problematischer.

Ein weiteres Grundelement des Tierfangs ist der im Zusammenhang mit der »Anbindehaltung« schon S. 28 gestreifte Gebrauch des *Seiles* oder der Schnur als Schlinge, Kescher, Netz. Auch diese sind — ähnlich wie Kral, Keddah oder Kastenfalle — jagdliche Hilfsmittel aus den Urtagen der Menschheit, wenn wir Wal- und Fischnutzung zum »Tierfang« zählen, dazu sogar weltumspannendes Hilfsmittel.

»Jagd« hier und »Fang« da gingen und gehen begrifflich oft durcheinander. »Fang« als *Lebend*fang kam eigentlich erst mit der höfischen Falknerei, den Hirsch- und Hasengärtlein des Mittelalters, mit den Menagerien der Feudalzeit, mit der zeitlich so kurzen, bestandsstatistisch so unbedeutenden Ära Zoologischer Gärten auf. Bis zur Erfindung der Delphinarien bedeutete dagegen »Walfang« unweigerlich Walharpunieren, d. h. Töten; allein die Japaner verwendeten riesige Wal-Netze, aber auch dies nur, damit umstrickte Beute schnellstmöglich mit Stoßlanzen und Speeren zu durchbohren war.

Statt zum Netz zur *Schlinge* geknüpft, will uns das Seil — inzwischen auch der Stahldraht — vollends als Werkzeug des Todes, will uns Schlingenstellen als eine besonders verwerfliche, besonders tierquälerisch-tückische Form verbotenen Wilderns erscheinen — verständlicherweise und

z. T. zweifellos begründet: In manchen afrikanischen Nationalparks stellt das Aufspüren der über Antilopen- und Zebrawechseln, vor Warzenschweinlöchern und Springhasenbauen aufgehängten »snares« die tagtägliche Hauptarbeit der dort tätigen Ranger dar, füllen die hierbei eingesammelten Draht-, Seil- und Lederschlingen ganze Lkw-Pritschen. Auch bleibt eine schlechthin unerträgliche Situation, daß solche Schlingenstellerei selbst unter einer der gefährdetsten und kostbarsten Großtierformen dieses Jahrhunderts – dem auf einen Restbestand von wenigen hundert Exemplaren zusammengeschmolzenen Berggorilla *(Gorilla gorilla beringei)* im Dreiländer-Dreieck Ruanda-Uganda-Zaire – nach wie vor Verluste oder zumindest Verstümmelungen in Form abgeschnürter Gliedmaßen verursacht. Gleichwohl dürfen wir nicht übersehen,

- daß Schlingenstellen zu den ältesten Wildbeute-Verfahren unserer Geschichte zählt;
- daß z. B. der Krammetsvogelfang im sog. Dohnenstieg selbst in Mitteleuropa, selbst noch in unserem Jahrhundert durchaus »hoffähig« war;
- daß es darüber in einigen Gebieten Afrikas mehr und mehr zu einer »Jagdart des kleinen Mannes« wurde, welchem der Besitz von Feuerwaffen verwehrt, ein gewisses – aus Wohlstandsländern schwer zu beurteilendes – Verlangen nach tierischem Eiweiß jedoch noch nicht völlig abhanden gekommen ist;
- und daß es – allein darum eigentlich ging es in diesem Zusammenhang – *auch* der Zootierbeschaffung nutzbar zu sein vermochte.

Natürlich darf die Schlinge dann nicht mehr als »Strangulationsinstrument« fungieren, sondern das betreffende Tier lediglich festhalten. Ob, wie und wie erfolgreich dies gelingt, hängt sowohl von der Tier- wie von der Verfahrensart ab. Wird die Schlinge so über den Wechsel, vor das Schlupfloch oder auf den Köder gelegt, daß sie sich der Duckerantilope/dem Erdwolf/dem Haubenperlhuhn um den Hals legt, muß man »nur« an richtiger Stelle einen Knoten gemacht und genügend nah eine getarnte Beobachtungshütte bezogen haben, um evtl. tödliche Würgeffekte zu verhindern. Erst recht muß natürlich Sorge getragen werden, die zumal in west- und zentralafrikanischer Schlingenstellerei viel verwendeten zusätzlichen Zug-Mechanismen auszuschalten: Fang-Schlingen werden dort nicht nur von dem hineingeratenen Tier, sondern von vorher heruntergebogenen, nun wie eine Spannfeder hochschnellenden elastischen Ästen oder jungen Bäumen zusammengezogen und mit der Beute in die Höhe gerissen. Insofern ist diese Methode gänzlich fehl am Platze, wenn diese ein Zootier werden, d. h. möglichst unversehrt leben bleiben soll.

Eine andere Variante des Themas »Schlingenstellen« vermittelt Lutz Hecks Reisebericht von seiner 1925 für den Zoo Berlin unternommenen Abessinien-Expedition: für den Fang von Dschelada-Pavianen wurden die Schlingen hier auf den Rand flacher Erdmulden gelegt, welche man – ca. 30 cm tief, ca. 60 cm im Durchmesser – in den harten Boden gegraben und mit einer Handvoll Getreidekörner ausgestreut hat. Kam ein futtersuchender Pavian des Weges, entdeckte eine solche Mulde und ließ sich darin nieder, wurde er von der Schlinge ziemlich genau in seiner »Taille« erfaßt, wenn sie der im nahen Versteck an einer Art Reißleine lauernde Fänger mit einem kräftigen Ruck zusammenzog. Dies ist gegenüber der von der Beute auszulösenden »passiven« Schlinge gewissermaßen die »aktive«, nun freilich auch »personalaufwendige« Form des Schlingengebrauchs, als deren tierfängerische Fortentwicklung dann schließlich *Fangstock* und *Lasso* aufzufassen wären.

Abb. 6
Ein robustes Auto, ein ebensolches Lasso oder ein kräftiger Unterarm – sofern es überhaupt noch Giraffen zu fangen gilt, sind die Methoden seit fünfzig Jahren die gleichen. (Foto: Dr. Bartmann, Tierpark Dortmund)

Das Lasso ist eine Schlinge, mit der man dem Tier hinterherläuft, -reitet oder -fährt, in die Schlinge muß das Tier alleine hineinlaufen. Heck hat beide Methoden erprobt, beider Ergebnis ist ähnlich, die Lasso-Form in der Publikumsmeinung jedoch fraglos die »sportlichere«. (Bengt Bergs »Arizona Charleys Junge« verpflichtet ein Cowboy-Team in den Sudan, um das erste Breitmaulnashorn nach Rodeo-Art einzufangen.)

Wahrscheinlich sollte auch an dieser Stelle nochmals daran erinnert werden, daß Tierefangen Bestandteil der Menschheitsgeschichte, daß Zootierfang Voraussetzung jeder Zooexistenz war; und zwar ohne, daß wir deswegen zu Menagerie und Mittelalter zurückzukehren hätten! Frank Bucks »Bring 'em back alive« war schon S. 27 gedacht worden, war selbstverständlich aber keine anglo-amerikanische Einzelerscheinung! Die Fotos der Heckschen Ostafrika-Expedition 1927 hingen selbstverständlich im Berliner Antilopenhaus, bis dies November 1943 im Bombenhagel versank; selbstverständlich wurden die Bilder bestaunt und bewundert, auf denen »unser geübter Tierfänger« (= der Bure Pitt Jones, der die Giraffen zu Pferde verfolgte) »sein Fangwerkzeug ergriffen hat, einen Stock mit einer Schlinge aus unzerreißbarem Büffelleder«, auf denen ihn dann »die sich bäumende Giraffe eine Strecke weit mitschleift«; und auf denen die »heißerkämpfte Beute« nachher auf speichenrädrigem Ford-Lkw mit Lattengitter-Aufsatz Richtung Arusha davonrumpelt...

Daß man Wildtiere auf Haustieren ein-, ja überholen konnte, pflegt Nichteingeweihte noch heute zu wundern; tatsächlich ist aber schon ein mäßig trainiertes Reitpferd jedem Zebra, erst recht jeder Giraffe, jeder Elen-Antilope überlegen. Wildtieren genügt ein Kurzstrecken-Sprint, – ob sie ihre Art erhalten oder vom Löwen erwischt werden, ist nach 10, 12 Sätzen entschieden. Geht es indessen um Stehvermögen und Ausdauer, hat alsbald das Sportpferd die Nase vorn.

Die Giraffen für Wien-Schönbrunn hatte Alfred Weidholz »Als Tiersammler im Schwarzen Erdteil« mitgebracht, selbst der »frühe« Grzimek brachte – selbstverständlich! – vom »Flug ins Schimpansenland« nicht nur Tagebuchnotizen mit nach Frankfurt. Gerald Durrell – im Jersey Wildlife Preservation Trust heute fast eine Gallionsfigur internationalen Wildlife-Managements – hatte den ganzen »Koffer voller Tiere«, wenn er vom »Kleintierfang in Kamerun« heimkehrte.

Nächst Grube, Falle oder Schlinge gehört fraglos auch das *Netz* zu den tierfängerischen Elementar-Requisiten; fraglos ist die ihm zugrunde liegende Idee, nicht nur einen schmalen Wechsel, einen einzelnen Durchschlupf, sondern einen ganzen Wald, eine volle Flußbreite mit fängischen Maschen abzuriegeln, ebenso uralt wie simpel. Daß sie – nach über tausend Jahren – mit den sog. Japannetzen heute noch einmal eine Art Renaissance erlebt, scheint in der Tat bemerkenswert: Spiegel- oder Japannetze bestehen aus *zwei* »Wänden« großer, grobfädiger, genau aufeinanderpassender Maschen, zwischen denen als dritte Wand eine kleinmaschige, kaum sichtbare Nylon»gardine« eingehängt ist (locker »busig«, wie es Christian Ludwig Brehm in »Der vollständige Vogelfang« schon für die gewöhnlichen, d. h. einwandigen Fangnetze seines Metiers empfiehlt). Vögel oder buschbewohnende Kleinsäuger, denen solch Japannetz in die Quere kommt, versuchen, durch die großen »Spiegel«maschen hindurchzufliegen oder zu schlüpfen, nehmen dabei jedoch das – zuvor gar nicht wahrgenommene – feine Mittelnetz mit und ziehen es zu einem »Beutel« um sich, in welchem sie dann hängenbleiben: eine heute vor allem für die Kleinvogel- und Fledermausberingung benutzte, auf jeden Fall schonungsvolle Tierfangmethode.

Daß es neben einfach »hingehängten«, passiven Netzen – das Adjektiv tauchte bereits bei der Schlinge auf – »aktive«, bewegliche Netze gibt, sei nur als Kuriosität erwähnt: Duisburgs Goliathfrösche wurden unter der Fallschirmglocke ungarischer (eigentlich südseeüblicher) Wurfnetze gefangen, dem flinken Jacobita-Delphin war zuletzt nur noch mit dem »Break away-Hoop net« beizukommen – eigentlich eine Art Kescher, dessen Netzteil sich vom gestielten Rundbügel ablöst und das Tier in einen Beutel hüllt, welches mit ca. 60 kmh dagegen anflitzt.

Carl Hagenbeck – Tierhändler und Zoodirektor

Für den berufsmäßigen Tierfang und/oder Tierhandel mag *ein* Beispiel, ein Name genügen. (Oder ist »Hagenbeck« sogar schon zu einem Sachbegriff geworden?)

Daß einige Zoos bzw. Zoodirektoren selber auf Tierfang zogen, hatte begrenzte und hat inzwischen beinahe »anrüchige« Bedeutung; es kam auf die Profis an. Profi Hagenbeck herauszugreifen, ist allein dadurch begründet, daß er nie »Nur-Profi« war. Vor dem Hintergrund ganzer Hagenbeck-Bibliotheken verzichten wir hier darauf, die Familienchronik ab dem Hamburger Spielbudenplatz 1848 auszubreiten. Entscheidend war bzw. wurde jedoch, daß die erst Fisch-, dann Tierhandlung Hagenbeck

»nebenher« bald auch Tier*garten* wurde, daß sie diesem Tiergarten die für sämtliche Tiergärten der Welt bahnbrechend werdende Neuerung der *Freianlagen* bescherte, daß sie die Tier*abrichtung* durch die sog. »zahme Dressur« ersetzte und daß sie sich – die Zeichen der Zeit deutend – von ihrem Ursprung »Tierhandel« sehr viel früher und nachhaltiger löste, als dies vielen anderen Tierfang- und Importfirmen gelang.

Überflüssig zu erwähnen, daß sie ihr Metier als »königlicher Kaufmann« wie als kaiserlicher Gastgeber betrieb: Die Faszination der exotischen Tierwelt, welche schon der Gründung erster Hof-Menagerien Pate gestanden hatte, ließ gekrönte Häupter, Regierungschefs u. a. Polit-Prominenz auch Jahrhunderte später nicht los. War das Antilopenhaus des Berliner Zoos im Herbst 1872 sogar Ort eines »Drei-Kaiser-Treffens« gewesen, durfte Hagenbeck im Jahr 1908 immerhin Wilhelm II. begrüßen, für einen »Tierhändler« – auch wenn der hohe Besuch vornehmlich den neuen »Frei«anlagen sowie Stellingens Straußenfarm galt – allerhand Respekt! Allerhand Abstand allerdings auch zum heutigen Bild bzw. Zerrbild dieser zwar weithin auftrags-, nicht aber geschichtslos gewordenen Branche: Tierhändler, Tierfänger dieser Zeit – Hagenbeck inklusive – waren »Geschäftsleute«; es wäre ebenso unehrlich wie unsinnig wie unnötig, dies nicht wahrhaben zu wollen. Sie verdienten Geld mit dem Fangen bzw. Fangenlassen von Tieren, was letztlich nicht illegitim sein muß. Aus dem Handel mit, durch das spätere Zeigen, Ausstellen, Züchten von Tieren bestritten sie ihre Existenz, so daß durchaus Hervorhebung verdient, wieviel persönliches »Hobby«, wieviel Risikobereitschaft, wieviel unmer-kantil-*wissenschaftliches* Engagement dabei lebendig blieben.

Lange bevor Begriffe wie Umwelt-, Arten- oder Biotopschutz modern wurden, hatten die Häuser Hagenbeck, Ruhe und ähnliche »Kauf-mannsseelen« bereits Fachzoologen angestellt, um die vorwiegend vierfüßi-gen Geschäftseinlagen taxonomisch aufzuarbeiten. Dieselben Tierfänger-Tierhändler-Kaufmannsseelen brachten die letzten Onager und die vorletz-ten Przewalski-Pferde, den ersten See-Elefanten oder »einzigen« Riesen-Panda zu uns. Die Tierimporte dieser Epoche haben nicht nur unsere Zoos, sondern die *Zoologie* ganz entscheidend bereichert. So manche neue Art ist nicht im tropischen Dschungel, sondern auf Ruhes Hinterhof in Alfeld a. d. Leine, im Hamburger Kistenschuppen der Fa. Hagenbeck entdeckt worden, – auch dies ein fraglos erinnernswerter Aspekt, seit uns das Berufsbild Tierhändler, wenn überhaupt, eigentlich nur unter Negativ-Zeichen prä-sentiert wird.

Sollten übrigens nicht gerade »schnöde Profitmacher« um das möglichst gesunde und vollzählige Eintreffen ihrer Tiertransporte bemüht sein, da doch allein diese »Profit« bringen? Hagenbecks Feuerland-Expedition ging statt mit »Profit« mit 10 000,– (Gold-) Mark Verlust aus; Kap-Hoorn-Stürme und andere Mißlichkeiten hatten das Endergebnis auf 3 (drei) Magelhaen-Gänse reduziert. »Für den, der Expeditionen zum Tierfang in ferne Länder entsendet, ist Wagemut die erste Bedingung. Wie manche Reisegesellschaft kommt nach monatelanger Abwesenheit mit leeren Händen heim . . .« – Duisburgs Jacobita-Team hat diesen Hagenbeck-Worten noch ein halbes Jahrhundert später Trost und Stärkung entnommen, wenn die unter Windstärke 11 kochende »Estrecho de Magallanes« ihre Delphine nicht immer gänzlich freiwillig herausgeben wollte . . .

ḫagenbeck kommt!

Nicht etwa, daß »der« Tierhändler beständig selber in Wüste und Wald unterwegs war, – dafür hatte er seine Leute, seine »Reisenden«, seine Regional-Spezialisten. Carl Hagenbeck – von Vater Gottfried Clas Carl Hagenbeck gar nicht zu reden! – scheint sich selten bis gar nicht vom Ufer der Alster entfernt zu haben, Hermann Ruhes Foto zeigt den Firmen-Senior nicht im Steppenkral der Weißen Nashörner, sondern auf der Touristen-Meile von Durban. Und überhaupt: trotz aller vorhin erörterten Schlingen-, Fallgruben- oder Zugnetz-Finessen wurde keineswegs so furchtbar viel »gefangen«, aber um so mehr *gesammelt*, d. h. im wesentlichen das praktiziert, was bereits den Menagerie-Anfängen des 15. Jahrhunderts ihren Inhalt gegeben hatte.

Oberländers Karikatur »Hagenbeck kommt!« läßt Giraffen, Elefanten, Flußpferde und Zebras in alle Richtungen davonlaufen, als der (pferdegezogene!) Käfig-Wagen mit dem C. H.-Emblem zwischen den Palmen hervorkommt. Richtiger hätte solche Zeichnung die aus allen Richtungen herbeilaufenden »Eingeborenen« zeigen sollen, welche ihrerseits allerlei Tierwaisen, Tierpflegekinder oder Tierbeutestücke – aus nicht-tödlichen Schlingen z. B. – herbeischleppen und zu verkaufen bzw. einzutauschen trachten. Das allein – nicht etwa selber Gruben graben oder eigene Keddahs veranstalten! – war der wichtigste, der üblichste Part damaliger Tierfangreisen, es sprach bzw. buschtrommelte sich natürlich wie ein Lauffeuer herum, wenn wieder einmal einer dieser merkwürdigen Weißen eingetroffen war, der Tiere nicht essen, sondern lebend haben und dafür sogar bezahlen wollte.

Interessante Leute gab es unter diesen »Reisenden«, schon Hagenbecks erster Aufkäufer beispielsweise hieß Cassanova. Für Ruhe, Hannover, dagegen holte Freiherr v. Redwitz die Vicuñas aus den argentinischen Anden, sah Zaren-Ex-Adjutant G. v. Basilewsky in der bei Nizza eingerichteten Quarantäre-Station Cros-de-Cagnes nach dem Rechten.

Quarantäne? Selbstverständlich gehört auch die Abwicklung der veterinärbehördlichen Im- und Exportregularien zum Thema »Tierfang und -handel«, desgleichen der dank Auto und Flugzeug zwar schneller gewordene Transport und der nach wie vor entscheidende Prozeß der »Eingewöhnung«, der vom Entwurmen und der Umstellung auf nicht-afrikanische/nicht-indische/nicht-grönländische Nicht-Naturnahrung bis zur Akzeptanz von Glas, Draht, Gitter, Menschenwerk, -geruch und -geräusch aller Art reicht, ja genaugenommen erst damit beginnt – und der mehr bzw. eher als alles übrige die glückliche Hand erkennen bzw. vermissen läßt, ohne die es in Tierhandel und -haltung auch im Computerzeitalter nicht geht.

Tauschen statt fangen: Zoos als Selbstversorger

Tierfang und Tierhandel sind nach einem halben Jahrtausend menschlicher Kulturgeschichte »out«, out und vorbei spätestens seit den siebziger Jahren, und wir dürfen (oder müssen?) sagen: Wir sind dabei gewesen. Falls das nach Nostalgie, wohl gar ein wenig Wehmut geklungen haben sollte: Der Grund für dieses »out« war und ist ein überaus erfreulicher, auch andere Kapitel und Zusammenhänge werden dies noch beleuchten: Die Fortschritte unserer Zootier-Haltung, Zootier-Zucht und Zootier-Biologie-Kenntnisse sind schon bald nach den Aufräum-Arbeiten des II. Weltkrieges in einer solch steilen Aufwärtsentwicklung gediehen, daß sich Zootierhandel nicht mehr lohnte.

Neue Techniken und Verkehrswege (wer konnte zuvor seinen Pandas Bambus einfrieren, seinen Koalas Eukalyptuslaub einfliegen lassen?), neue Materialien (für Weißwale beispielsweise Epoxydharz oder V_2A-Stahl statt Holzkisten voll Seegras), neue, schier traumhafte Tiermedikamente (Narkose-Blasrohr statt Ketten, Super-Anthelmintica* statt »Badezimmerarchitektur«), Dutzende, Aberdutzende solcher »Neuheiten« haben dazu geführt, daß »Zootiere« immer älter und immer zahlreicher werden. Die Zoologischen Gärten mußten keine neuen Löwen fangen oder kaufen, sondern ihre bisherigen Löwen mit der Anti-Babypille versehen; was man in der Etosha-Pfanne (= 75 000 km²) inzwischen übrigens ebenfalls tun muß. Falls irgendwann trotzdem einmal züchterisches Frischblut erwünscht scheint, läßt man es nicht in der Kalahari fangen, sondern vom Zoo Karlsruhe schenken, oder vom Zoo Wuppertal oder vom Zoo XYZ; auch dort weiß man nämlich kaum noch wohin mit der Nachzucht.

Nochmals: Fraglos ist dies eine großartige Entwicklung, fraglos ist dies inzwischen ein Hauptinhalt der Institution »Zoo«! Daß früher hier und dort ein paar »Reisende« unterwegs gewesen, ein paar Netze gespannt, ein paar Keddahs abgehalten worden waren, hatte die Ökologie der sogenannten freien Wildbahn zwar nie auch nur am Rande berührt, wenn die Zoologischen Gärten jetzt aber »Selbstversorger« und sogar im Stande sind, die Natur (Stichwort: Wiederauswilderung, s. S. 102ff) mitzuversorgen, um so besser! Die immer unüberschaubarere Fülle der Umwelt- und Artenschutzrichtlinien, der undurchdringliche Paragraphendschungel neuer Einfuhrgesetze, fast unerfüllbare Quarantäneauflagen lieferten später nur noch das Beiwerk: das Entscheidende war, daß die Zoos Tiere nicht konsu-

---

* Wurm-Mittel. – Wenn Menschen/Tiere/Pfleglinge längere Zeit am gleichen Ort zusammen leben, spielt Parasitenübertragung und -bekämpfung stets eine wichtige Rolle.

mierten, sondern produzierten, d. h. daß nach Tierfang/Tierhandel immer weniger Nachfrage bestand. – Hagenbeck, einst unter den Pionieren des Faches, zog als Erster die Konsequenz und stieg aus, nicht aus – weshalb auch? – schlechtem Gewissen, sondern mangels Nachfrage, nicht aus Resignation, sondern aus Realitätssinn: Fast simultan beispielsweise begann er, Duisburg-inspiriert, mit dem Bau des Stellinger Delphinariums.

In der 1930er Tierbestandsliste von Fa. L. Ruhe, Alfeld a. d. Leine, steht ein 1,0 *Felis tigris amurensis* x *regalis,* also eine Kreuzung aus Sibirischem und Bengaltiger (»Prachtexemplar, erwachsen«) mit RM 7000,– zu Buch, d. h. ein *Bastard,* der heute aus sämtlichen Zuchtbüchern und EEPs (s. S. 96 ff) gestrichen und nicht einmal zu verschenken wäre. Auch »Löwen von Kamerun, 18 Monate alt, Frischimporte, sehr gut gebaut« sollten damals noch 3000,– RM kosten – ein Bruchteil der Summe, die Tiergärten heute aufwenden, damit bei ihnen *keine* Löwen geboren werden. Hagenbecks Expedition, welche 1905 die letzten, die wirklich allerletzten Urwild- oder Przewalskipferde aus der Mongolei brachte, dürfte (mindestens!) 50 000,– Goldmark gekostet haben. Wenn der Zoo Duisburg heute Przewalskipferde zwecks Wiederauswilderung Richtung Mongolei verschenkt, muß er noch DM 1600,– draufzahlen. Was natürlich mit Vergnügen geschieht und lediglich zeigen soll, daß sich Zoologische Gärten Artenschutz etwas kosten lassen bzw. daß mit Tierfang oder -handel spätestens ab Mitte der 70er Jahre tatsächlich kein Geschäft mehr zu machen war.

Natürlich haben einige Profis noch ein paar Übergangs-Alternativen gefunden, als die Tiergärten als Abnehmer ausfielen: Schultz in Okahandja oder Delfs in Windhuk z. B. stellten sich aufs »Game-farming« um, d. h. sie lieferten nicht mehr Tüpfelhyänen nach Nürnberg, sondern fingen Hartebeeste für Omaruru. Daß »Wild«, daß bestimmte Antilopen unter südwestafrikanischen Dornbuschverhältnissen mehr »Ertrag« als extensive Rindviehhaltung liefern, ist bekannt und findet in den Damhirsch-Gattern hiesiger Landwirte seine Parallele. Und da die neue Zeit endgültig angebrochen war, wurden/werden die künftigen Küchen-Kongonis ihrer Bestimmung natürlich nicht mittels Kral oder Keddah zugeführt: Kein Reiter, nicht einmal ein Landrover, ein *Hubschrauber* scheucht sie vor sich her, nicht zwischen Flechtwerk oder Netz, sondern in einen Trichter aufgespannter Plastikbahnen hinein, auf die Ladefläche eines (an der Trichterspitze eingegrabenen) Lastkraftwagens hinauf, und mit diesem geht es zur nächsten Farm. Die Ära des Zootierfanges ist definitiv zu Ende.

≡ Zucht-Haus statt Zuchthaus: Wie Tiere im Zoo leben

Der geschilderte Wandel in der Tierbeschaffung macht bereits deutlich, daß Haltungssysteme und -methoden moderner Tiergärten, von denen nun die Rede sein soll, »gut«, zumindest daß sie zweckentsprechend sind: Funktionieren sie doch so erfolgreich, daß Tierfang bzw. Tierhandel dadurch überflüssig geworden sind. (Hier und dort noch gelegentlich registrierte, meist stümperhaft und gegenüber der inzwischen gültigen Tier- und Artenschutzgesetzgebung illegal durchgeführte Importe von Papageien o. ä. »Liebhaber-Exoten« haben mit den Aufgaben Zoologischer Gärten nichts zu tun.)

Im Zoo leben die meisten Tiere heute durchschnittlich länger als in der immer stärker vom Menschen bedrohten oder schon zerstörten (ökologischen) »Freiheit«. Ihre durchschnittliche Lebenserwartung hinter Gräben, Gittern oder Glasscheiben ist in der Regel höher als in Urwald und Steppe. Das gilt selbst für so neue, komplizierte Spezialbereiche wie z. B. Delphin- und Walpflege. So ging etwa der Bestand des Weißwales der extrem schadstoffbelasteten kanadischen St. Lawrence-Mündung bei Quebec von ca. 6000 Tieren im Jahre 1965 auf ca. 350 Tiere im Jahr 1992 zurück, wobei die angespülten Kadaver inzwischen als Sondermüll (!) behandelt werden müssen. Dagegen zeigen sich die 1969 ins Duisburger Walarium importierten Kanada-Wale noch immer bei bestem Wohlbefinden.

Allerdings wird der Bereich Ozeanarien/Delphinarien hier nur deshalb gestreift, weil er die Entwicklung einer Tierhaltung von der Kuriositätenschau zur »durchorganisierten« Praxis, zu Volksbildung, Wissenschaft und Naturschutz gewissermaßen im Zeitraffer verdeutlicht: Die ersten Versuche, die possierlichen Meeressäuger »an Land« zu halten, scheiterten Mitte des 19. Jahrhunderts kläglich, vor allem wegen der fehlenden Kenntnisse der Lebensweise der »Walartigen«. In kaum hundert Jahren ist der Großtümmler zu einem der besterforschten Wirbeltiere überhaupt, fast einer »weißen Ratte des Meeres« geworden. Eine fraglos erfolgreiche, richtungweisende, jedoch einem Sondergebiet geltende Entwicklung. Kernthema der Tierhaltung waren und blieben seit frühester Menageriezeit Vierfüßer und Vögel. Diese sind bezüglich Pflegeaufwand und -technik insgesamt sicherlich anspruchsloser, auch umfaßt die Geschichte ihrer gesicherten tiergärtnerischen Etablierung einen wesentlich längeren Zeitraum; d. h. man kann auf viel mehr Jahre tierpflegerischen Erfahrungssammelns zurückblicken. Von den vorne erwähnten erstaunlichen Fußmärschen abgesehen, haben selbst »normal« transportierte Zootiere noch bis zur Jahrhundertwende oft nur kurze Zeit an ihren europäischen Bestimmungsorten überlebt. Mitunter lag dies an fehlerhafter, heute geradezu grotesk anmutender Nahrungsauswahl (indem z. B. Menschenaffen »wie Menschen«, also mit Beefsteak, Kartoffelklößen und am Sonntag wohl auch einmal mit einem Schoppen Rotwein verköstigt wurden), allgemein aber einfach an unzureichender Kenntnis der Biologie bzw. der biologischen Erfordernisse allgemein. Auch trafen – selbst als sich die Reisezeiten inzwischen erheblich verkürzt hatten – nach wie vor nicht alle Tiere in bestem Gesundheitszustand ein. Obwohl Paris seinen *Jardin d'Acclimatation* besaß, die Tierhandlung Ruhe eine Eingewöhnungsstation im milden Klima der Rivieraküste unterhielt, um Afrika-Importe nicht direkten Weges ins vielleicht gerade novemberliche Niedersachsen geraten zu lassen, waren Erkältungskrankheiten nicht selten. Bestand die Unterbringung anschließend in einer der seit Menageriezeiten beliebten, feuchtdunklen Tuffstein»grotten«, wirkte das gleichfalls wenig gesundheitsfördernd.

Selbst exakt erfaßte Krankheitsbilder – z. B. die Rindertuberkulose – forderten in den Antilopen-Giraffen-Häusern mancher Zoologischer Gärten ihren beinahe turnusmäßigen Tribut, der ebenfalls weitgehend durch den Tierhandel ausgeglichen werden mußte. Tatsächlich waren es daher sehr wesentlich die Fortschritte von Veterinärmedizin und Veterinärhygiene, durch welche sich Haltungsbedingungen und Haltungserfolge der Tiergärtnerei dann immer zügiger zum heutigen hohen Standard zu entwickeln vermochten; so, daß Giraffen heute nicht mehr »nachgekauft«, sondern regelmäßig gezüchtet werden (im Zoo Duisburg z. B. in bereits 4. Generation), daß Antilopen wie die Addax nicht mehr im-, sondern nach Tunesien exportiert bzw. ausgebürgert werden, daß Große Kudus anderen Zoos nur noch als Geschenk angedient werden können; man weiß vor Nachzucht (und Langlebigkeit!) kaum noch wohin.

Baubiologie im Zoo:
Über die Zusammenhänge zwischen Wohnen und Wohlbefinden

Das in diesem Zusammenhang wahrscheinlich wichtigste Gebiet war und ist die Parasitenbekämpfung, d. h. die geradezu revolutionierende Verbesserung der hierfür verfügbaren Mittel und Methoden! Ohne in pharmazeutische Details oder die später näher erläuterten Aufgaben der Zootierärzte abzuschweifen, sei hier nur an folgendes erinnert: So gut wie alle Wildtiere haben einen gewissen, eigentlich »normalen« Besatz an Parasiten, d. h. in oder an ihrem Körper schmarotzende Würmer, Wurmlarven, Gliederfüßler, Einzeller u. a., mit welchem sie unter »normalen« Umständen auch ganz gut zurechtkommen; eine Art unfreiwilliger Symbiose, bei der letztlich auch der Parasit kein »Interesse daran haben kann, seinen Wirt womöglich umzubringen.

Wird der Wirt Zootier, kann sich die bislang ausbalancierte Situation sehr rasch sehr negativ verschieben: Der zumal mit früheren Fang- und Transportmethoden unvermeidlicherweise verbundene »Streß« konnte die Kondition bzw. antiparasitäre Widerstandskraft zumindest vorübergehend soweit reduzieren, daß Schmarotzer derweil ein Übergewicht erhielten; wobei die Schadwirkung vieler Parasiten nicht allein im Entzug von »Nährstoffen«, sondern in der Zerstörung bzw. im Verbrauch von Körpersubstanz des Wirtes nebst toxischer Belastung durch Ausscheidungs- und Zerfallsprodukte besteht. Ein beinahe perfekter Teufelskreis entsteht im Zoo aber meistens erst dadurch, daß die Vermehrung vieler Parasiten durch (mikroskopisch kleine) Eier, Cysten oder Larven erfolgt, welche mit dem Kot des Wirtstieres ausgeschieden und von dort aus zu einer neuen Infektionsquelle werden. Ein Guereza-Affe, der in Innerafrika auf einem Urwaldwipfel sitzt, läßt sein Häuflein irgendwo unter sich fallen und hat nie wieder damit zu tun (übrigens einer der Gründe, warum solche Tiere schwer »stubenrein« zu bekommen sind); im Zoo fällt das gleiche »Häuflein« 2 m tiefer auf ein Sitzbrett, wo der Guereza nachher vielleicht sein Abendbrot einnimmt – nebst neuerlich Parasiten. Das scheinbar banale Phänomen der Parasitierung, vor allem der unter Zoobedingungen schwer vermeidlichen ständigen Re-Parasitierung war tatsächlich *die* Crux mehrerer Tiergärten-Generationen; sie hat auch die tiergärtnerische *Architektur*, die tiergärtnerische *Programmauswahl* weit stärker beeinflußt, als dies heute registriert zu werden pflegt, denn mit »irgendeinem Wurmmittelchen« war dem Problem halt nicht beizukommen. Viele Parasiten haben sehr komplizierte Entwicklungsgänge, in welchen außerordentlich resistente, z. B. weitgehend hitze-, kälte- und chemikalienfeste Stadien vorkommen, die z. T. noch gar nicht erforscht werden konnten. Von dem uns schon aus der Fallgrube am Ituri bekannten, dann für 1 Jahr (!) in ein nahe gelegenes Eingewöhnungsgehege gebrachten Okapi Bambe erfahren wir hierzu von Heini Hediger (1950):

> »Diese Gehege werden peinlich sauber gehalten; sobald ein Tier Losung abgibt, wird sie von einem Schwarzen weggeschafft. Man sucht dadurch der übermäßigen Parasitierung der wertvollen Tiere entgegenzuarbeiten; aber merkwürdigerweise werden manche Okapis trotzdem von vielen Eingeweidewürmern befallen. Bambe beherbergte bei seiner Ankunft, wie wir durch einen Spezialisten sofort feststellen ließen, nicht weniger als neun verschiedene Arten von Schmarotzerwürmern in seinem Körper. Ein Okapi des Londoner Zoo ... brachte es sogar auf 15 Arten und ging

daran schon ein Vierteljahr nach seiner Ankunft zugrund... Ein ideales Mittel zur Bekämpfung dieser Plagegeister steht leider immer noch nicht zur Verfügung...« usw.

Nun, inzwischen gibt es solche idealen oder zumindest fast idealen Mittel. Zuvor bestand das fast einzige »Mittel« in äußerster, ständiger Sauberhaltung von Gehegeböden und Käfigen, allein aus diesem Zwang ergab sich – Hedigers o. a. Bericht entstammt keiner Menagerie des Mittelalters, sondern einem führenden Zoo der Moderne – die immer umfassendere Verwendung von Fliesen, versiegeltem Sichtbeton u. a. »hygienischen«, d. h. desinfizierbaren Materialien. Es ist deshalb ebenso billig wie töricht, sich heute über die »Badezimmerarchitektur« jener Zeit amüsieren zu wollen: Den damaligen Zoozuständigen hat es weder an Phantasie noch Geschmack, sondern lediglich an Praziquantel und den Anthelmintica der Imidazol-Reihe gefehlt. Diese Mittel waren damals noch nicht (Hediger: »...leider immer noch nicht«) erfunden, und so mußten Parasitenbefall, Keimgehalt und ähnliche Infektionsreservoire mehr zumindest mit Lysol und Lötlampe, Dampfdruck-Reinigung und Dauer-Dränage notdürftig in Schach gehalten werden. Wo täglich heißwassergestrahlt, chlorkalkgestreut, fungizid-gesprayt werden mußte, wurden Gorillakäfige aber in der Tat besser mit Keramik als mit Kambala-Holz ausgekleidet, Klettergerüste besser aus V_2A-Stahl als aus knorrigem Naturgeäst aufgestellt. – In welchem Umfang einige wenige, erst ein paar Jahre, allenfalls Jahrzehnte zurückliegende Fortschritte der veterinärmedizinischen Pharmakologie nicht nur die Resultate, sondern die *Architektur* aktueller Tiergärtnerei revolutioniert haben, ist wenig beachtet worden, aber kaum abzuschätzen.

Wobei hier bislang nur die Innenarchitektur angesprochen scheint. Das zwangsläufig jeder Form von Tierhaltung – von der Zwergflußpferd-Dreiergruppe eines Zoologischen Gartens bis zur Brathähnchen-Intensivzucht einer Geflügelfarm – eigene Problem, daß sich Kotreste, Krankheitskeime, Parasiteneier etc. dort anreichern, wo mehrere Tiere längere Zeit am selben Ort konzentriert werden, betrifft selbstverständlich auch die Außengehege; zwar zunächst nicht so intensiv bzw. nicht so bald, wenn es sich um große Außengehege handelt, aber gerade bei großen Flächen ist die Sanierung nachher um so schwieriger. Daß der Boden eines jahraus, jahrein belasteten Hühnerhofes eines Tages »geflügelmüde« werden kann, wußten unsere Bauern schon vor hundert Jahren: Er wurde dann in einer Art »Zweifelderwirtschaft« nach nebenan verlegt oder aber tiefgründig umgegraben, gekalkt, vielleicht sogar teilweise bodenausgetauscht. – Im umgrenzten Areal eines Zoologischen Gartens ist das »Umziehen« eines Geheges demgegenüber kaum möglich; auch das Umgraben oder gar Auswechseln des Bodengrundes – d. h. 1–2 Spaten tiefes »Auskoffern« des alten und in gleicher Menge Einbringen neuen Materials – wird natürlich um so problematischer, je großflächiger diese Gehege – dem aktuellen Trend zur »Frei«anlage entsprechend – geworden sind. Parallel zur badezimmerarchitektonischen Verfliesung oder Versiegelung vieler Tier-Innenräume hat man sich daher auch um veterinärhygienische Verbesserungen von Außengehegen bemüht, vorrangig in der Regel dabei die Beseitigung nasser, »durchsafteter« Bodenpartien mittels verbesserter Dränage, da viele Parasiten Feuchtigkeit zur Entwicklung benötigen. Sicherlich sähe es »hübscher« oder jedenfalls passender aus, wenn man beispielsweise den Elch – einen übrigens auch *nach* Einführung der neuen tiermedizinischen Präparate noch nicht überall unproblematischen Pflegling – in einer seinem natürlichen Biotop entsprechenden Sumpf- oder Brachwaldszenerie zeigen würde; die Haltungsergebnisse auf trockenem »Wüstensand« sind jedoch die besseren.

Gehegeböden nicht nur trocken, sondern »besenrein« fegbar zu machen, war die Aufgabe spezieller Mergel-Mischungen, die auf eine Schotterschicht gewalzt und dort betonhart wurden; auch sie haben aber – soviel Sorgfalt einige Zoos seinerzeit auf passende Sand-Kies-Ton-Rezepturen, hufabnutzende Basaltsplitzugaben etc. verwandten – heute an Bedeutung verloren, jedenfalls soweit es die Eindämmung von Befallsmöglichkeiten durch parasitische »Würmer« angeht. Für andere Krankheitserreger, z. B. Clostridien, bietet der Bodengrund langbenutzter Tiergehege mitunter auch noch im modernen Zoo schwer zugängliche Reservoire, denen nur mit großem Aufwand beizukommen ist.

»Hotel Zoo« mit Speisekarte für 1001 Tiere

Natürlich kennzeichnen die Anmerkungen zur Parasitologie und Parasitenbekämpfung lediglich einen Teilbereich zoo-orientiert-veterinärmedizinischer Fortschritte, andere Entwicklungen, z. B. der Narkosetechnik, gewannen bald ähnliche Bedeutung; in seinem unmittelbaren Bezug zum Tierhaltungssystem »Zoo« und wegen seiner dort geradezu revolutionierenden Wirkung kommt diesem Teilbereich jedoch in der Tat eine Sonderrolle zu. Gleichwohl ist ein Zoo kein Krankenhaus, sondern allenfalls »eine Hotelpension« für Tiere, sollte Ähnliches zumindest anstreben; womit nach den Arznei- noch ein Blick auf die Futtermittel, d. h. auf die Versorgung gesunder Tiere gestattet sei.

An den vorgegebenen Grundkomponenten Eiweiß, Fett, Kohlehydrate hat sich selbstverständlich auch in modernen »Fütterungslehren« nichts geändert, wohl aber sind in Bezug auf Bilanzierung und Darreichungsform der einzelnen Stoffe mancherlei Neuerungen gefunden worden. Ob sie die Tierversorgung allemal »verbessert« haben, mag offenbleiben, auf jeden Fall haben sie sie erleichtert, was Verabfolgung und Vorratshaltung betrifft. In erster Linie bezieht sich dies auf die Pelletierung des Futters, d. h. auf das maschinelle Herstellen sog. Preßlinge. Die je nach Verwendungs- und Tierart pfefferkorn- bis flaschenkorkengroßen *Preßlinge* oder *Pellets* bestehen aus einer nach ernährungsbiologischem Rezept zusammengestellten Idealmischung von gemahlenen Grundnahrungsstoffen, Mineral-Rohfaseranteilen und anderen Zusätzen mehr und sind eigentlich keine Spezialität Zoologischer Gärten. Landwirtschaftliche Viehhaltung beispielsweise ist – vom Forellenteich bis zur Schweinemast – ohne Pellets heute nicht mehr zu denken, wenn möglich wird gar nach Schaltuhr gefüttert. Längst gibt es allein für die Geflügelzucht nicht nur art-, sondern altersspezifische Pelletdifferenzierungen, also nacheinander zu verabfolgende Küken(»starter«)pellets, Junghennenpellets, Legehennenpellets usw. Für die Versuchstierhalter gibt es selbstverständlich Ratten-Pellets, Mäusepellets, Kaninchenpellets usw., während sich die Zoos – auch dort zwar kennt man inzwischen Straußenpellets, Hirschpellets, Fasanenpellets usw. – zunächst verhältnismäßig schwertaten. In der Futterküche des Zoologischen Gartens von Philadelphia begann man erst Ende der fünfziger Jahre Sojaschrot, Luzernemehl, Bruchmais und Schabefleisch zu »Kuchen« zusammenzukneten, später sogar zusammenzubacken, um sie beispielsweise den dortigen Gorillas anzubieten. Der über 40 Jahre alt gewordene Gorillamann Massa war – ähnlich wie zuvor Berlins 264-kg schwerer Bobby – ein besonders imposanter und besonders populärer Vertreter dieser afrikanischen Menschenaffen, die freilich in ihren Ernährungsansprüchen immer ein wenig besonders waren. Über die Zeiten von Beefsteak oder Bockwurst war die Tiergärtnerei selbstverständlich hinaus, auch die später folgende Ära der Bananen und Apfelsinen war jedoch nicht rundum das Richtige. Die Vorstellung, daß »Affen« und »Banane« zusammengehören, ist zwar nach wie vor weit verbreitet, hat mit der natürlichen Nahrungsaufnahme – bei Berggorillas bis zu 20 kg Blätter, Blattstiele und Wurzeln pro Tier und Tag, Faser-Ballast en masse, reichlich (pflanzliches) Eiweiß, nichts »Süßes« – jedoch wenig zu tun. Nicht zufällig nahm das alsbald so genannte »Philadelphia-Futter« daher mit Gorillakuchen seinen Anfang, aus dem sich eine inzwischen beinahe das halbe Grzimeks Tierleben abdeckende Pellet-Industrie entwickelt hat. Pellet-Silos gehören heute in jede Zoo-Futterküche, auf jeden Zoo-Futterboden, zu jeder Zoo-Futtermeisterei.

Wer seinem Tier Pellets gibt, weiß, daß es alles hat; er weiß nur nicht, ob es das auch wirklich frißt. Gerade die erwähnten Gorillas z. B., aber auch allerhand andere Tierarten, die von Haus aus nicht einfach

Massenfutter in sich hineinmampfen, sondern ein wenig wählerisch sind, finden Nur-Pellets rasch zu »langweilig«, man kennt so etwas – auch Hundekuchen sind ja eine Art »Pellet« – selbst von Spitz und Pudel. So werden die Zoo-Pellets also möglichst frühmorgens verabreicht (wenn die Tiere noch Appetit haben), während man gegen Mittag oder Abend dann doch wieder wenigstens teilweise zum sog. Traditionalistenfutter übergeht, d. h. zu Mischungen aus naturbelassenen Früchten, Gemüsen, Fischen oder Fleischteilen.

Daß sich die Speisekarte bzw. der Futterbedarf für einen nach Hunderten von Arten zählenden, vom Seepferdchen bis zum Walroß reichenden Zootierbestand ziemlich vielfältig ausnimmt, versteht sich von selbst; allein das Einkaufs-Grundsortiment für den Duisburger Zoo z. B. umfaßt über 110 Positionen (s. Tab. 1, S. 64 ff). Trotzdem macht der Posten »Fütterung« nicht einmal 10% des Jahresetats aus, obwohl sein »tiergärtnerischer Wert« erheblich gestiegen ist. Mit einigen wenigen Ausnahmen – der Bezug von Rentiermoos bzw. -flechte ist schwierig geworden, die für bestimmte Vogelaufzuchten als unverzichtbar geltenden Ameisenpuppen (»Ameiseneier«) dürfen nicht mehr gesammelt werden, Schadstoff- und Schwermetallbelastung von Seefisch problematisiert zunehmend Wal- und Delphinhaltung, Langstroh beginnt »unmodern« und damit knapp zu werden – haben sich Zoo-Futterkunde und -möglichkeiten insgesamt fraglos positiv entwickelt, die Bedeutung ihrer Fortschritte für den Fortschritt der Tiergärtnerei steht hinter denen der Veterinärmedizin nicht zurück. Daß es frisches Obst, frisches Gemüse, Südfrüchte etc. durch sämtliche Jahreszeiten gibt, daß man sich grünes Baumlaub in ganzen Hallen lagern, daß man Muschelfleisch, Mysis (bestimmtem Meereskrebschen), Tintenfisch ein ganzes Jahr lang einfrieren kann, daß man nur auf den Computerknopf drückt, um die Milchzusammensetzung für den Südafrikanischen Seebär *Arctocephalus pusillus* auf 0,1% hinter dem Komma zu erfahren, daß man Gummisauger von »Eichhorn« bis »Elch« beinahe schon beim Versandhandel bestellt – solche Möglichkeiten waren einstmals nicht einmal im Malaria quartana-Fieber zu träumen, das den Fallgruben-Fanglager-Fußkarawanen-Alltag gelegentlich unterbrach. Solche Möglichkeiten aber wurden eine der Hauptvoraussetzungen dafür, daß die »Arche Zoo« inzwischen praktisch »unsinkbar« geworden ist, daß aus Sammel- und Abenteuerlust ein wissenschaftliches Fachgebiet namens »Tiergärtnerei« entstand, daß immer mehr Tiere besser, länger, sicherer innerhalb als außerhalb des Zoos leben, daß der Begriff »Problemtier« nurmehr historische Bedeutung besitzt.

Tab. 1   Futtereinkauf des Zoos Duisburg im Jahr 1984

Futter	Menge	DM	∅-Preis
Pferdemischfutter (Reformhafer)	10.850 kg	6.089,91	56,13%
Hafer, rund	7.300 kg	5.272,17	72,22%
Hafer, gewalzt	23.000 kg	16.793,67	73,16%
Weizenkleie	3.750 kg	2.007,45	53,63%
Futterhaferflocken	12.875 kg	15.046,88	116,87%
Weizen	4.050 kg	2.642,63	65.25%
Sonnenblumenkerne	1.600 kg	2.679,42	167,46%
Mais ganz und gebrochen	6.900 kg	4.860,19	70,44%
Kälbernährmehl Bully	10.550 kg	5.916,59	56,08%
Hirse	345 kg	667,95	193,61%
Kükenfutter und -mehl	3.150 kg	2.749,37	87,28%
Sesamschrot	3.350 kg	1.938,57	57,87%
Garnelen	2.196 kg	4.130,67	188,10%
Körnergemenge	3.700 kg	2.548,87	68,89%
Rübenschnitzel	–		
Futterkalk	400 kg	142,11	35,53%
Trockenmoos	150 Kart.	4.640,27	30,93/Kart.
Känguruhfutter	1.125 kg	758,65	67,44%
Waldvogelfutter	450 kg	821,78	182,61%
Drosselfutter	1.050 kg	5.901,26	562,02%
Eifutter	700 kg	3.258,50	465,51%
Leinsaat	100 kg	114,52	114,52%
Erdnüsse	586 kg	3.222,32	5,56/kg
Salz			
– Lecksteine	45 Stck.	251,26	
– Vitamineral-H	104 kg	975,20	
Zucker + Dextropur + Rohrzucker	340 kg	825,16	
Honig	100 kg	650,35	6,50/kg
Rosinen	122 kg	468,95	3,84/kg
Reis	190 kg	353,10	1,86/kg
Div. f. Affenhaus		7.895,32	
Sonstiges		10.327,46	
Fleisch	96.083 kg	241.890,92	2,50/kg

Tab. 1   (Fortsetzung)

Futter	Menge	DM	Ø-Preis
Wiesenheu	225.780 kg	75.920,69	33,63%
Luzerneheu	11.700 kg	5.353,64	45,76%
Stroh	157.240 kg	21.776,52	13,85%
Runkelrüben	82.730 kg	8.273,—	10,00%
Kartoffeln	48.900 kg	3.112,57	6,36%
Brot	–		
Mehlwürmer	777 kg	18.209,98	23,44/kg
Eier	9.360 Stck.	1.675,60	–,179/Stck.
Quark	228 kg	561,59	2,46/kg
Butter, Margarine	–		
Apfelsinen	28.100 Stck.	7.964,37	–,28/Stck.
Pampelmusen	–		
Äpfel	13.939 kg	8.821,48	–,63/kg
Bananen	553 Kisten	8.111,46	14,67/Kiste
Trauben, Saisonobst		1.671,05	
Birnen	138 kg	154,68	1,12/kg
Zitronen	8 Kisten	189,95	
Zwiebeln, Lauchzwiebeln		768,27	
Rote Beete	4.370 kg	3.492,46	–,80/kg
Steckrüben	2.340 kg	1.478,79	–,63/kg
Kohlrabi	9.293 Stck.	4.344,67	–,47/Stck.
Salat und Endivien	988 Kisten	12.635,08	12,79/Kiste
Möhren	39.175 kg	20.927,13	–,53/kg
div. Gemüse		36.133,47	
Lebende Tiere			
– Küken	49.700 Stck.	5.795,99	
– Hühner, geschl.	160 kg	643,67	
– Mäuse	1.400 Stck.	1.688,38	
– Kaninchen	80 Stck.	706,00	
Lebende Fische f. Aquarium	34.700 Stck.	16.518,69	
Div. Aquarienfutter		2.428,64	
leb. Grillen	15.000 Stck.	243,—	
Mysis	36 kg	597,—	
Tubifex	144 l	2.582,—	
Forellen	1.636 kg	12.439,32	7,60/kg

Tab. 1   (Fortsetzung)

Futter	Menge	DM	⌀-Preis
Karpfen	1.742 kg	12.661,55	7,27/kg
Für Delphine und Wale			
Heringe	15.899 kg	22.521,88	1,42/kg
Makrelen	11.104 kg	13.180,86	1,19/kg
Sprotten	1.196 kg	1.928,65	1,61/kg
Wittlinge	4.973 kg	6.434,52	1,29/kg
Tintenfisch	240 kg	1.831,16	7,64/kg
Für Robben und diverse			
Heringe	1.315 kg	2.311,78	1,76/kg
Makrelen	15.062 kg	17.859,62	1,19/kg
Sprotten	552 kg	890,15	1,61/kg
Dünger, Saat, Weide		4.033,55	
Streu		578,76	
		725.303,09	

Zooarchitektur: menschlich und/oder tierisch?

Wenn wir uns im Abriß dieser Erfolgsgeschichte der Zootierhaltung erst jetzt dem baulichen Fortschritt, d. h. jenen Entwicklungen zuwenden, welche der heutigen Konzeption von Gehegen und Ställen, Bassins und Volieren zugrunde liegen, geschieht dies nicht ohne Bedacht. Natürlich will dem ersten Blick gerade die moderne Architektur, d. h. die helle Geräumigkeit durchtechnisierter Tierhäuser, die gitterlose Weite sogenannter Freianlagen, das kühne Filigran hochragender Volieren als das wichtigste, sinnfälligste Zeichen tiergärtnerischer Neuzeit erscheinen. Zoologische Gärten *ohne* dieses Zeichen wären inzwischen undenkbar, und da Zoologische Gärten Tieren *und* Menschen zusagen sollen, werden diese Zeichen künftig sogar *noch* deutlicher werden. Im »Zoo der Zukunft« werden wir darauf zurückkommen. Nur weil das Kapitel »Tiere im Zoo« fragt, wie die *Tiere* dort leben, werden jedoch Anmerkungen erforderlich, die womöglich ein wenig ketzerisch anmuten, denen gerade daher aber noch einmal mit Nachdruck die schon früher erhobene Forderung voranzustellen ist, daß wir Menschen nicht einfach *unsere* Wertvorstellungen bezüglich Architektur, Ästhetik, »Glück«, »Freiheit« etc. aufs Tier übertragen dürfen – und mit der Formulierung »das« Tier eigentlich schon die nächste Unzulässigkeit begehen. »Welches Tier meinen Sie – eine Amöbe oder einen Schimpansen?« pflegte Oskar Heinroth, Direktor des Berliner Zoo-Aquariums, Vor-Vater der Verhaltensforschung, zurückzufragen und traf damit mehrere Nägel auf den Kopf: Tiere sind in der Tat verschieden, ihre Gehegeansprüche demgemäß. Entsprechend verschieden daher unser Vermögen, uns in sie »hineinzudenken«, verschieden womöglich gar unsere Sympathien, wobei es manchmal an Kleinigkeiten liegt: Weiße Ratten sollen »befreit«, graue Ratten sollen vergiftet werden – verständliche, verwunderliche, verfängliche Emotionen spielen auch bei der Zoo-Architektur noch immer eine mindestens ebenso wichtige Rolle wie Hedigers »Tiergartenbiologie«.

Das geläufige Horrorbild vom lebenden Museum bzw. einer Kleine-Käfterchen-Sammlung war bereits S. 36 dahingehend ergänzt worden, daß auch zu vielen frühen Menagerien bereits ganz ordentliche Offengehege gehörten, in denen dafür geeignete (Park-)Tiere gruppen- oder herdenweise gehalten wurden. Diese Tendenz hat sich dann über die Jahrhunderte fortgesetzt, verstärkt und auf immer neue Tierarten – zunehmend auch solche, für die kein einfacher »Zaun« mehr genügte – erweitert, während die Käfig-an-Käfig-»Collection« verschnörkelter Pavillons oder Tuffsteingrotten ebenso kontinuierlich dahinschwand. Daß unsere Zooanlagen – vereinfacht gesagt – immer größer, immer »freier« gemacht oder wenigstens so genannt wurden und werden, hat neben bzw. vor aller »Tiergartenbiologie« oder anderer Wissenschaft wohl immer auch einige *emotionale* Hintergründe gehabt. »Bessere« Zoos aus »schlechtem Gewissen«?

In der Wiener Menagerie von Schönbrunn bedauert Julius Wilhelm Fischer jedenfalls schon im Jahre 1800 »den Adler, dessen Feuerauge nun mit trüber Melancholie aus seinem engen Käfig blickt, statt daß es so gerne der Sonne entgegenblitzte«. Obwohl wir inzwischen wissen, daß immer mehr Tierarten nur noch durch oder in Zoologischen Gärten existieren, daß die Lebenserwartung dort höher, daß die Lebensumstände dort »besser«, daß sie auf jeden Fall sicherer sind: die Vorstellung vom Tiergarten als eine Art »Tiergefängnis« ist – und sei es im Unterbewußtsein – noch immer präsent, obwohl sie schon immer falsch war. »Gefängnis«, auch »Kerker«, »Kasten«, »Knast« genannt, ist eine Einrichtung *menschlicher Strafjustiz* zum Zwecke von Sühne und Abschreckung. Ins Gefängnis wird man *aus Schuld* gesteckt, geworfen gar, wie es anschaulich heißt. »Brummen«, schmachten soll man hinter den dicken Mauern, bei Wasser und Brot und ohne Wolldecke womöglich, falls man österreichisch-»verschärften Kerker« erwischt hatte. Wann geschlafen, wann im Kreis getrottet wird, regelt die Hausordnung, Sozial- und Sexualpartner werden sorgfältig ferngehalten – aber was um Himmelswillen soll das mit »Zoo« zu tun haben?

Zootiere sind nicht »zur Strafe«, sondern zur bestmöglichen *Pflege* dort, unter Einsatz aller Erkenntnisse und Mittel, welche moderne Tiergartenbiologie, Tiermedizin und Technik hierzu verfügbar machen. Nie haben Zootiere für »Zusammenlegung« streiken müssen – in den Zuchtgruppen liegen bzw. leben sie ständig zusammen, da sie ja »züchten«, d. h. ihre Art erhalten sollen. Wenn Wisent, Milu oder Wildpferd noch so gerade eben von der Ausgerottet-Liste zu schlüpfen vermochten, scheint ihnen im »Zuchthaus Zoo« zumindest eine Art »Schutzhaft« zuteil geworden zu sein... Vornehmlich mit diesen Haft- oder Knastassoziationen hängt unsere schier unüberwindliche Abneigung gegen Gitter zusammen: Für Kodiak-Bär und Klammeraffe, für Palmroller oder Papagei mögen es die schönsten Klettergerüste sein, für den Menschen bedeuten Eisenstangen geschmiedete Strafjustiz, so daß die ersten »Frei«anlagen ausdrücklich als »*gitterlose* Freianlagen« vorgestellt wurden.

Glasscheiben sind eine (»freier Blick«) z. Zt. viel benutzte, eigentlich aber »unbiologische« Form von Revierbegrenzung. Nach den Fischen (selbstverständlich!) mehr und mehr Vögel und Säugetiere in einer Art »Aquariensituation« vorzustellen, bedeutet zumindest teilweisen Verzicht auf eine der zoowichtigsten und zootypischsten Möglichkeiten, nämlich die des *direkten* akustischen, geruchlichen, da und dort wohl auch einmal taktilen Kontaktes. Gewiß kann es – vom baulichen »Gag« abgesehen – ein Erlebnis sein, einem Gorillamann oder einem Löwen durch die Millimeterdistanzen einer Panzerglasscheibe einmal »Auge in Auge« gegenüberzustehen, es sind jedoch auch andere Überlegungen denkbar: Zum Neubau des München-Hellabrunner Polariums wurde z. B. diskutiert, ob nicht etwas von der »Würde des Tieres« und (zumal bei jugendlichen Zoobesuchern) etwas vom natürlichen »*Respekt* vor dem Tier« verloren gingen, wenn man einem mächtigen Eisbären hier quasi mit dem Fingerknöchel gegen die (verglaste) Nase klopfen könne... Zum *tier*seitigen Part genüge die Feststellung, daß im Gehegebau verwendete Glasscheiben – anders als Gitter, Zäune, Gräben u. a. – so gut wie nie irgendeinen »Inventarcharakter« gewinnen.

»Frei« sind Zootiere auch auf »Frei«anlagen nicht, – wo kämen wir da hin? Zum zumindest besseren Verständnis kämen wir allerdings, wenn wir ein wenig umständlicher Freisichtanlagen sagen würden, denn allein darum, um die bessere Sicht, um das bessere Aussehen geht es. Seine ersten ›Freianlagen‹ baute Carl Hagenbeck nicht aus schlechtem Gewissen, sondern weil es hübscher ausschaut; der ›Freiheit‹ selber bleibt gleich, ob ihre Grenzen per Gitter oder per Graben gezogen werden. Bei »Graben« können die Besucher besser gucken (und fotografieren!), bei »Gitter« die Baribals besser klettern – mit »Gefängnis« hat beides nichts zu tun, mit »Freiheit« ebenfalls nicht.

»Frei« – das klingt nach Andreas Hofer und trutzig, nur was hat das mit dem südost-indonesischen Nebelparder zu tun, dessen Eltern im Zoo Duisburg, dessen Großeltern im Zoo Washington geboren und dessen südostindonesische Regenwälder längst abgeholzt sind? Wo gibt es die »freie Wildbahn«? Jeder Baum, jeder Bach, jede Wiese ist menschengemacht. Dahinter lauert unser »Wild« – längst durchweg auf »Nachttier« umgeschult – auf eine Lücke im Autobahnverkehr/Jogging-Betrieb/Grillparty-Duft –, um sich endlich ans Maisfeld/die Kartoffelmiete/den Müllplatz zu wagen. Wer je einem Stück »Wild« in »freier« Wildbahn zusah, wie es vor jedem Schritt zur Tränke zittern, nach jedem Bissen sichern muß, wird »Zoo« vielleicht als »Sanatorium«, keinesfalls aber als »Zuchthaus« einstufen; und dies keineswegs nur auf unsere Breiten bezogen.

»Man wird das Gefangenleben[*] der Tiere nur dann richtig beurteilen, wenn man ihr Freileben kennt und dieses als Ausgangspunkt und Maßstab nimmt. Aber gerade dieses Freileben war bis in die jüngste Zeit hinein schlecht bekannt. Bis etwa … 1920 glaubten selbst Biologen an die berühmte »Goldene Freiheit«, die das freilebende Tier genieße… Langsam nur löst sich dies menschliche Wunschbild auf und weicht dem biologischen Tatbestand«,

Für diesen Tatbestand nimmt Hediger (1948) in seiner Schrift über Zoologische Gärten als Asyl und Forschungsstätte vor allem auf die Beobachtungen der englischen Biologen E. Howard und F. Darling zum sog. Territorium Bezug. Sie haben

»… entdeckt, daß die meisten Vögel im sog. Freileben sich nicht beliebig irgendwo niederlassen und sich frei bewegen können, sondern sie sind an einen bestimmten, überraschend kleinen Geländeausschnitt, an ihr Territorium, gebunden… Die Welt ist auch für die Tiere aufgeteilt in kleine Grundbesitze, die nicht ohne Kampf verlassen oder betreten werden können. Das sog. freilebende Tier ist räumlich empfindlich eingeschränkt, ja es ist nicht übertrieben zu sagen, daß es in seinem bescheidenen Lebensausschnitt eigentlich gefangen ist. Große Tiere haben natürlich ein großes Territorium von Dutzenden Quadratkilometern, aber sie haben es nicht, um darin spazieren zu gehen, sondern um aus ihm die erforderliche Nahrung herauszuholen.«

---

* Da es mitunter an (sprachl.) Kleinigkeiten liegt und »gefangen« – anders als engl. *kept* – Richtung »Gefängnis« geht: für den Verband Deutscher Zoodirektoren e. V. ist »in Menschenobhut« oder »unter Zoobedingungen« empfohlen.

Einfacher: Tiere sind auch »in Freiheit« keineswegs in dem Sinne frei, den sich unsere Berges-, Meer- oder Dschungelromantik unter »frei umherschweifen«, »stolz dahinziehen«, »kühn emporschwingen« vorzustellen pflegt. Festgetretene Wechsel, stur verteidigte Grenzen, starre Rituale, striktes Timing kartieren und reglementieren die tierische Umwelt in despotischer Weise; pingeliger als beim Haus- u. Grundbesitzerverein kann es in der »freien Wildbahn« zugehen: Ans Wasserloch darf man nur dann und dann, zum Fressen nur dort und dort, nicht in die Quere kommen dem und dem – da sollte Zoo statt »Zuchthaus« nicht »Zuhause« sein können? Erst recht, da die meisten Zootiere nicht einmal diese »Nicht-Freiheit« kennen, sondern bereits zoogeboren wurden?

Wir belächeln Schnörkel und Tuffstein der Menagerien, mit unseren zoologischen »Freiheits«vorstellungen jedoch sind wir selber im frühen Mittelalter geblieben. Wir lassen uns erzählen, daß Delphine »Selbstmord« begehen, wenn man sie »einsperrt«, – durch einfaches Luftanhalten wohlgemerkt. Wir bekommen noch immer feuchte Augen wie Fischer vor der alt-Wiener Voliere, wenn wir uns vorstellen, wie gern sich wohl dieser Adler oder jener Bussard »mit jauchzendem Schrei der aufgehenden Sonne entgegenwerfen, sich höher und höher in den Äther schrauben würde« etc., wie der Hirsch sein geöffnetes Gatter »erst gleichsam wie ungläubig, doch dann wie von der Sehne geschnellt« usw. Richtung »Freiheit« passieren würde: So vertraut es klingt, so grundverkehrt ist es: Kein Adler hat sich seinerzeit für »Freiheit« interessiert, als Bombentreffer Volieren scheunentorweit aufrissen. Als in einem Schweizer Tiergarten ein Neubau fällig war, hat man die alten Käfige einfach über den Köpfen der gemütlich sitzenbleibenden Adler abgebrochen und dann ebenso gemütlich durch einen Neubau ersetzt. Milane – eine heimische Greifvogelart – wollten nicht »frei«gelassen, sondern weitergefüttert werden. Statt in, saßen sie auf ihrer Voliere und begannen, die Besucher zu belästigen.

Und der Hirsch? Das Zebra? Der Eisbär? Haben wenigstens die sich in den Wald, nach Afrika oder zum Nordpol aufgemacht, wenn einmal eine Umzäunung defekt oder ein Riegel vergessen worden war? Sind zudem nicht gerade moderne Gehegeeinfassungen ungefährlicher Tierarten ohnehin eher als »symbolische« denn als unüberwindliche Abgrenzung konzipiert? Nun, Fehlanzeige auch hier, was das »Sich-Aufmachen« betrifft: Tiere, die – aus welchem Grunde auch immer – aus ihrem Gehege hinausgeraten sind (»In einem richtigen Zoo war schon alles einmal unterwegs!« lautet ein alter Tiergärtnerspruch), zieht es nicht gen Urwald, Eis oder Steppe, sondern zurück ins vertraute Territorium. Immer aufgeregter, immer unruhiger wird es umkreist, umklettert oder umflattert, bis das Schlupfloch für den Rückweg wieder gefunden ist, – genau wie Wellensittich Peter das Türchen zum Bauer nach ein paar Wohnzimmer-Runden freiwillig wieder anzusteuern pflegt.

Selbstverständlich bauen wir trotzdem »Frei«anlagen, – auch wenn wir über die »Freiheit« inzwischen besser Bescheid wissen; selbstverständlich werden Gitter immer weiter demontiert, obwohl sie nie »Kerkergitter« und keineswegs nur Klettertieren nützlich waren: Selbst für Zebras und Antilopen, Strauße oder Nashörner sind häßliche Gitter begreifbarer als hübsche Gräben, »begreifbar« durchaus im Wortsinn. »Gitter«, das bedeutet Dorngebüsch in Metallausführung, umgekippter Baumstamm, Felsbrockenreihe, – irgendein Hindernis halt, wie es die Natur zu Tausenden kennt und wie es somit auch Tiere kennen (können). Ein Hindernis, das man sehen, das man berühren, an welchem man sich scheuern, an dem man sogar einmal seine Kräfte erproben kann. Eine beruhigende Grenze für Territoriumsbesitzer: Bis hierher geht mein Reich.

»Graben« hingegen müssen Tiere erst lernen. Jene kleinen »Grand Cañons«, mit denen moderne Zoos ihre »Frei«anlagen einfassen, kommen in der Serengeti nicht vor, allenfalls kurz nach einem Erdbeben. Daß man nicht einfach gegen eine Wand rennt, ist selbstverständlich, selbst wenn die Wand Zwischenräume und den Namen »Gitter« hat. Daß der Galopp über freie Fläche plötzlich in einer (langgeratenen) Fallgrube endet, ist im Verhaltensprogramm jedoch nicht vorgesehen. Für jedes Zebrafohlen, jedes Giraffenkalb, das in einem Zoo mit »Frei«anlagen geboren wird, müssen die hübschen Gräben daher erst mit häßlichen Gittern, Bauzaun-Resten, rot-weißen Plastik-Bändern und armschwenkenden Tierpfleger-Lehrlingen markiert werden, damit die Tiere überhaupt merken, was gemeint ist, und den ersten Ausgang nicht gleich mit Beinbrüchen beenden. – Ein bißchen wie auf einem »Balkon ohne Geländer« lebt es sich auf »Freianlagen« freilich immer.

Natürlich kann man Zoogräben auf der Tierseite statt »Grand Cañon« auch – beinbruchsicherer – schräg bzw. flach auslaufen lassen, doch dann ginge noch mehr Gelände verloren; auch würde der Graben dann noch eher als ein Aufenthaltsort benutzt werden können, welcher die Tiere unserem Blick entzieht. Für ein Löwengitter benötigt man 12 mm, für einen Löwengraben dagegen 7300 mm; wenn man sicher sein will, sogar fast 8 Meter; wassergefüllte Meter, falls sie nicht auch noch vier Meter tief gegraben werden ... Daß manche Antilopen zehn, sogar zwölf Meter weit springen, soll lediglich daran erinnern, wieviel Fläche – nebenher – die hübschen Gräben verbrauchen: »Frei«anlagen haben dann mehr Graben- als Gehegeraum, obwohl die pro Zootier verfügbare Quadratmeterzahl fast als ebenso wichtig wie seine »Freiheit« zu gelten pflegt. Kaum jemand zwar

hält seine Goldfische statt im Aquarium im Schwimmbad, – daß ein Tiergehege um so »besser«, je größer es ist, diese Ansicht scheint gleichwohl sehr
verbreitet.

»Der arme Löwe/Uhu/Braunbär/Weißwal – sein Käfig/Flugraum/
Zwinger/Becken ist ja viiiel zu klein!« – alle Zoos kennen das, viele Zoobesucher glauben es, obwohl schon Hediger weniger auf die Raumquantität als
die Raumqualität unserer Tiergartengehege abhob. Daran zeigt sich, daß
die alten Vorstellungen von »Gefängnis« und »Freiheit« immer noch existieren: Wenn schon »eingesperrt«, dann geräumig. Und auch diese Argumentation hört man immer wieder: In der »freien« Wildbahn legt ein
Elefant pro Tag (angeblich) x Kilometer, ein Delphin (angeblich) y Seemei-
len, ein Pelikan (angeblich) z Flugstunden zurück, – im Zoo dagegen
höchstens Bruchteile davon. Also ist es im Zoo zu eng, von »artgerecht«
(S. 75) gar nicht zu reden. Da heißt es dann jedesmal, die Geschichte wieder
ganz von vorne zu erzählen:

Draußen-Tiere haben ihr – in der Tat oft recht großes – Territorium nicht, um darin spazieren zu gehen, sondern um aus ihm die erforderliche Nahrung herauszuholen. Ein Tier, das sich nicht selbst versorgen
muß, sondern versorgt wird, kommt natürlich mit kleinerer Fläche aus.
Auch wir Menschen wohnen nicht mehr zwischen wogenden Getreidefel-
dern, wenn wir unsere Haferflocken im Supermarkt bekommen. Ein Gnu
trabt/zieht/galoppiert nicht stundenlang/kilometerweit aus Fitneßbewußt-
sein durch die Steppe, sondern weil es nur so Hälmchen für Hälmchen
seinen Futterbedarf zusammenbekommt, an die Tränke gelangen, eine
Sandsuhle finden, Raubtieren entkommen und Sozial- und Sexualpartner
treffen kann. In der Kalahari addieren sich dann rasch die Quadratmeilen,
im Zoologischen Garten können jedoch schon (raubtierfreie) Quadratmeter
zum Schlaraffenland werden, wenn alles Nötige dort praktisch »frei Haus«
zur Verfügung steht.

Daß sich Wildtiere ohne Anlaß abrackern, kommt nur selten vor,
um so verbreiteter dagegen das Bestreben, sich den Nahrungserwerb u. ä.
möglichst bequem zu machen. Immer mehr Eisbären beispielsweise ziehen
es vor, sich von der Müllkippe des nordkanadischen Städtchens Churchill
zu verpflegen, als noch selber auf Seehundsfang zu ziehen, Braun- und
Schwarzbären belagern Campingplätze, statt sich Wurzeln auszugraben,
Delphine »helfen« Fischern, da ihnen deren Netze den Eigenfang sparen,
Lachmöwen folgen dem Pflug, die Beispiele – fast der gesamte Komplex
»Kulturfolge« und »Verstädterung« ließe sich noch hinzunehmen – sind
schier ohne Zahl und die Annahme ist sicherlich berechtigt, daß auch
Zootiere entsprechende Annehmlichkeiten zu schätzen wissen, daß sie

zumindest nicht darunter »leiden«, wenn ihnen das Zooleben etwas von jenen Erleichterungen bietet, um welche sich ihre »frei« lebenden Artgenossen eifrig und unter Unterdrückung natürlicher Menschenscheu bemühen.

Auch vom Nahrungserwerb nur teilweise bedingte Aktivitäten, wie »Reiselust«, »Wandertrieb« etc. sind für viele Tierarten keineswegs so wichtig, wie oft angenommen wird: Die oft gefilmten Gnu-Massenzüge der Serengeti beispielsweise unterbleiben schon im direkt angrenzenden Ngorongoro-Gebiet völlig, da dort das Gras übers ganze Jahr grünt. Im Zoo, wo die Versorgung der Tiere prinzipiell kontinuierlich und dazu noch weit umfassender ist, besteht dann natürlich erst recht kein Wanderbedarf. Gewiß muß ein Gehege so viel Platz bieten, daß sich ein Tier darin ausreichend »die Beine vertreten«, daß es das volle Repertoire der ihm angeborenen Bewegungsweisen ausführen kann; es brauchen dort aber keine Hungermärsche oder andere »Katastropheneinsätze« nachgestellt zu werden.

Zweckfreie Bewegungen bis hin zum Bewegungsdrang (»motorische Unruhe«) finden sich nur bei überraschend wenigen Tierarten oder -individuen; sich »sinnlos« abzurackern, wäre in der Regel biologisch sinnlos, wenn nicht sogar schädlich. (Jogging ist eine Wohlstandserfindung!) Als Beispiele wirklichen Bewegungsbedürfnisses pflegen am ehesten einige Landraubtiere wie Wölfe, Hyänenhunde, u. U. auch Tiger zu gelten. Hier scheint es – zwar nicht bei allen Vertretern gleichmäßig – zu bestimmten Zeiten oder in bestimmten Situationen tatsächlich so etwas wie ein Lauf-»pensum« zu geben, das halt »abgearbeitet« werden muß, das aber – und allein darum geht es uns in diesem Zusammenhang – mit Größe oder Form des Geheges wenig zu tun hat. Wenn der Termin da ist, »tigern« Tiger geradeso hinter einem Graben wie hinter einem Gitter auf und ab, nicht um endlich das Schlupfloch nach Indien zu entdecken, sondern um sich »auszulaufen«. Dazu genügt ihnen auch auf weiter Freianlage meist ein fester Wechsel in der Form einer Null oder einer Acht, dessen Benutzung hinter Gittern als »Gefängnisneurose« eingestuft würde, in Wirklichkeit aber eher der Sportplatz-Situation entspricht: die Strecke für den 10 000 m-Lauf führt auch dort nicht geradeaus, sondern 25 × um das gleiche Oval, – allein das Laufpensum ist wichtig.

»Wechsel« als festgetretene, mehr oder weniger stereotyp benutzte Pfade sind übrigens auch für Nicht-Lauftiere von Bedeutung: Fast mehr noch als in den Territorien »freier« Wildbahn spielt sich Säugerleben im Zoo auf vertrauten Bahnen mit begrenzter Fixpunkt-Auswahl (Schlafplatz, Ausguck, Futterplatz, Tränke) ab, – hunderte, manchmal tausende Quadratmeter schönster »Frei«anlagen werden so gut wie nie betreten, von verschenkter Graben-Fläche ganz abgesehen ... doch freilich: was wird – außer Eßtisch und Fernsehsessel – vom Raumangebot *unserer* »Wohnhallen« wirklich »genutzt«?

Da dem Hin- und Hertigern mit »Fläche« bzw. »Raumangebot« nicht beizukommen war, hat man es dann auch mit »Schönheit« bzw. Vielgestaltigkeit versucht: Tiergehege als »Erlebnislandschaft« oder »Abenteuerspielplatz«. Hatte es vielleicht nur an der Langeweile gelegen? Vermutlich nicht. Man kann in Helsinkis Korkeasaari Högholmen-Zoo vor Farnkraut, Naturfels, Torfquellen und Baumwurzeln kaum noch treten, trotzdem bekommen seine Mauswiesel/Hermeline/Vielfraße/Steinmarder/ Lemminge – gegenüber Sibirischen Tigern oder Chinesischen Rotwölfen übrigens tierpflegerisch weit anspruchsvollere Exklusivitäten! – dann und wann jenen »Rappel« namens Bewegungsbedürfnis, dem wir womöglich gar nicht »beizukommen«, sondern den wir zu akzeptieren haben – ähnlich wie das Jogging auf New Yorks 47th Street.

Auf jeden Fall sollte man mit Begriffen wie »Haftpsychose«, »Gefängniskoller« oder »Bewegungsstereotypie« äußerst zurückhaltend sein. Die meisten, die davon sprechen, haben nie gesehen, daß sich Elefanten auch in Hwange (80 000 km^2), Eisbären selbst an der Hudson Bay (340 000 km^2) dann und wann hin- und herwiegen. Unter einer Schirmakazie, über einer Eisscholle. Wenn sie im Zoo darüber dreißig Jahre werden, kann es nicht so schlimm sein. Das patagonische Schwertwal-Quintett, das seit 1978 vor der gleichen Seelöwen-Sandbank herumlungert, würde wohl keinen Anlaß zum »Selbstmord« sehen, wenn es eine Planstelle in Vancouvers Public Aquarium bekäme; die Berg-Gorillas von Gruppe 11 hätten es im Wildlife Trust Zoo von Jersey mit Sicherheit ruhiger als am Visoke, wo sie pro Tag mindestens zweimal Touristenbesuch erhalten. Verschaffen sich Zootiere trotzdem Bewegung, ist das gleichwohl kein Malheur.

Hagenbeck hatte seine ersten »Frei«anlagen gebaut, »weil es hübscher aussieht«, – völlig legitim, da ein Zoo bei aller Arche- und Artenschutzemphase etwas zum Anschauen bleiben muß. Auch hatte es natürlich seine volksbildend-bioedukatorischen Vorteile, wenn die Tierparkbesucher dem Wombat nicht mehr in vergitterter Dämmer-Grotte, das Nashorn nicht mehr vor vergoldeter Moschee, sondern – andeutungsweise – »wie draußen«, d. h. wie im natürlichen Biotop kennenlernte. Dazu gehörten dann künstliche oder echte Felsen, dazu gehörte aber auch, daß man es mit dem Nicht-mehr-»eingesperrt«-aussehen-sollen manchmal ein wenig übertrieb. Verschiedene »Frei«anlagen wurden nicht nur unnötig, sondern unpraktisch groß angelegt: »unnötig«, wenn man jene Flächenanteile betrachtet, die nie betreten werden (meist am dort sprießenden Graswuchs erkennbar und dann zumindest eine optische Bereicherung), »unpraktisch«, wenn man die darauf gehaltenen Tiere kaum findet und nur noch per Fernglas zu identifizieren vermag.

Die 2400 m² große Löwen-Anlage, die der Berliner Zoo zum Olympiade-Jahr 1936 einweihte, war für die Besucher anfangs ein Flop: Nachdem die Löwen ihr Terrain erst einmal erkundet hatten, ließen sie es hinfort mit einem kurzen Morgenspaziergang bewenden. Anschließend legten sie sich – evtl. hinter Felsen verborgen – zur Ruhe nieder, die übrigens auch in »freier« Wildbahn ca. 20 Stunden pro Tag einnimmt. Damit die Zoobesucher überhaupt etwas sahen, wurde daraufhin eine Gruppe Zirkus-Löwen angeschafft und von einem Dompteur zweimal täglich im vorderen Teil der »Frei«anlage vorgeführt.

Der neben »Freiheitsdurst« und »Flächenbedarf« dritte Bereich, dessen Bedeutung für Tierhaltung bzw. Tierhaltungssysteme oftmals falsch eingeschätzt wird, ist die sog. »Artgerechtigkeit«. Die erst vor wenigen Jahren in Gebrauch gekommene Vokabel »artgerecht« ist zweifellos einprägsam, ihre Problematik besteht jedoch darin, daß sie »einleuchtend« klingt, ohne es zu sein, ja ohne es sein zu können. Wo »artgerecht« heute als eine Art Prädikat zur Beurteilung tierpflegerischer Maßnahmen oder Einrichtungen gebraucht wird, geschieht dies mehr und mehr unter Normvorstellungen, die dem »senkrecht« oder »waagerecht« der Bauphysik entsprechen, für einen biologischen Bereich so aber nicht anzuwenden, ja eigentlich seine Verkennung sind.

Wenn überhaupt, kann »artgerecht« lediglich das umschreiben, womit eine (Tier-)Art »zurechtkommt«; d. h. alles das an Vorgängen und Dingen, was die Bandbreite bzw. Elastizität der Anpassungsfähigkeit der betreffenden Art zu »schlucken« vermag. Da Mecklenburgs Fischadler statt in Föhrenwipfeln auf Hochspannungsmasten brüten, sind Hochspannungsmaste für Fischadler demnach »artgerecht«, desgleichen Telegrafendrähte für Schwalben, Maisäcker für Wildschweine, BMW-Kabel für Steinmarder, Hafenbecken für Schweinswale (deshalb wurden letztere »Harbour porpoise« genannt), während dem eigentlichen Artgerechtigkeits-Fan jedoch gänzlich anderes vorschwebt: Er hält »artgerecht« für eine konservative Norm, zu deren Einhaltung Tierhaltung möglichst »natürlich« sein oder wenigstens »natürlich« aussehen sollte.

Aber Zoogehege müssen »Wildnis nicht imitieren, sondern substituieren« – d. h. daß ein Affengehege nicht unbedingt wie ein Stück Urwald ausschauen muß, daß es aber die für das Tier wichtigen Lebensbedingungen eines Stückes »Urwald« – also dessen Klettermöglichkeiten, dessen

Temperatur und Luftfeuchtigkeit, dessen Versteckplätze, dessen Nahrungsangebot zu bieten hat. Eine »Klettermöglichkeit« erfüllt ihren Zweck in diesem Zusammenhang genau so gut oder sogar besser, wenn sie aus Fiber-Glas oder Edelstahl anstatt aus kaum sauber zu haltender Baumrinde und Naturästen besteht. Trotzdem erhält auf jeder Liebhaber-Ausstellung unweigerlich die am dichtesten mit Zierkork, Mosy und Bromelien »volldekorierte« Zimmer-Voliere den Siegerpreis, während tierpflegerisch weit vorteilhaftere Zweckbauten keine Chance haben. Sog. »Reichsverband-Käfige« (es gab einmal – auch! – einen »Reichsverband der Vogelliebhaber«, Abtlg. Weichfresser), praxiserprobte Schlichtkonstruktionen aus Wachstuch und Holz, waren für die Haltung empfindlicher Arten schlechthin ideal, wären heute jedoch so gut wie undenkbar.

Um Mißverständnisse zu vermeiden: Selbstverständlich bestehen keinerlei Einwände, Zoogehege, Liebhaber-Vitrinen o. ä. Tierhaltungssysteme möglichst »schön« aussehen zu lassen, soweit dies nicht mit pflegerischen Nachteilen verbunden ist. Der Schaubetrieb Zoo muß – im Gegenteil – in seiner Präsentation sogar so viel sympathieerzeugende Ästhetik wie irgend möglich verwirklichen, so er seine Aufgabe erfüllen will. Der Besucher soll die Tiere nach seinem Rundgang nicht »arm«, sondern den Zoo »schön«, die Natur schützenswert finden.

Wenn daher schon beim Thema »Frei«anlagen nicht etwa ein »Plädoyer für Gitterstäbe« beabsichtigt, sondern lediglich darzustellen war, daß sich tiergärtnerische »Freiheit« nicht nach Quadratmetern mißt, daß Territoriumsgrenzen von Tieren nichts mit der Strafjustiz von Menschen zu tun haben, dann geht es auch bei der »Artgerechtigkeit« allein um die richtige Einordnung eines Wortes, nicht einmal eines Begriffes, sondern immer wieder um die Versuchung bzw. die Unzulässigkeit, menschliche Wertmaßstäbe für »Glück«, Baukunst und vieles andere ins Tierreich zu transponieren, in dies 10-Millionen-Arten-Reich, das wahrlich nicht »nur« von Buchfink bis Orang-Utan zählt.

Ob der »Gebirgsbach« einer Kodiakbären-Anlage über rechteckigen Sichtbeton plätschert, ist so »artgerecht« oder »unartgerecht«, als wenn es unbehauener Alaska-Granit wäre, und den Bären vollständig gleich: Wasser zum Plantschen und dann und wann ein paar Forellen darin – darauf kommt es ihnen an. Wobei die Forellen die »Artgerechtigkeit« auf eigene Weise berühren, seitdem sich außer Tiergarten-Architektur auch Tierschutz-Vereine mit ihr befassen:

»Artgerechtere« bzw. »natürlichere« Zoo-Fütterung läßt sich eigentlich kaum denken, als Kodiakbären ihren Fisch wie »zuhause« in Alaska aus dem »Gebirgsbach« greifen, Orinoko-Toninas oder Riesenotter ihre Forellen nicht beim Kellner bzw. Futtermeister bestellen, sondern selber fangen zu lassen. Nach jüngstem Stand ist dies jedoch schon wieder *zu* »artgerecht«, jedenfalls für die Forellen, und jedenfalls für die »Artgerechtigkeits«experten, die bis dahin Delphin- oder Robbenverpflegung mit *toten* Heringen zu beanstanden pflegten.

Unsere Afrikanischen Wildhunde dürfen ihre Fleischportionen bei 50 kmh von einem künstlichen Zebra abpflücken; da wenigstens sollten vorläufig keine Klagen kommen, zumal der sog. Duisburger Run-and-Fun-Lift weniger im Namen der »Artgerechtigkeit« als des sog. »Behavioural Enrichments« installiert wurde. Die kurz B. E. genannte »Verhaltensbezogene Reizanreicherung des zootierlichen Alltags« hat lediglich die Aufgabe, womöglich zu frührentnermäßige Bequemlichkeiten bestimmter Tiergar-

Abb. 7
Trimm-dich à la Serengeti,
nur daß das künstliche Zebra
etwas über dem Boden
dahinstürmt: Beute-Simulator
für Afrikanische Wildhunde
im Zoo Duisburg.
(Foto W. Gewalt)

tenbereiche durch ein wenig Trimm-dich aufzulockern, ein bißchen Beschäftigungstherapie zu bieten. Behavioural Enrichment kann schon sein, daß der Weißwal Kopfstand mit Überschlag machen muß, bevor er den Eimer Tintenfisch auslutschen darf, B. E. kann aber auch in einem künstlichen Baumstamm aus Plexiglas liegen, durch dessen enge »Astlöcher« sich eine Orang-Utan-Familie ihr Frühstück – in Kleinstportionen! – nur dann herausangeln kann, wenn sie einen zu paßgerechtem Werkzeug zurechtgebissenen Ast, manuelles Geschick und tüftlerische Geduld mitbringt oder nach und nach entwickelt. – Der Zoo Kopenhagen hat ein dickes B. E.-»Kochbuch« all der Möglichkeiten zusammengestellt, mit denen sich mögliche Langeweile vertreiben läßt – von Aguti/Ameisenbär bis Zebra/Zibethkatze. Als damit begonnen wurde, hat es den Begriff »artgerecht« noch gar nicht gegeben.

Es geht wahrscheinlich nicht ohne Kompromisse, die herkömmliche »Artgerechtigkeits«auffassung jedoch ist ein Mißverständnis. Wenn wir einen modernen Neubau für Menschenaffen »Urwaldhaus« nennen, bedeutet dies keinerlei Euphemismus. Wenn wir dort »unsere nächsten Verwandten« in schönen Zuchtgruppen vertreten finden, nützt dies Forschung und Artenschutz gleichermaßen. Wenn wir die Tiere »ohne störendes Dazwischen« in geräumigen Abteilen bewundern können, vor oder neben Palmen und Gummibäumen, Philodendron und Weinrebe, ist dies zooschulischer Biologie-Unterricht par excellence, eine Freude für jeden Naturfreund.

Die »Freude« der Tiere jedoch wäre gewiß nicht geringer, wenn die schönen glatten Glasscheiben noch häßliche sprossenreiche Gitter wären (wären die womöglich sogar »artgerechter«?). Wer genau hinschaut, würde auch erkennen, daß die Urwaldhaus-Affen nicht etwa »im Urwald« sitzen – natürlich nicht, denn der wäre in kürzester Zeit demoliert. Hinter kaum wahrnehmbaren, geschickt angebrachten Abschrankungen ist das natürliche Grün vielmehr immer gerade so angeordnet, daß sich ein überzeugendes »Bühnenbild« ergibt, die Tiere aber nicht drankommen.

Bedürfnisse, Erwartungen, Ansprüche von Zoobewohnern und Zoobesuchern »unter einen Hut« zu bringen, wird auch in Zukunft Hauptaufgabe Zoologischer Gärten bleiben. Angepackt wurde diese Aufgabe – und sei es in Teilbereichen – schon vor vielen Jahrzehnten, augenscheinlich nicht mit verkehrtem Konzept, wenn wir auf die Besucherzahlen, auf die immer längeren Tier-Haltungsdauern, auf die immer besseren Tier-Nachzucht-Ergebnisse schauen. Diese Entwicklung wird weitergehen, wenn Mittelpunkt des Konzepts auch in Zukunft das *Tier* bleibt.

Arche Zoo:
Vom Tierfang zum
Erhaltungszuchtprogramm

Gunther Nogge

In der Folge der französischen Revolution, die Zoologische Gärten der gesamten Öffentlichkeit zugänglich machte, entwickelte sich im gebildeten Bürgertum ein allgemeines Interesse an der Natur. Im 19. Jahrhundert entstanden überall in Europa naturwissenschaftliche und zoologische Gesellschaften, die selber Zoologische Gärten gründeten, um sich die Begegnung mit Tieren zu ermöglichen (vgl. Kap. »Wie der Mensch zum Zoo kam«). Das 19. Jahrhundert war zugleich die Zeit der Forschungsreisen und des Kolonialismus, und es kamen Tiere aus allen Teilen der Welt nach Europa, die man hier noch nie zuvor gesehen hatte. Ende des 19. Jahrhunderts schickten Tierhandelsfirmen, wie Jamrach, Hagenbeck, Reiche und Fockelmann, ihre Tierfänger in die entlegensten Gegenden der Erde, um Tiere und immer wieder neue Arten zu beschaffen. Dadurch wurde es den Zoologischen Gärten möglich, die Menschen in Europa mit der Vielfalt des Tierreiches aus allen Teilen der Welt bekannt zu machen (vgl. Kap. »Tiere im Zoo«). Jedermann kennt heute Nashörner, Tiger, Gorillas und Pandas aus eigener Anschauung, ohne selbst jemals in Afrika, Indien oder China gewesen zu sein. Bezeichnenderweise ist der dem Menschen ähnlichste und nächste Verwandte, der Zwergschimpanse oder Bonobo, so gut wie unbekannt, weil er in Zoologischen Gärten nur ganz selten zu sehen ist.

Die zweite Hälfte unseres Jahrhunderts ist von der Zerstörung der natürlichen Lebensräume der Tier- und Pflanzenwelt in allen Teilen der Erde geprägt. Ursachen hierfür sind das nach wie vor ungebremste Wachstum der menschlichen Bevölkerung, die zunehmende Erschließung natürlicher Ressourcen und die zivilisationsbedingten Belastungen von Böden, Gewässern und Atmosphäre. Das *World Conservation Monitoring Centre* (sinngemäß: Weltnaturschutz-Überwachungszentrum) in Cambridge nennt 311 Tier- und Pflanzenarten, die seit dem 17. Jahrhundert für immer von der Erde verschwunden sind. Das sind aber nur die, die wissenschaftlich bekannt waren. In Wirklichkeit müssen es sehr viel mehr sein, denn nur ein geringer Teil aller Arten ist wissenschaftlich erfaßt und benannt. Man weiß nicht einmal, wie viele Arten es überhaupt gibt. Die Schätzungen schwanken zwischen 5 und 30 Millionen. Je nachdem von welcher Zahl man ausgeht, wird damit gerechnet, daß 1−5 Millionen in den nächsten zwei Jahrzehnten, bzw. 20−50% aller Arten während der nächsten 100 Jahre aussterben werden.

Verständlicherweise waren es die Zoos, die sich von dieser Entwicklung zuerst betroffen fühlten, aber auch entsprechend reagierten. In Deutschland hat vor allem Professor Grzimek, der frühere Direktor des Frankfurter Zoos, die Öffentlichkeit schon seit den fünfziger Jahren mit Filmen wie »Serengeti darf nicht sterben« aufgerüttelt und für Naturschutz geworben. Kaum ein Ort ist besser geeignet, um für Naturschutz zu werben, als der Zoo. Die Begegnung mit in der Natur bedrohten Tierarten im Zoo macht dem Menschen den Zustand der Natur bewußt. Das Tier ist Botschafter der bedrohten Tierwelt und will selbst zum Umdenken beim Umgang mit der Natur aufrufen. Aufgabe der Zoos ist es, dem Besucher geeignete Interpretationshilfen zum Verständnis der Botschaft anzubieten. Diesem Zweck dient die Zoopädagogik (vgl. Kap. »Menschen im Zoo«), die während der letzten beiden Jahrzehnte einen ungeheuren Aufschwung erlebt hat.

Es ist heute fast in Vergessenheit geraten, daß die Zoos an der Schaffung nationaler und internationaler Bestimmungen zum Schutz der Natur, insbesondere zur Kontrolle des Handels mit Tieren und Pflanzen sowie deren Produkten maßgeblich und initiativ beteiligt waren. Schon 1962, also lange vor dem Inkrafttreten des Washingtoner Artenschutzübereinkommens beschloß die Internationale Union von Direktoren Zoologischer Gärten (IUDZG), auf Wildfänge besonders bedrohter Tierarten, wie z. B. Orang-Utans zu verzichten. 1964 forderten IUDZG und IUCN (*International Union for the Conservation of Nature and Natural Resources,* die Weltnaturschutz-Union) gemeinsam eine weltweite Kontrolle des Handels mit bedrohten Tier- und Pflanzenarten. Dieser Forderung kamen zuerst (1969) die USA mit dem *Endangered Species Act* nach. Auf einer internationalen Konferenz in Washington wurde 1973 die *Convention on International Trade with Endangered Specis* (CITES), auch »Washingtoner Artenschutzübereinkommen« genannt, beschlossen. Die Bundesrepublik Deutschland ratifizierte das Abkommen 1976. Heute gibt es 112 Vertragsstaaten, und mehr als 40 000 Tier- und Pflanzenarten sind durch die verschiedenen CITES-Anhänge geschützt.

Es war vorauszusehen, daß die von den Zoos selbst gewollte Beschränkung bei der Entnahme von Tieren aus der Natur tiefgreifende Konsequenzen für das Management ihrer Tierbestände nach sich ziehen würde. Zumindest bei den bedrohten Tierarten mußten die Zoos unabhängig von Naturentnahmen und durch erfolgreiche Zucht dieser Tiere zu Selbstversorgern werden. Da die Zahl der in der Natur bedrohten Tierarten in Zukunft eher noch zu- statt abnehmen wird, läßt sich leicht voraussagen, daß auf Dauer nur solche Tierarten in den Zoos zu sehen sein werden, deren Bestände sich durch Nachzucht selbst erhalten. Wenn die Zoos also auch in

Zukunft ihre Aufgaben erfüllen wollen, müssen sie durch Zucht langfristig sich selbst erhaltende Populationen ihrer Tiere aufbauen. Daß dies möglich ist, zeigt ein Blick auf die heutige Zusammensetzung der Tierbestände Zoologischer Gärten. 90% der z. Zt. im *International Species Information System* (ISIS, sinngemäß: Internationales Arteninformationssystem) erfaßten Säugetiere und 75% der Vögel sind bereits zoogeborene Tiere. Es wächst die Zahl der Arten, deren Bestände in den Zoos größer sind als in der Natur (z. B. Sibirischer Tiger, Balistar); einige Tierarten gibt es in der Natur inzwischen gar nicht mehr, sondern nur noch in Zoologischen Gärten oder ähnlichen Einrichtungen (z. B. Przewalskipferd, Kalifornischer Kondor).

Die Zoos, denen damit automatisch eine Arche-Noah-Funktion zugefallen ist, sind sich ihrer Verantwortung gegenüber den ihnen anvertrauten Tieren bewußt geworden und haben in diesem Bewußtsein Strategien zum Aufbau sich selbst erhaltender Populationen von Tieren im Zoo entwickelt.

Die Entstehung koordinierter Zuchtprogramme ist in ihrer Bedeutung und Tragweite zweifellos mit der durch Carl Hagenbeck ausgelösten Umwälzung in den Tiergärten zu Beginn des Jahrhunderts vergleichbar. Nur spielt sich diese zweite große Umwälzung zum Ende unseres Jahrhunderts sozusagen hinter den Kulissen ab. Um den Zoobesucher darauf aufmerksam zu machen, haben die Zoos darum alle Informationstafeln von Tieren, die im Rahmen koordinierter Zuchtprogramme gemanagt werden,

Abb. 8
Das schwarze oder Spitzmaulnashorn symbolisiert die koordinierten Zuchtprogramme Zoologischer Gärten.

weltweit mit demselben Symbol (Abb. 8) versehen. Es zeigt eine schwarze Nashornkuh mit ihrem Kalb. Diese Tierart wurde deshalb gewählt, weil sie wie keine andere Großsäugerart vor unseren Augen in ihrem natürlichen Lebensraum dahinschwindet: Innerhalb von nur zehn Jahren ist ihr Bestand von 60 000 auf unter 3000 zurückgegangen.

Die gewachsenen Kenntnisse über die Ansprüche von Wildtieren in menschlicher Obhut (vgl. Kap »Tiere im Zoo«) haben dazu geführt, daß sich die Tiere auch fortpflanzen. Heute werden in den Zoos Tiere gezüchtet – und zwar regelmäßig –, von denen man es vor einigen Jahrzehnten oder Jahren nicht einmal für möglich gehalten hätte: Panzernashörner, Gorillas, Große Pandas, Kaiserpinguine und Delphine sind hierfür nur wenige Beispiele. Zuchterfolge sind aber nur die notwendige Voraussetzung für den Aufbau sich selbst erhaltender Tierpopulationen. So erfreulich sie sind, dürfen sie doch nicht Zufallsereignisse sein, sondern sie müssen das Ergebnis geplanter, wissenschaftlich fundierter, auf den Erkenntnissen der Populationsgenetik und -demographie beruhender gemeinsamer Zuchtprogramme sein.

≡ Genetische Grundlagen der Wildtierzucht

Oberstes Gebot bei Erhaltungszuchtprogrammen ist die Erhaltung der höchstmöglichen genetischen Variabilität, d. h. Vielfalt einer Art. Es stellt sich zunächst die Frage, wieviele Tiere notwendig sind, um eine Zuchtpopulation zu begründen, die die Bewahrung einer hohen genetischen Variabilität garantiert. Bekanntlich werden die Erscheinungsmerkmale durch Genpaare auf den Chromosomen bestimmt, die entweder gleichartig (homozygot) oder unterschiedlich (heterozygot) ausgebildet sind. Die Variabilität innerhalb von Populationen bestimmter Arten kann hoch, aber auch sehr gering sein. Die Chromosomen zweier unverwandter Tiere einer Art beinhalten rein statistisch 75% der gesamten genetischen Variabilität. Zwanzig unverwandte Tiere besitzen schon 95% der gesamten Variabilität, fünfzig Tiere nahezu 100% (Abb. 9 a). Das bedeutet, daß man ein Zuchtprogramm mit 20 bis 30, gegebenenfalls auch mit weniger sogenannten Gründertieren beginnen kann.

Angenommen, man beginnt ein Zuchtprogramm mit nur zwei Gründertieren, dann gäbe dieses Elternpaar einem Nachwuchstier 50% seines gesamten Genmaterials mit. Ein zweiter Nachkomme würde natürlich wieder 50% der gesamten Erbmasse mitbekommen. Da aber manche Erbmerkmale nach dem Zufallsprinzip zweimal, andere dagegen gar nicht weitergegeben würden, verfügt die erste Tochtergeneration, die soge-

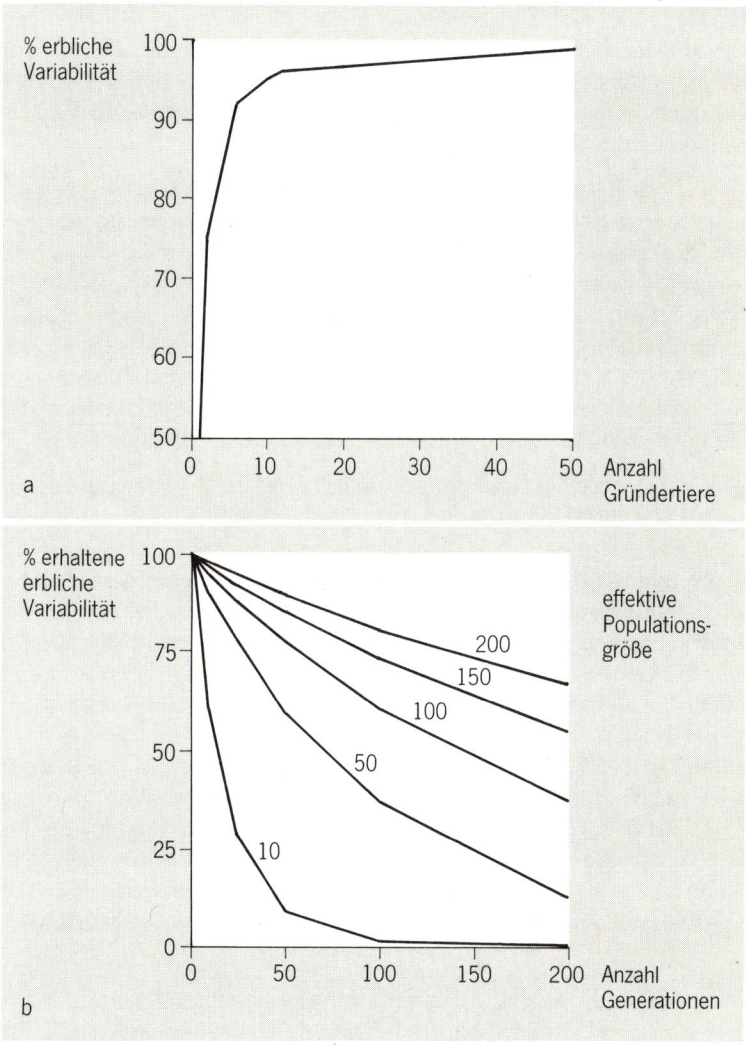

Abb. 9 a   Die genetische Variabilität von Gründerpopulationen verschiedener Größe, in Prozent der Gesamtvariabilität einer natürlichen Population.

      b   Die Abnahme der genetischen Variabilität einer Zuchtpopulation in Abhängigkeit von der Populationsgröße und Anzahl der Generationen in Prozent der ursprünglich vorhandenen Variabilität. (Quelle: L. E. M. de Boer: Populationsgenetische Aspekte bei Erhaltungszuchtprogrammen. In: H. G. Horn (Hrsg.): Erfolge und Probleme bei der Zucht von Wildtieren in menschlicher Obhut. Verlag Bundesverband für fachgerechten Natur- und Artenschutz e.V. Köln 1988) nannte F1-Population, zusammen nur noch über 75% der genetischen Variabilität der Elterngeneration. In der nächsten Generation gingen weitere Erbinformationen verloren. Nach fünf Generationen wären nur noch 6%, nach 10 Generationen weniger als 1% der genetischen Variabilität der beiden Gründertiere der Population vorhanden.

Besteht die Gründerpopulation jedoch aus mehr als zwei Tieren, geht die genetische Variabilität langsamer verloren, da die Wahrscheinlichkeit, daß ein bestimmtes Merkmal weitergegeben wird, umso höher ist, je größer die Gründerpopulation ist. Umfaßt die Gründerpopulation z. B. zehn Tiere, sind in der 10. Generation bei gleichbleibender Populationsgröße von Generation zu Generation (effektive Populationsgröße = 10) noch 60% der genetischen Variabilität vorhanden, nach 50 Generationen noch 10%. Bei 50 Gründertieren sind nach 10 Generationen noch 90%, nach 50 Generationen noch etwa 60% der genetischen Variabilität vorhanden, usw. (Abb. 9b).

Der Verlust der genetischen Variabilität ist ferner umso geringer, je schneller die Population wächst. Angenommen, das o. g. Gründerpaar hat nicht zwei, sondern drei Nachkommen, dann gibt es nicht 75%, sondern 87,5% seiner Erbmasse weiter. Bei vier Nachkommen bleiben sogar 93,75% der Erbmerkmale erhalten. Beginnt man also ein Zuchtprogramm mit einer genügend großen Anzahl von Gründertieren und läßt die Population über die Generationen rasch anwachsen, kann man den Verlust an genetischer Variabilität fast völlig vermeiden. Keine Population kann aber unbegrenzt wachsen. Jede Freilandpopulation wird nach Erreichen einer optimalen Größe, die durch das Angebot an Ressourcen in ihrem Lebensraum bestimmt wird, stagnieren und je nach Größe zwangsläufig an genetischer Variabilität verlieren. Nur wenn die Endgröße der Population einige hundert Tiere ausmacht, ist der Verlust so gering, daß noch nach 100 Generationen über 90% der ursprünglichen Variabilität vorhanden ist. Erhaltungszuchtprogramme streben daher Populationen von 200−500 Tieren an.

Die dargestellten populationsgenetischen Zusammenhänge sind natürlich rein theoretisch. Die Erbgänge beruhen auf Zufallsprozessen. Daher kann es durchaus passieren, daß bestimmte variable Erbmerkmale rein zufällig verloren gehen (= genetische Drift). Hierbei kann es sich um wichtige oder unwichtige Gene handeln. Diese können dann nur durch Einfuhr eines oder mehrerer völlig blutsfremder Tiere in die Zuchtpopulation (z. B. Wildfänge) zurückgewonnen werden.

Gene, die normalerweise heterozygot vorliegen, können durch Verpaarung eng verwandter Tiere leicht homozygot werden. Da eine Reihe von Genen in homozygotem Zustand zu negativen Erscheinungsmerkmalen führen, versucht man Inzucht zu vermeiden. Natürlich gibt es Beispiele von Freilandpopulationen mit einem sehr hohen Grad von Inzucht, ohne daß sich dies negativ auswirkt, wie z. B. bei den Steinböcken in den Alpen, deren heutiger, 20 000 Tiere zählender Bestand auf wenige Ursprungstiere zurückgeht. Auch die Geparden in Afrika scheinen nach neuesten Untersuchungen einen einzigen Geschwisterverband darzustellen. Hierbei kann es sein, daß in der Gründerpopulation rein zufällig nur wenige (oder vielleicht gar keine) ungünstigen Erbanlagen vorhanden waren oder daß diese durch die genetische Drift verlorengegangen sind. In ebenso vielen Fällen kann der Zufall aber weniger günstig spielen. Obwohl Inzucht (im Gegensatz zum Variabilitätsverlust) durch züchterische Maßnahmen, d. h. die Einfuhr blutsfremder Tiere, theoretisch umkehrbar ist, ist dies in der Praxis oft nicht möglich, denn vielfach ist gerade die Fruchtbarkeit durch Inzucht betroffen.

In der Natur erhöht sich das Risiko der Inzucht, wenn eine Population in viele isolierte Subpopulationen aufgespalten wird, wie z. B. beim indischen Tiger, so daß die Partnerwahl in der gesamten Population gar nicht mehr möglich ist. Bei Erhaltungszuchtprogrammen stellen die Zuchtpaare oder -gruppen in den einzelnen Zoos zwar auch viele isolierte Subpopulationen dar. Jedoch ist es dem Tiergärtner möglich, Transfers von Tieren zwischen den Subpopulationen vorzunehmen und so die gesamte in den Zoos vorhandene Population einer Tierart als Einheit zu behandeln.

Schließlich ist bei Erhaltungszuchtprogrammen noch zu bedenken, daß die unter natürlichen Bedingungen stattfindende Selektion im Zoo weitgehend ausgeschaltet ist oder andere Selektionsfaktoren wirksam werden. Es können also Merkmale, die für ein Leben in der Natur günstig oder sogar notwendig sind, wegselektiert werden. Anders als beim Variabilitätsverlust nach dem Zufallsprinzip handelt es sich beim Verlust von Merkmalen durch Selektion um einen gerichteten Prozeß. Er ist jedoch ebenso wie dieser unumkehrbar.

Selbst wenn es gelingt, eine Population durch Zucht zu erhalten oder sogar zu vergrößern, können Variabilitätsverluste durch Inzucht und Selektion zu einer nicht gewollten *genetischen Verarmung* oder *Veränderung* führen. Ist man sich aber dieser Gefahr bewußt, kann man sie durch geeignetes *Zuchtmanagement* minimieren. Jedes Zuchtprogramm muß daher folgende Prinzipien berücksichtigen:

- Die Gründerpopulation sollte so groß wie möglich sein.
- Die Population sollte rasch auf die erforderliche Endgröße anwachsen.

- Die endgültige Populationsgröße sollte einige hundert Tiere umfassen.
- In der stabilen Phase, d. h. nach Erreichen der endgültigen Populationsgröße, sollten größere zahlenmäßige Schwankungen vermieden werden.
- Das Geschlechterverhältnis sollte, wenn immer möglich, ausgewogen sein.
- In jeder Generation sollten die Zuchttiere möglichst die gleiche Anzahl Nachkommen haben.
- In der stabilen Phase sollte die Generationenfolge möglichst ausgedehnt sein. (Der Variabilitätsverlust hängt nicht von der Laufzeit des Zuchtprogramms ab, sondern von der Anzahl der Generationen in dieser Zeit. Arten mit rascher Generationenfolge verlieren pro Zeiteinheit schneller an Variabilität als solche mit langsamer. Aus diesem Grund muß z. B. eine Zuchtpopulation von Mäusen viel größer sein als die von Elefanten.)
- Die Einführung von blutsfremden Tieren, Wildfängen oder Tieren aus anderen Zuchtprogrammen derselben Art hilft, den Variabilitätsverlust zu verlangsamen.
- Die Zunahme des Inzuchtgrades kann durch entsprechende Auswechslung der Zuchttiere minimiert werden.
- Ungewollte Selektion kann durch adäquate Haltungsbedingungen reduziert werden.

In koordinierten Zuchtprogrammen ist es unter Berücksichtigung dieser Prinzipien möglich, die genetische Variabilität in einer Zuchtpopulation über einen Zeitraum von 100 oder 200 Jahren zu 90% zu erhalten. Aus genetischer Sicht kann eine kontrollierte Zuchtpopulation einer gleich großen Population in der Natur sogar überlegen sein, da diese allen möglichen Einflüssen unterworfen ist, die von den genannten Zuchtprinzipien abweichen. Hinzu kommt, daß eine Freilandpopulation viel anfälliger gegen z. B. seuchenhafte Krankheitserreger ist als eine über viele Zoos verteilte Zuchtpopulation.

≡ Zuchtprogramme als gemeinsame Aufgabe der Zoos

Erhaltungszuchtprogramme erfordern ein hohes Maß an Kooperation aller Halter der entsprechenden Tierarten. Erstes Hilfsmittel bei der Zusammenarbeit Zoologischer Gärten zur Pflege ihrer Tierbestände war die Einführung internationaler Zuchtbücher, beginnend mit dem Zuchtbuch für den Wisent im Jahre 1923. Inzwischen gibt es weit über 100 internationale Zuchtbücher, in denen die Verwandtschaftsverhältnisse der betreffenden Tierarten festgehalten werden. Seit 1961 wird im International Zoo Yearbook jährlich ein *Census of Rare Animals in Captivity* (sinngemäß: Liste seltener Tiere in menschlicher Obhut) sowie eine Liste aller Zuchterfolge veröffentlicht. Die Entwicklung der elektronischen Datenverarbeitung führte 1974 zur Begründung von ISIS (*International Species Information System*, sinngemäß: Internationales Arten-Informationssystem) und eröffnete die Möglichkeit zur Erfassung sämtlicher Tierbestände. Zur Zeit sind durch ISIS rund 160 000 lebende Tiere 4200 verschiedener Arten in über 400 Zoos erfaßt, und von Jahr zu Jahr beteiligen sich mehr Zoos in aller Welt an dieser globalen Datenbank. Auch der Informationsgehalt von ISIS wird ständig verbessert. Die z. Zt. in Vorbereitung befindliche Version ISIS-3 wird Zuchtbuchcharakter haben. Zuchtbücher und elektronische Datensammlungen erleichtern die gegenseitige Information über die aktuelle Situation der Tierbestände und fördern so die Kooperation Zoologischer Gärten bei ihren Zuchtbemühungen.

Sehr bald zeigte sich jedoch, daß Kooperation zum Aufbau langfristig sich selbst erhaltender Populationen allein nicht ausreicht. Es bedarf vielmehr der Koordination der Bemühungen.

Das Beispiel des Sibirischen Tigers mag dies erläutern. Seit langem gibt es ein internationales Zuchtbuch. Tiger werden auch problemlos gezüchtet, und das Zuchtbuch verzeichnet heute mehr als 700 lebende Tiere. Der Bestand in den Zoos ist sogar um ein Mehrfaches größer als der in der Natur, der auf 150−200 geschätzt wird. Die so erfolgreiche Tigerzucht stellte die Zoos jedoch bald vor Absatzprobleme, denn überall gab es schon Sibirische Tiger, und überall gab es weitere Zuchterfolge. Glücklicherweise kann man die Reproduktion bei Großkatzen leicht durch Hormongaben steuern. Da diese Methode in den siebziger Jahren dann aber von beinahe allen Zoos angewendet wurde und die Zucht so gut wie zum Erliegen kam, führte dies innerhalb weniger Jahre zu einer Überalterung des Bestandes. Anfang der achtziger Jahre gab es schließlich kaum noch zuchtfähige Tiere, und der Sibirische Tiger drohte unversehens zur seltensten Großkatze in den Zoos zu werden. Um ein derartiges Auf und Ab der Population mit den damit verbundenen genetischen Konsequenzen zu verhindern, bedurfte es eines koordinierten Zuchtprogramms, das eine stabile Größe der Population und mit einer gesunden Altersstruktur gewährleistet.

Das wegbereitende Modell für koordinierte Zuchtprogramme lieferte das Goldgelbe Löwenäffchen (Abb. 12). Dieses wohl attraktivste Krallenäffchen war Anfang der siebziger Jahre in seiner brasilianischen

Heimat bis auf einige Dutzend Tiere dezimiert. Ursache hierfür waren die Zerstörung seines Lebensraumes (98% des ursprünglichen Verbreitungsgebietes), aber auch der Fang von Tieren für den Tierhandel. In dieser Situation rief der National Zoo der USA in Washington die Zoos zur gemeinsamen Rettung des Löwenäffchens auf. Die Zoos verzichteten auf die weitere Entnahme von Tieren aus der Natur. Alle in den Zoos vorhandenen Tiere wurden in einem internationalen Zuchtbuch erfaßt (46 männliche und 23 weibliche Tiere) und einem zentral koordinierten Zuchtprogramm zugeführt. Dabei verzichteten die einzelnen Zoos auf ihre Besitz- und Verfügungsrechte. Vielmehr bestimmte der Zuchtkoordinator, welche Tiere zu Zuchtpaaren zusammengeführt wurden. Durch konsequente

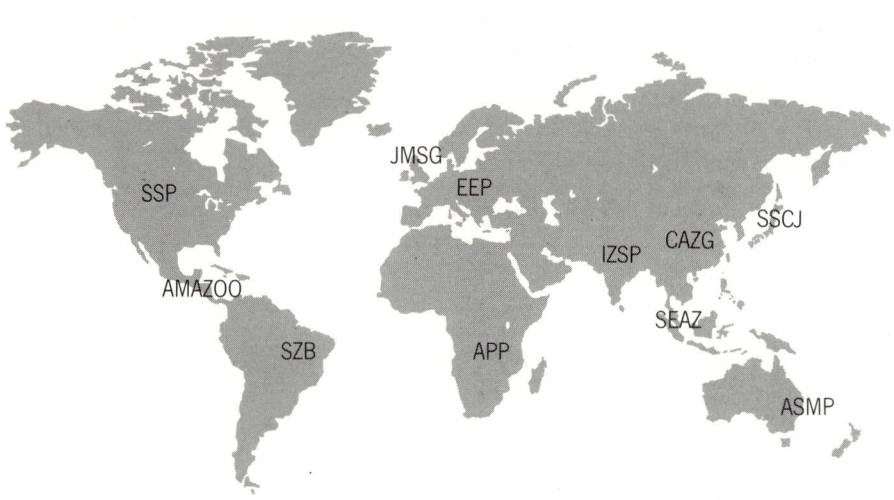

Abb. 10 Koordinierte Zuchtprogramme existieren heute in allen Regionen der Welt:
APP   African Propagation Program
AMAZOO   Association of Meso-American Zoos
ASMP   Australasian Species Management Plan
CASG   Chinese Association of Zoological Gardens
EEP   Europäische Erhaltungszuchtprogramme
IZSP   Indian Zoo Studbook Program
JMSC   Joint Management of Species Committee
SSCJ   Species Survival Committee of Japan
SSP   Species Survival Plan
SEAZ   Southeast Asian Zoo Association
SZB   Society of Brazilian Zoos

Tab. 2 Regionale Zuchtprogramme (Stand 1992)

Region	Säuger	Vögel	Reptilien	Fische	Wirbellose	Total
ASMP	38	11	3	0	0	52
EEP	64	18	1	0	0	83
JMSC	25	9	0	0	8	42
SSP	52	13	6	28	10	109
SSCJ	23	10	1	1	0	35
Total	202	61	11	29	18	321

Befolgung dieses Reglements entstand innerhalb von nur 15 Jahren eine vitale, sich selbst erhaltende Population von über 500 Löwenäffchen. Damit hatten die Zoos die Art vor dem endgültigen Erlöschen bewahrt. Seit 1984 waren sie sogar in der Lage, Tiere für die Wiederansiedlung in ihrem verbliebenen, inzwischen unter Schutz gestellten Lebensraum in Brasilien zur Verfügung zu stellen.

Nach diesem Vorbild beschloß die American Association of Zoological Parks and Aquariums (AAZPA), der amerikanische Zooverband 1982 den *Species Survival Plan* (SSP, sinngemäß: Überlebensplan für bedrohte Arten), in dessen Rahmen es heute für 109 Arten koordinierte Zuchtprogramme gibt. 1985 entstanden in Europa die *Europäischen Erhaltungszuchtprogramme* (EEP), deren Zahl inzwischen auf 83 angewachsen ist, und an denen sich mehr als 250 Zoos in allen Ländern Europas beteiligen (s. S. 98 ff).

Koordinierte Zuchtprogramme sind aber auch in anderen Regionen der Welt entstanden oder im Entstehen begriffen (Abb. 10). Tabelle 2 gibt einen Überblick über die 1992 bestehenden koordinierten Zuchtprogramme in den verschiedenen Regionen.

Wie ein koordiniertes Zuchtprogramm funktioniert

Jedes koordinierte Zuchtprogramm läuft im Prinzip nach denselben Regeln ab. Die Schlüsselfunktion hat der von allen teilnehmenden Zoos gewählte *Koordinator* des Programms. Er wird zunächst, sofern es nicht schon ein Zuchtbuch gibt, eine Bestandserhebung durchführen und eine genetische und demographische Analyse des Bestandes (in bezug auf Geschlechterverteilung, Altersstruktur, Verwandtschaftsgrad) vornehmen. Eine wichtige Voraussetzung hierfür ist eine exakte individuelle Datenerfassung in jedem Zoo. Die traditionelle, meist handschriftlich geführte Tierkartei in den einzelnen Zoos ist heute durch ein EDV-Programm abgelöst. Hierbei war es von Nutzen, daß die Zoos weltweit dieselbe Software benutzten, das *Animal Record Keeping System* (ARKS, sinngemäß: Tierbuchführungssystem), das den Datenaustausch untereinander und mit der zentralen Datenbank ISIS erlaubt.

Ebenso wichtig wie die präzise Datenerfassung ist die Unverwechselbarkeit der erfaßten Tierindividuen. Zwar kennt jeder Tierpfleger in der Regel die von ihm betreuten Tiere. Jedoch kann diese Kenntnis etwa durch Pflegerwechsel sehr rasch verloren gehen. Eine individuelle, unveränderliche, auch fälschungssichere, vor allem aber dauerhafte Kennzeichnung aller Tiere im Zoo ist daher erforderlich. Zu den zahlreichen Markierungsmethoden, die es für die verschiedenen Tierarten gibt, z. B. Ohrmarken, Fußringe, Tätowierungen, ist heute ein modernes System gekommen, das nicht nur alle genannten Anforderungen erfüllt, sondern auch einheitlich für praktisch alle Tiere – von einer bestimmten Größe an – eingesetzt werden kann.

Es handelt sich um den sogenannten *Transponder*. In seinem Inneren befindet sich ein Mikrochip, der mit einem zehnstelligen Code versehen ist, welcher bei der Fabrikation vergeben wird und danach nicht mehr verändert werden kann. Der mit einer Antenne verbundene Mikro-

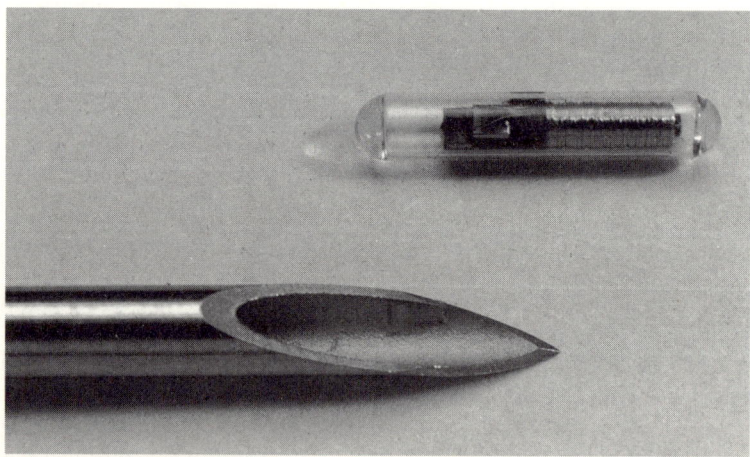

Abb. 11   Zur individuellen Kennzeichnung werden Zootiere mit einem 10 mm langen Transponder versehen. (Foto O. Behlert)

chip ist in ein 10 mm langes und im Durchmesser 2 mm großes Glasröhrchen eingeschlossen und kann Tieren mit einem spritzenähnlichen Implantiergerät eingesetzt werden (Abb. 11). Der Code des Transponders kann jederzeit mit einem Datenlesegerät, das Radiowellen aussendet, in einem Abstand bis zu 30 cm abgelesen werden. Die Zoos haben sich darauf verständigt, weltweit denselben Transponder zu benutzen. In der tiergärtnerischen Praxis verzichten die Zoos zwar nicht auf traditionelle, optische Markierungen. Im Zweifelsfall, etwa bei Verlust oder Veränderung des optischen Kennzeichens, kann aber der implantierte Transponder Auskunft über die Identität eines jeden Tieres geben.

Aufgrund der genetischen und demographischen Analyse kann der Koordinator einen *Zuchtplan* erstellen. Er empfiehlt die notwendigen Transfers von Tieren, um Zuchtpaare oder -gruppen neu zusammenzustellen, sucht Zoos, die bereit und in der Lage sind, sich am Programm zu beteiligen, solange die Population im Wachstum begriffen ist oder entscheidet, welche Zoos mit der Zucht aussetzen müssen, wenn die endgültige Größe der Population erreicht ist oder bestimmte genetische Linien überrepräsentiert sind. Auch bei dieser Arbeit steht heute ein Computer-Programm zur Verfügung, das die Bewältigung der Datenfülle erleichtert.

Die Empfehlungen des Koordinators werden zunächst einer ebenfalls von den Teilnehmern am Programm gewählten Kommission vorgelegt und von dieser diskutiert, bevor sie in die Tat umgesetzt werden. Hinter den im Computer gespeicherten Daten stehen letztendlich lebende Tiere. Jeder Transfer von einem Zoo in den anderen bedeutet einen Wechsel der vertrauten Umgebung und sozialen Gruppierung und stellt für das betroffene Tier, aber auch für die betreuenden Tierpfleger, oftmals sogar die Zoobesucher ein tiefgreifendes Ereignis dar. Erst nach Abwägung aller Gesichtspunkte und bei Einvernehmen innerhalb der Artkommission wird eine verbindliche Empfehlung an die beteiligten Zoos ausgesprochen.

Jedem Zoo, der sich an einem koordinierten Zuchtprogramm beteiligt, ist klar, daß er auf das Verfügungsrecht über seine Tiere verzichtet und sich den Regeln und Empfehlungen des koordinierten Zuchtprogramms unterwerfen muß. Der Verzicht auf das eigene Verfügungsrecht ist aber nur ein scheinbarer Nachteil, denn die Teilnahme an koordinierten Zuchtprogrammen bringt im Gegenteil eine ganze Reihe von Vorteilen mit sich. Ein Zoo braucht nicht mehr mühsam selber neue Tiere für seinen Bestand zu suchen und, was heute meist viel schwieriger ist, er braucht nicht selber Abnehmer für Nachzuchttiere zu suchen. Sämtliche Transfers berücksichtigen automatisch genetische und demographische Gesichtspunkte, denn der zuständige Koordinator nimmt den einzelnen Zoos die notwendige Datenanalyse und Errechnung von Inzuchtkoeffizienten (ein Maß für den Verwandtschaftsgrad) ab. Selbst die Anschaffung neuer Arten für den Bestand ist leichter geworden. Eine Vormerkung beim Koordinator genügt.

Ein nicht zu unterschätzender Vorteil ist auch, daß mehr und mehr Tiertransfers im sogenannten *breeding loan* erfolgen: Dabei werden die Tiere eines Zoos nicht verkauft, sondern zu Zuchtzwecken an einen anderen Zoo »ausgeliehen«. Zwar bringen gezüchtete Löwenäffchen, Pandas oder Okapis kein Geld mehr ein. Aber es entfallen ebenso Anschaffungskosten, deren Höhe den Gesetzen der freien Marktwirtschaft von Angebot und Nachfrage unterliegt. Wildtiere, zumal der bedrohten Arten, in menschlicher Obhut werden von den Zoos nicht mehr als Handelsgut angesehen, sondern gewissermaßen als Leihgabe der Natur nach bestem Wissen und Gewissen gemeinsam verwaltet. In Konsequenz dieser Philosophie und beispielgebend hat das *International Golden Lion Tamarin Management Committee* (sinngemäß: Internationales Managementkomitee für das goldgelbe Löwenäffchen), das für die Zoopopulation von 500 Goldgelben Löwenäffchen in mehr als 100 Zoos der Welt verantwortlich ist, 1991 den gesamten Bestand formell der Regierung von Brasilien übereignet, dem einzigen Land, in dem die Tiere natürlicherweise vorkommen.

Aufgabe des Koordinators ist es, die Einhaltung der Zuchtempfehlungen und die Entwicklung der Population durch Zugänge, Geburten, Abgänge und Transfers laufend zu überwachen und den Zuchtplan entsprechend fortzuschreiben. Durch seine Tätigkeit ist der Koordinator, dem sämtliche Informationen zufließen, bald der beste Kenner der betreffenden Art. Leicht kann er sämtliche Erkenntnisse und die Erfahrungen aller Zoos bei der Haltung der Art, von der Unterbringung bis zur Fütterung, von der Aufzucht der Jungen bis zur Gesunderhaltung der Tiere zu Haltungsrichtlinien zusammenfassen und diese allen am Programm teilnehmenden Zoos zur Verfügung stellen, so daß die Tiere überall nach dem neuesten Kenntnisstand gehalten werden können. Er kennt eventuellen Forschungsbedarf, kann Forschungsarbeiten koordinieren oder die Untersuchung bestimmter Fragen initiieren.

Forschung an Tieren und für Tiere in den Zoologischen Gärten wird seit 200 Jahren betrieben. Die Zahl der Publikationen über an Zootieren gewonnene Forschungsergebnisse ist unübersehbar, und es gibt wohl keinen Zoo, an dem nicht schon geforscht worden ist. Einige Zoos verfügen sogar über eigene Forschungseinrichtungen wie z. B. London, San Diego, New York oder Rotterdam. In Deutschland war es nur der Tierpark Berlin, an dem es als Institut der Akademie der Wissenschaften der DDR eine

Forschungsstelle für Wirbeltierforschung gab. Aufgrund ihrer überregionalen Bedeutung sowie des wissenschaftspolitischen Interesses der Bundesregierung an der Förderung der Zoo- und Wildtierforschung wurde die Forschungsstelle am 1. 1. 1992 zum »Institut für Zoo- und Wildtierforschung« umgegründet. Im Gründungskonzept heißt es, daß das Institut die Aufgabe hat, wissenschaftliche Erkenntnisse über das gesunde und kranke Tier in der freien Wildbahn wie in den tiergärtnerischen Einrichtungen zu erarbeiten und dazu beitragen soll, vom Aussterben bedrohte Tierarten zu erhalten. Damit wird der Notwendigkeit Rechnung getragen, verstärkt Anstrengungen zur Erhaltung der Artenvielfalt in der Natur zu unternehmen. Mit diesem Institut steht den Zoologischen Gärten eine zentrale, weltweit einzigartige Forschungseinrichtung zur Seite, die es ihnen ermöglicht, grundlegende, alle Zoos interessierende wissenschaftliche Fragen zu bearbeiten, wie es einzelne Zoos allein niemals könnten.

Wie sich das Management der Tierbestände im modernen Zoo durch die Entwicklung der koordinierten Zuchtprogramme auf eine höhere Ebene verlagert hat, so haben sich auch die Tätigkeitsmerkmale der in den Zoos arbeitenden Wissenschaftler (vergl. Kap.»Menschen im Zoo«) verändert. Die Kuratoren sind nicht mehr allein für die Pflege des Tierbestandes in dem Zoo zuständig, in dem sie angestellt sind, sondern sie müssen die Koordination eines oder mehrerer zooübergreifender Zuchtprogramme übernehmen. Ihre Aufgaben haben sich also qualitativ und quantitativ verändert, und es ist abzusehen, daß die Kapazität bei steigender Anzahl von Zuchtprogrammen bald erschöpft sein wird.

Wesentlich geringer als die Personalkapazität ist jedoch die Kapazität des Raumes, der in den Zoos für Erhaltungszuchtprogramme zur Verfügung steht. Nach vorsichtigen Berechnungen könnten in den Zoos insgesamt 330 Säugetierarten bei Populationsgrößen von 275 Individuen, 467 Vogelarten, 96 Arten von Reptilien und 32 Arten von Amphibien in Populationsgrößen von jeweils 300 Individuen gehalten werden. Derartige Kalkulationen mögen mit Fehlern behaftet sein und sind als grob und vorläufig zu betrachten. Sie erhellen jedoch das Problem, das auf die Zoos zukommen wird. Beim europäischen Fischotter stellten sich erst seit den siebziger Jahren regelmäßige Zuchterfolge ein (Abb. 17). Heute sucht der Koordinator des Fischotter-Erhaltungszuchtprogramms bereits dringend Zoos, die Nachwuchstiere übernehmen können. Auch die Kapazität für Kleine Pandas und Przewalskipferde ist inzwischen erschöpft. Um den Kapazitätsengpässen zu begegnen, werden die Tierbestände insgesamt verändert werden müssen. Tiere, für die es keine Erhaltungszuchtprogramme gibt, werden wahrscheinlich auf Dauer aus den Zoos verschwinden.

Zur Zeit gibt es für zwei Bärenarten Erhaltungszuchtprogramme, für den Brillen- und den Lippenbären. Insgesamt gibt es in den europäischen Zoos aber nur etwa 250 Bärenanlagen. Erreichen die beiden EEPs eines Tages ihre endgültige Populationsgröße, kann dies nur auf Kosten der übrigen Bärenarten gehen. Müßte man aber nicht besser jetzt schon mit EEPs für Malaienbären, syrische oder Pyrenäenbraunbären beginnen, bevor diese aus ihren natürlichen Verbreitungsgebieten für immer verschwunden sein werden und solange noch solche Tiere in den Zoos vorhanden sind?

Dem praktischen Tiergärtner ist es ein Anliegen, den ihm anvertrauten Tieren ein möglichst normales Leben zu ermöglichen und so wenig wie eben notwendig in ihre Lebens- und Verhaltensabläufe einzugreifen. Das moderne Zuchtmanagement, das auf wissenschaftlichen Erkenntnissen der Populationsgenetik- und demographie beruht, hat aber weniger das Schicksal einzelner Tierindividuen als vielmehr das ganzer Populationen im Auge. Beide Sichtweisen müssen daher in der Praxis zu Konflikten führen.

Die Fortpflanzung und das Aufziehen der Jungen ist einer der elementarsten biologischen Prozesse im Leben der Tiere. Das Management einer Population verlangt aber gelegentlich die Unterbindung der Reproduktion bestimmter Individuen, wenn diese einer in der Population überrepräsentierten genetischen Linie angehören oder wenn die Population ihre definitive Größe erreicht hat. Es gehört zu den Aufgaben des Tiergärtners, natürliche bestandsregulierende Faktoren, die unter Zoobedingungen ausgeschaltet sind, angemessen zu substituieren. In der Natur werden z. B. Löwen 6−9 Jahre alt und eine Löwin schafft es in ihrem Leben, vielleicht 3−4 Junge aufzuziehen, die selber das fortpflanzungsfähige Alter erreichen. Im Zoo werden Löwen 16−24 Jahre alt, und eine Löwin könnte ohne weiteres 30−40 Junge aufziehen. Um eine Bevölkerungslawine zu verhindern, müssen daher auch im Zoo Bestandsregulatoren wirksam werden. Das Mittel der Wahl zur Geburtenkontrolle sind heute – wie schon beim Tiger erwähnt – Hormonpräparate. Aber auch diese sind aus Sicht des Tierschutzes umstritten, denn ein wesentlicher Teil des Verhaltensrepertoires der Tiere, nämlich alles, was mit der Fortpflanzung und der Aufzucht von Jungen zusammenhängt, wird unterdrückt.

Wenn bereits die Verabreichung der »Pille« im Zoo zu Diskussionen führt, wundert es nicht, wenn andere biotechnische Maßnahmen und Hilfsmittel zur Beeinflussung des Fortpflanzungsgeschehens bei Wildtieren, die in der landwirtschaftlichen Tierproduktion längst gängige Praxis sind, auf Skepsis bis Ablehnung stoßen. Vor allem in den USA wird seit Beginn der achtziger Jahre aber auch in den Zoologischen Gärten mit biotechnischen Methoden experimentiert. Künstliche Besamung mit frischem oder tiefgefrorenem Samen wurde erfolgreich bei Kranichen, Greifvögeln und Hühnervögeln sowie zahlreichen Säugetieren, z. B. bei Gorillas und Großen Pandas, vorgenommen. Auch In-vitro-Befruchtungen und sowohl intra- wie auch interspezifische Embryotransplantationen wurden durchgeführt. So wurde z. B. schon ein Bongo von einer Elenantilope ausgetragen, ein Zebra von einem Hauspferd oder ein Gaur von einer Hauskuh.

Derartige Versuche werden oft als allenfalls von akademischem Interesse angesehen, ohne daß der potentielle Nutzen derartiger Methoden für die Praxis der Zuchtprogramme erkannt wird. Einige denkbare Situationen sinnvoller Anwendung seien daher kurz angeführt:

– Manche Tiere, die wichtigen in der Population unterrepräsentierten Linien angehören, pflanzen sich aus bestimmten Gründen nicht selbst fort. Es können Störungen im Paarungsverhalten, z. B. bei handaufgezogenen und fehlgeprägten Tieren, oder physiologische Störungen vorliegen, die eine reguläre Trächtigkeit verhindern.
– Der Transport von Spermien oder Embryonen über weite Distanzen ist billiger und mit weniger Risiken behaftet, als der Transport von Tieren.
– Mit Hilfe künstlicher Besamung läßt sich eine kleine Population sehr viel rascher vergrößern.
– Ein ungleiches Geschlechterverhältnis läßt sich durch gezielten Embryotransfer korrigieren. Ebenso kann man die Nachkommenzahl, z. B. von bedeutenden Gründertieren, in gewünschter Weise vergrößern. Der Genaustausch zwischen Zucht- und Freilandpopulationen wird erleichtert.
– Schließlich stellen tiefgefrorene Samen, Eier und Embryonen auch eine Sicherheit für den Fall dar, daß Krankheitsepidemien oder andere Katastrophen Zucht- oder auch Freilandpopulationen existentiell bedrohen. An verschiedenen Zoos werden deshalb bereits Genbanken eingerichtet.

Der gegenwärtige Forschungsstand kann heute lediglich andeuten, was man mit biotechnischen Methoden erreichen kann. Die Forschung auf diesem Gebiet ist erst am Anfang. Die Methoden der Samen-, Ei- oder Embryogewinnung, der Konservierung und Implantation müssen spezifisch von Fall zu Fall adaptiert werden. Sicher wird die Biotechnologie auch in Zukunft in der Praxis nur in bestimmten Situationen eingesetzt werden, nämlich in solchen, in denen alle anderen Maßnahmen versagen. Dann aber darf man sich ihnen nicht verschließen und muß sie zur Hand haben.

☰   Internationale Organisationsstrukturen Zoologischer Gärten

Die Zusammenarbeit Zoologischer Gärten, die durch die Etablierung der koordinierten Zuchtprogramme während des letzten Jahrzehnts noch enger geworden ist, bedarf außer der Bereitschaft hierzu auch notwendigerweise entsprechender Organisationsstrukturen. In vielen Ländern gibt es seit langem Interessenverbände Zoologischer Gärten. So existiert z. B. der Verband Deutscher Zoodirektoren bereits seit 1887. Auch die Geschichte des Internationalen Zoodirektorenverbandes (IUDZG) reicht bis in die dreißiger Jahre zurück. Um seinen heutigen und zukünftigen Aufgaben als globaler Dachverband gerecht werden zu können, hat sich der Verband 1991 eine neue Satzung gegeben, die sicherstellt, daß alle Zoos der Welt entweder direkt oder über ihre nationalen, gegebenenfalls auch regionalen Verbände in ihm und durch ihn vertreten sind, und er hat seine Ziele in der *World Zoo Conservation Strategy* (sinngemäß: Weltnaturschutzstrategie der Zoos) niedergelegt.

Jährlich stattfindende Konferenzen derartiger Verbände dienen dem Erfahrungs- und Meinungsaustausch und fördern die Zusammenarbeit und Weiterentwicklung Zoologischer Gärten. Zweifellos ist die IUDZG Wegbereiter für die Entstehung koordinierter Zuchtprogramme gewesen. Allerdings gibt es nur wenige globale Zuchtprogramme, wie z. B. für das Löwenäffchen, die Arabische Oryxantilope oder das Okapi. Aus rein praktischen Erwägungen ist es in den meisten Fällen angebracht, Zuchtprogramme auf bestimmte überschaubare Regionen, z. B. Nordamerika, Australien oder Europa zu beschränken. Zwischen den so entstehenden Subpopulationen einer Art braucht nur von Zeit zu Zeit ein Genaustausch zu erfolgen. Auf der anderen Seite ist es nicht sinnvoll, etwa innerhalb Europas parallele Zuchtprogramme auf nationaler Ebene zu beginnen, z. B. in Deutschland, in den Niederlanden oder in Frankreich. Der Beginn der koordinierten Zuchtprogramme auf europäischer Ebene war jedoch angesichts der Vielzahl von Nationen, der Sprachenvielfalt, der Mitte der achtziger Jahre noch bestehenden Verschiedenartigkeit der politischen und ökonomischen Systeme und dem Fehlen eines europäischen Dachverbandes ungleich schwieriger als etwa in Nordamerika oder Australien. Zwar gab es seit 1988 einen Verband Zoologischer Gärten der Europäischen Gemeinschaft (ECAZA = *European Community Association of Zoological Gardens and Aquaria*), der die Interessen der Zoos bei den EG-Behörden in Brüssel sowie beim Europäischen Parlament vertritt. Aber auch dieser umfaßte nur die Zoos in einem Teil Europas.

Die Europäischen Erhaltungszuchtprogramme (EEPs) wurden jedoch von vornherein als eine gesamteuropäische Aufgabe aufgefaßt, an der sich jeder Zoo in Europa, unabhängig von der Nation oder Zugehörigkeit zu einem Zooverband beteiligen sollte, um das gesamte Potential an vorhandenen Tieren in die Programme integrieren zu können. Ein kleiner Kreis europäischer Mitglieder der Welt-Zoo-Organisation (IUDZG) traf sich im Juni 1985 in Antwerpen, um eine Strategie zur Begründung der EEPs zu entwerfen. Der Einladung zu einer ersten Konferenz im November 1985 in Köln folgten immerhin 26 Zoos aus 9 verschiedenen europäischen Ländern, und es wurden die ersten 19 Erhaltungszuchtprogramme aus der Taufe gehoben. Die Zahl der Teilnehmer an den nun jährlich stattfindenden Konferenzen nahm von Mal zu Mal zu. Auch die Zahl der EEPs wuchs auf z. Zt. 83 und, was das Wichtigste ist, die Zahl der an den Programmen teilnehmenden Zoos. Die derzeitige Zahl von 250 Teilnehmern aus allen Ländern Europas belegt, daß die Notwendigkeit des zooübergreifenden Managements der Tierbestände von allen Zoos erkannt worden ist. Die 1985 angeschobene Entwicklung der EEPs war innerhalb weniger Jahre zum Selbstläufer geworden.

Sehr schnell wurde aber auch offensichtlich, daß die Arbeit, die mit der Gesamtkoordination der Erhaltungszuchtprogramme, der Beratung der Artkoordinatoren, der Kommunikation zwischen den Teilnehmern und der Vorbereitung und Durchführung der jährlichen Konferenzen verbunden ist, auf Dauer nicht von einem ehrenamtlich tätigen Koordinationskomitee bewältigt werden kann. Fürs erste bot der holländische Zooverband seine Hilfe an, und seit dem 1. 1. 1991 fungiert die in Amsterdam angesiedelte Stiftung für Forschung in Zoologischen Gärten zugleich als *EEP Executive Office* (EEP-Geschäftsstelle). Eine solche allen europäischen Zoos dienende Einrichtung muß natürlich auch von allen Zoos getragen werden. Im Grunde war hier der zweite vor dem ersten Schritt gemacht worden. Es wurde daher höchste Zeit, daß sich die Zoos Europas zu einem formellen gesamteuropäischen Verband zusammenschließen. Was 1985 noch unvorstellbar gewesen wäre, war nun dank der politischen Umwälzungen in Europa und im Geiste des europäischen Einigungsprozesses möglich. 1992 entstand aus ECAZA, dem Zooverband der Europäischen Gemeinschaft, ein gesamteuropäischer Zooverband, EAZA *(European Association of Zoological Gardens and Aquaria)*. Die notwendige Organisationsstruktur für die EEPs, aber auch für die Zusammenarbeit auf anderen Aufgabengebieten der Zoos in Europa ist damit geschaffen.

Angesichts des rapiden Artenschwundes in allen Teilen der Welt und der Kapazitätsengpässe der Zoos wird die Frage, für welche Tierarten Erhaltungszuchtprogramme etabliert werden sollen, immer schwieriger.

Überblickt man die Liste der jetzt existierenden 83 EEPs (Tabelle 3), fällt auf, daß es sich einerseits um Arten handelt, die in der Natur kurz vor der endgültigen Ausrottung stehen, z. B. das Spitzmaulnashorn, oder bereits gar nicht mehr existieren, wie z. B. das Przewalskipferd oder der Bartgeier (in den Alpen), andererseits aber um Tierarten, die noch nicht als vom Aussterben bedroht eingestuft sind, die aber in den Zoos vorhanden sind und die man auch gern auf Dauer halten möchte, z. B. Kleiner Panda, Giraffe, Okapi, einfach weil diese Tiere interessant und attraktiv sind. Erhaltungszuchten dienen eben auf der einen Seite schlicht der dauerhaften Erhaltung der Tierbestände, also der Zukunftssicherung der Zoos. Auf der anderen Seite stellen die Tierbestände Zoologischer Gärten aber mehr und mehr Reservepopulationen für die Natur dar.

Tab. 3   Europäische Erhaltungszuchtprogramme

Tierart	Sitz des Koordinators
1 Krustenechse (Heloderma specc.)	Glasgow
2 Humboldtpinguin (Spheniscus humboldti)	Emmen
3 Waldrapp (Geronticus eremita)	Innsbruck
4 Mönchsgeier (Aegypius monachus)	Amsterdam
5 Bartgeier (Gypaetus barbatus)	Wien
6 Kongopfau (Afropavo congensis)	Antwerpen
7 Mandschurenkranich (Grus japonensis)	Rotterdam
8 Weißnackenkranich (Grus vipio)	Nürnberg
9 Krontauben (Goura specc.)	Rotterdam
10 Mauritiustaube (Columba mayeri)	Jersey
11 Hyazinthara (Anodorhynchus hyacinthinus)	Dresden
12 Gelbwangenamazone (Amazona autumnalis lilacina)	Chester
13 Arakakadu (Probosciger aterrimus)	Chester
14 Molukkenkakadu (Cacatua moluccensis)	Penscynor
15 Gelbwangenkakadu (Cacatua sulphurea)	Paradise Park
16 Rotsteißkakadu (Cacatua haematuropygia)	St. Martin la Paine
17 Goldsittich (Aratinga guarouba)	Kopenhagen
18 Doppelhornvogel (Buceros bicornis)	Amsterdam
19 Balistar (Leucopsar rothschildi)	Köln
20 Baumkänguruhs (Dendrolagus specc.)	Rotterdam
21 Rattenkänguruhs (Bettongia specc.)	Erlangen
22 Kleiner Plumplori (Nycticebus pygmaeus)	Poznan
23 Vari (Varecia variegatus)	Köln
24 Mohrenmaki (Lemur m. macaco)	Somerset
25 Kaiserschnurrbarttamarin (Saguinus imperator)	Neath

Tab. 3   (Fortsetzung)

Tierart	Sitz des Koordinators
26 Lisztäffchen (Saguinus oedipus)	Neath
27 Goldgelbes Löwenäffchen (Leontopithecus r. rosalia)	Dublin
28 Zwergseidenäffchen (Cebuella pygmaea)	Apeldoorn
29 Springtamarin (Callimico goeldii)	Zürich
30 Wollaffe (Lagothrix lagotricha)	Apeldoorn
31 Bartaffe (Macaca silenus)	Göttingen
32 Schopfmakak (Macaca nigra)	London
33 Drill (Mandrillus leucophaeus)	Hannover
34 Dschelada (Theropithecus gelada)	Rheine
35 Diana-Meerkatze (Cercopithecus diana)	Edinburgh
36 Kleideraffe (Pygathrix nemaeus)	Köln
37 Schopfgibbon (Hylobates concolor)	Mulhouse
38 Silbergibbon (Hylobates moloch)	München
39 Kappengibbon (Hylobates pileatus)	Zürich
40 Orang-Utan (Pongo pygmaeus)	Karlsruhe
41 Bonobo (Pan paniscus)	Antwerpen
42 Gorilla (Gorilla gorilla)	Frankfurt
43 Großer Ameisenbär (Myrmecophaga tridactyla)	Dortmund
44 Mähnenwolf (Chrysocyon brachyurus)	Frankfurt
45 Waldhund (Speothes venaticus)	Frankfurt
46 Afrikanischer Wildhund (Lycaon pictus)	Hilvarenbeek
47 Lippenbär (Melursus ursinus)	Amsterdam
48 Brillenbär (Tremarctos ornatus)	Jersey
49 Kleiner Panda (Ailurus fulgens)	Rotterdam
50 Europ. Fischotter (Lutra l. lutra)	Krefeld
51 Europ. Nerz (Mustela lutreola)	Tallinn
52 Nebelparder (Neofelis nebulosa)	Glasgow
53 Persischer Leopard (Panthera pardus saxicolor)	Münster
54 Sibirischer Tiger (Panthera tigris altaica)	Leipzig
55 Sumatratiger (Panthera tigris sumatrae)	London
56 Schneeleopard (Uncia uncia)	Helsinki
57 Gepard (Acinonyx jubatus)	Fota
58 Indischer Elefant (Elephas maximus indicus)	Rotterdam
59 Przewalskipferd (Equus p. przewalskii)	Köln
60 Halbesel (Equus hemionus onager, E. h. kulan)	Berlin
61 Wildesel (Equus asinus somalicus)	Berlin
62 Grevyzebra (Equus grevy)	Marwell
63 Schabrackentapir (Tapirus indicus)	Nürnberg
64 Panzernashorn (Rhinoceros unicornis)	Basel
65 Spitzmaulnashorn (Diceros bicornis)	Berlin

Tab. 3   (Fortsetzung)

Tierart	Sitz des Koordinators
66 Breitmaulnashorn (Ceratotherium simum)	Dvur Kralove
67 Babirusa (Babyrousa babyrussa)	Stuttgart
68 Zwergflußpferd (Choeropsis liberensis)	Basel
69 Vikunja (Lama vicugna)	Zürich
70 Kleinkantschil (Tragulus javanicus)	Amsterdam
71 Mesopotamischer Damhirsch (Dama mesopotamica)	Berlin
72 Vietnamsika (Cervus nippon pseudaxis)	Berlin
73 Chilenischer Pudu (Pudu pudu)	Wuppertal
74 Okapi (Okapia johnstoni)	Antwerpen
75 Giraffe (Giraffa camelopardalis)	Stuttgart
76 Bongo (Tragelaphus euryceros)	Stuttgart
77 Anoa (Anoa depressicornis)	Leipzig
78 Gaur (Bos gaurus)	Berlin
79 Säbelantilope (Oryx dammah)	Marwell
80 Arabische Oryx (Oryx leucoryx)	Zürich
81 Addax-Antilope (Addax nasomaculatus)	Hannover
82 Dama-Gazelle (Gazella dama)	Almeria
83 Moschusochse (Ovibos moschatus)	Kopenhagen

Die Einsicht, daß Zoologische Gärten durch ihre Erhaltungszucht-programme einen Beitrag zur Arterhaltung leisten, ist in den achtziger Jahren auch bei Naturschützern gewachsen. Der Welt größte Naturschutz-organisation, die Weltnaturschutz-Union (IUCN), hat dies in ihrem *Policy Statement on Captive Breeding* (sinngemäß: Dokumentation über Zuchtpro-gramme) 1987 eindeutig zum Ausdruck gebracht:»Biotopschutz allein reicht nicht aus, wenn das erklärte Ziel der Weltnaturschutzstrategie, die Erhaltung der biologischen Vielfalt, erreicht werden soll. Der Aufbau sich selbst erhaltender Zuchtpopulationen und andere Stützungsmaßnahmen sind notwendig, um den Verlust vieler Arten zu verhindern, insbesondere solcher, die durch weitgehend zerstörte, zerstückelte oder verkleinerte Lebensräume in höchstem Maße gefährdet sind. Zuchtprogramme müssen begonnen werden, bevor Arten bis auf kritische Anzahlen reduziert sind, und zwar international koordiniert nach wissenschaftlichen, biologischen Prinzipien, um lebensfähige Populationen in der Natur erhalten oder wie-deraufbauen zu können.«

Die *Species Survival Commission* (SSC, sinngemäß: Arterhaltungskommission) der IUCN hat zahlreiche Gruppen von Spezialisten für einzelne Tierarten oder -gruppen gebildet, z. B. Bären, Hirsche, Elefanten. Daneben gibt es aber auch interdisziplinäre Speziallistengruppen wie die *Captive Breeding Specialist Group* (CBSG) oder die *Reintroduction Group* (sinngemäß: Spezialistengruppe für Zuchtprogramme bzw. Wiederansiedelungen).

Die CBSG ist eine der größten und aktivsten Spezialistengruppen, der sowohl in Forschung und Naturschutz tätige Zoologen wie Tiergärtner angehören. Jährlich stattfindende Konferenzen und ein viermal im Jahr erscheinender CBSG Newsletter, der an 5000 Adressaten in 158 Länder der Welt verschickt wird, dienen der Kommunikation und Information über die zahlreichen CBSG-Aktivitäten.

Die CBSG ist Katalysator für das Management bedrohter kleiner Populationen und zwar sowohl im Freiland wie in den Zoos. Auf der Basis der Daten über die Bestände im Freiland erstellt sie Prioritätenlisten für Tiergruppen wie Primaten, Antilopen, Katzen usw., die sogenannten *Conservation Assessment and Management Plans* (CAMPs, sinngemäß: Naturschutzeinschätzung und Managementpläne). Hieraus ergibt sich der Handlungsbedarf zum Schutz einzelner Arten wie Biotopschutzmaßnahmen und gegebenenfalls Aufbau von Zuchtpopulationen zur Absicherung der Freilandpopulation.

Eine Methode, das Existenzrisiko einzelner Arten abzuschätzen, ist die *Population and Habitat Viability Analysis* (PHVA, sinngemäß: Analyse der Überlebensfähigkeit von Populationen und ihrer Lebensräume). Arbeitstagungen finden dort statt, wo die betreffenden Tierarten vorkommen und werden in Zusammenarbeit mit den dortigen Naturschutzbehörden und -organisationen sowie anderen SSC-Spezialistengruppen durchgeführt. So wurde z. B. die Existenzrisiko-Analyse für Löwenäffchen in Brasilien, die für den Schwarzfußiltis in USA, die für den Waldrapp in Marokko durchgeführt.

So wichtig die Bemühungen um einzelne bedrohte Tierarten sein mögen, müssen sie doch immer im Zusammenhang mit der Gefährdung ihres Lebensraumes gesehen werden. In der Regel ist ja nicht nur diese Art bedroht. Viele andere, wenn nicht alle Arten des betreffenden Gebietes sind ebenso bedroht. Deshalb hat die CBSG die Bildung von Fauna-Interessen-Gruppen (FIG) stimuliert, zunächst für Gebiete von hoher Biodiversität wie z. B. Madagaskar, Brasilien, Indonesien oder Vietnam.

Für die Praxis des Tiergärtners gibt die CBSG also wertvolle Hilfen bei der Auswahl von Tierarten für koordinierte Zuchtprogramme. Aus rein praktischen Gesichtspunkten sind diese Programme in verschiedenen Regionen der Welt entstanden. Aus genetischen Gründen muß von Zeit zu Zeit aber auch, wie schon erwähnt, ein Austausch von Tieren zwischen den sich entwickelnden Subpopulationen vorgenommen werden. Eine enge Zusammenarbeit zwischen den Regionen ist daher notwendig. Die CBSG ist hierbei der Moderator. Sie initiiert die Bildung von *Global Management Plan*-Arbeitsgruppen, wie z. B. für Przewalskipferde, Kleine Pandas, Nashörner oder Tiger.

☰ Tierbestände der Zoos als Reserven für die Natur

Inzwischen gibt es eine ganze Reihe von Tierarten, die ihre heutige Existenz ausschließlich den Zuchterfolgen Zoologischer Gärten verdanken. Eine vom Bundesumweltministerium geförderte, am Kölner Zoo angefertigte Studie mit dem Titel »Stand, Möglichkeiten und Grenzen von Zucht und Auswilderung bedrohter Tierarten als Beitrag zum Artenschutz« führt 129 Projekte zur Wiederansiedlung zoogezüchteter Tiere in der Natur auf. Hierbei sind sowohl abgeschlossene, laufende wie in Vorbereitung befindliche Projekte berücksichtigt. Für 105 Arten existieren bereits Wiederansiedlungsprojekte, für 24 Arten sind sie in der Planungs- oder Vorbereitungsphase. Davon sind oder waren elf Arten in der Natur gar nicht mehr vorhanden. Mit Rotwolf, Wisent, Milu, Formosa-Sika und Arabischer Oryxantilope wurden Wiederansiedlungen durchgeführt. Für Schwarzfußiltis, Przewalskipferd, Kalifornischen Kondor, Guam-Ralle, Guam-Eisvogel und Socorrotaube sind Projekte geplant. 65 weitere Arten sind unmittelbar vom Aussterben bedroht oder sehr stark gefährdet, z. B. Löwenäffchen, Mendesantilope, Manipur-Leierhirsch, Hawaiigans, Mauritiusfalke, Schreikranich, Puerto-Rico-Amazone und Mauritiustaube. Die übrigen Projekte betreffen ehemals weit verbreitete, jedoch regional erloschene oder gefährdete Arten, z. B. Luchs, Wolf, Weißstorch, Uhu und Wanderfalke.

Die Analyse der einzelnen Projekte macht zweierlei deutlich. Erstens muß in jedem Fall geprüft werden, ob und wie eine Auswilderung möglich ist, und in jedem Fall muß ein derartiges Projekt sorgsam geplant, vorbereitet und schließlich durchgeführt werden. Zweitens sind die Erfolge von Wiederansiedlungsprojekten aufgrund wachsender Erfahrung im Laufe der Zeit immer größer geworden. Zwar gibt es kein Patentrezept. Jedoch müssen generell einige wichtige Bedingungen erfüllt sein, wenn ein Ausbürgerungsprojekt Erfolg haben soll:

Geeignete Habitate. Es versteht sich beinahe von selbst, daß Tiere nur innerhalb ihres ursprünglichen Verbreitungsgebietes wieder angesiedelt werden sollten und nur dann, wenn die für den Rückgang oder das Verschwinden der betreffenden Art verantwortlichen Ursachen bekannt und beseitigt wurden, und das Gebiet für den Aufbau einer lebensfähigen Population auch groß genug ist.

Zuchtpopulation. Das zweite Standbein für ein Ausbürgerungsprojekt ist natürlich das Vorhandensein einer vitalen Zuchtpopulation von hoher genetischer Diversität. Das moderne Zuchtmanagement Zoologischer Gärten bietet hierfür die Gewähr.

Auswilderungsstrategie. Bei der Auswahl von Individuen für die Ausbürgerung spielen nicht nur genetische Gesichtspunkte eine Rolle, sondern auch ihre physische und ethologische Eignung. Viele Verhaltensweisen, die für das Überleben in der Natur notwendig sind, etwa des Nahrungserwerbs, der Sicherung des Territoriums oder der Vermeidung von Gefahren, werden unter Zoobedingungen nicht benötigt und müssen, soweit sie nicht genetisch völlig fixiert sind, trainiert werden. Berücksichtigt werden müssen ebenso Alter und Sozialstruktur der freizulassenden Tiere. Von entscheidender Bedeutung ist die Anzahl der Tiere, die die Basis für den Aufbau einer sich selbst erhaltenden Population bilden sollen, und selbstverständlich gelten hier dieselben genetischen Gesetzmäßigkeiten, wie sie beim Aufbau der Zuchtpopulationen beschrieben wurden. Da in der Freilandpopulation alle auch in der Zuchtpopulation vorhandenen Gene repräsentiert sein sollen, sind Ausbürgerungsprojekte in der Regel keine einmaligen Aktionen. Das so erfolgreiche Projekt der Wiederansiedlung der Arabischen Oryxantilope geht z. B. von einer stabilen Population von 350 Tieren in menschlicher Obhut aus, die jährlich 10 Tiere zur Aufstockung der Freilandpopulationen zur Verfügung stellt. Schließlich kann auch der Zeitpunkt der Freilassung entscheidenden Einfluß auf den Erfolg des Projektes haben. Man muß daher wissen, wann die Rahmenbedingungen wie Klima, Nahrungsangebot, Abwanderungstendenzen u. a. am günstigsten sind.

Öffentlichkeitsarbeit. Eine umfassende Aufklärung und gegebenenfalls Einbeziehung der Bevölkerung ist nicht nur eine Voraussetzung für das Gelingen eines Projektes, sondern sollte auch Zielsetzung im Sinne einer Erziehung zum Naturschutz sein. Viele Projekte sind schon am mangelnden Verständnis oder an unbegründeten Vorurteilen der einheimischen Bevölkerung selbst in Europa (Luchs) gescheitert. Durch eine vorbildliche Öffentlichkeitsarbeit zeichnet sich z. B. das Löwenäffchen-Projekt in Brasilien aus. Eine Aufklärungskampagne hat mehr als 80 000 Men-

schen erreicht, wodurch das Löwenäffchen zum Symbol für den Naturschutz in Brasilien geworden ist.

Kontrolle der Pionierpopulation. Ohne eine Überwachung der
freigelassenen Tiere und die Entwicklung der Population läßt sich nicht
beurteilen, ob ein Projekt erfolgreich ist, bzw. welche Faktoren für einen
eventuellen Mißerfolg verantwortlich sind. Die durch eine wissenschaftliche Begleitung erzielten Befunde erlauben in bestimmten Fällen Korrek-
turmaßnahmen und stellen außerdem die Erfahrungsgrundlage für weitere
Projekte dar.

Bei der Vielzahl der Tierarten und ihrer unterschiedlichen Veran-
lagungen, Lebensweisen und -ansprüche ist eine Generalisierung nicht
möglich. Dennoch lassen sich einige wesentliche Gesichtspunkte der Eignung von Tierarten für eine Auswilderung erkennen:

- Arten, deren Verhalten relativ stark genetisch fixiert ist (z. B.
  Biber) können ohne besondere Vorbereitung ausgewildert werden.
  Dagegen müssen Arten umso mehr durch Trainingsprogramme
  auf ein Leben in der Natur vorbereitet werden, je mehr ihr
  Verhalten von Lernprozessen beeinflußt wird (z. B. Primaten, Car-
  nivoren).
- Stenöke Tiere, d. h. Nahrungs- und Lebensraumspezialisten, sind
  schwerer auszuwildern, als euryöke Arten, die anpassungsfähig
  und tolerant gegenüber Lebensraum- und Umweltbedingungen
  sind (z. B. Greifvögel, Huftiere).
- Bewohner komplex strukturierter Lebensräume (z. B. Löwenäffchen, Balistar) sind schwerer auszuwildern, als solche, die weniger
  komplexen Lebensräumen entstammen (z. B. bestimmte Huftierarten, Geier).
- Tiere mit komplexen Sozialstrukturen sind schwerer auszuwildern, als solitär lebende (z. B. erwies sich der sozial lebende Raben-
  geier als problematischer als der solitär lebende Truthahngeier).
  Ebenso kommen einzeln jagende Raubtiere (z. B. Greifvögel) besser zurecht, als sozial jagende Tiere (z. B. Löwen).
- Die Erfolgsaussichten für Arten, bei denen erhebliche Wider-
  stände in der Bevölkerung bestehen, sind selbst bei sonst positiven
  Voraussetzungen gering (z. B. Raubtiere).

In Naturschutzkreisen wird gelegentlich die Meinung vertreten,
daß aus Zuchtpopulationen stammende Tiere nicht mehr dem ursprünglichen Wildtypus der betreffenden Art entsprächen, und – in die Natur
zurückgekehrt – nicht mehr über ihr artspezifisches Verhaltensrepertoir
verfügten. Die Ergebnisse der bisher durchgeführten Wiederansiedlungsprojekte widerlegen diese Meinung.

Ferner wird befürchtet, daß Projekte der Wiederansiedlung einzelner Arten von dem eigentlichen Anliegen des Naturschutzes, den Bemühungen um den Erhalt ganzer Lebensräume ablenken. In Wirklichkeit ist das Gegenteil der Fall. Ein intakter Lebensraum ist ja die Voraussetzung für jedes Wiederansiedlungsprojekt! Einzelne spektakuläre Arten dienen also als Flaggschiffe des Naturschutzes. Als man vor zwanzig Jahren in Indien das Projekt Tiger begann, ging es zwar primär um die Rettung dieser Großkatze. Der Erfolg des Projektes beruht neben einem strengen Jagdschutz auf der Schaffung vieler Naturschutzreservate und Nationalparks. Als Ergebnis wurde nicht nur der Tiger gerettet, sondern ganze Lebensräume mit vielen anderen ebenso bedrohten Tier- und Pflanzenarten. Das von einigen Naturschützern umstrittene Projekt der Wiederansiedlung des Storches am Oberrhein war von einer Fülle von Naturschutzmaßnahmen und der Anlage neuer Feuchtbiotope begleitet. Flaggschiffarten sind geeignet, das öffentliche Interesse auf den Naturschutz zu lenken und Sponsoren zu gewinnen. Der Ankauf eines 560 km^2 großen Gebietes für die Wiederansiedlung des Rotwolfs durch eine amerikanische Versicherungsgesellschaft ist hierfür ein Beispiel. Die Rolle des Löwenäffchens als Flaggschiff für die Erhaltung des Regenwaldes in Brasilien wurde bereits erwähnt.

Wiederansiedlungsprojekte fördern also eher den Biotopschutz, als daß sie ihn ersetzen sollen. Zur Rettung einzelner Arten gibt es aber manchmal keine andere Alternative. Der Action Plan der *International Union for the Conservation of Nature and National Resources* für die 418 bedrohtesten Tierarten sieht immerhin für 4,5% dieser Arten Wiederansiedlungsmaßnahmen vor. Aufgabe der Zoos ist es, Zuchtpopulationen hierfür bereitzuhalten.

Einige Tierarten existieren in der Natur nur noch in einer einzigen Population. Kommt es hier zu einem unvorhergesehenen Bestandsrückgang, etwa durch den Ausbruch einer Epidemie oder eine andere Katastrophe, muß eine Reserve zur Absicherung der Freilandpopulation vorhanden sein. So wurde z. B. die Hälfte der ohnehin nur aus 40 Vögeln bestehenden Restpopulation der Puerto-Rico-Amazone im Sommer 1989 durch einen Hurrican vernichtet. Bei anderen Tierarten, wie z. B. beim indischen Tiger, bestehen zwar noch mehrere Restpopulationen. Sie sind aber über isolierte, so weit voneinander getrennte Rückzugsgebiete verteilt, daß ein genetischer Austausch nicht mehr stattfinden kann. Im Grunde handelt es sich hier also um zooähnliche Verhältnisse und auf Dauer wird man diese Freilandpopulationen nur erhalten können, wenn man sich entschließt, Methoden des Zoomanagements anzuwenden. In letzter Konsequenz werden Zucht- und Freilandpopulationen als eine genetische Einheit betrachtet und als solche gemanagt werden müssen, wie es z. B. für das Sumatra-Nashorn vorgesehen ist.

Der Beitrag Zoologischer Gärten zum Natur- und Artenschutz ist quantitativ vielleicht nicht sehr bedeutend. Bei größter Anstrengung werden die Zoos vielleicht zur Rettung einiger hundert, möglicherweise sogar an die tausend bedrohter Arten durch den Aufbau von Reservepopulationen beitragen können, also letztlich für einen verschwindend geringen Anteil der allenthalben bedrohten Tierwelt. Die Zuchtbemühungen der Zoos können angesichts der Größenordnung der Natur- und Umweltschutzprobleme, auf die die Erde zusteuert, wohl nicht mehr sein als der berühmte Tropfen auf dem heißen Stein, und man mag fragen, ob sich der Aufwand überhaupt lohnt. Zur Beantwortung dieser Frage stelle man sich aber einmal vor, die Münchner Pinakothek würde brennen, und es wären nur einige Minuten Zeit, um einige der Tausende von Kunstschätzen zu retten. Wie viele könnten das sein? Vielleicht ein oder zwei Stücke. Mit Sicherheit aber würden zahllose Menschen ihr Leben aufs Spiel setzen, in das brennende Gebäude eindringen und versuchen, so viel wie möglich zu retten.

Wichtiger noch als die absolute Zahl der Arten, zu deren Rettung die Zoos direkt beitragen, ist aber vielleicht der exemplarische Charakter, den solche Projekte haben. Ungefähr 100 Millionen Menschen suchen alljährlich die über 200 Zoos in Europa auf. Das dichte Netz Zoologischer Gärten erlaubt praktisch jedem, regelmäßig Zoos zu besuchen. So haben alle Menschen in Europa die Möglichkeit, die erstaunliche Vielfalt von Tierarten unserer Erde kennenzulernen und die Notwendigkeit des Schutzes von Tieren, denen sie im Zoo begegnen, und ihrer natürlichen Lebensräume zu begreifen. Keine andere Einrichtung, kein anderes Medium kann so viele Menschen auf so eindrückliche Weise vom Zustand der Natur überzeugen und sie für Natur- und Umweltschutz gewinnen. Zoologische Gärten sind deshalb in zweifacher Hinsicht Zentren des Naturschutzes.

Auf den folgenden Seiten sehen Sie bedrohte Tierarten, die in Europäische Erhaltungszuchtprogramme aufgenommen wurden. Die Bildunterschriften geben Auskunft über den Grad der Gefährdung im natürlichen Lebensraum und die Erfolge bei der Nachzucht in menschlicher Obhut.

Abb. 12   Das Goldgelbe Löwenäffchen *(Leontopithecus r. rosalia)* war in seinem natürlichen
Verbreitungsgebiet in Brasilien bis auf wenige Dutzend dezimiert. Seit 1984
werden regelmäßig im Zoo geborene Gruppen von Löwenäffchen ausgewildert.
Der Gesamtbestand in der Natur liegt heute wieder bei 450 Tieren.
Die Zuchtpopulation umfaßt 560 Tiere. (Foto: R. Schlosser, Zoo Köln)

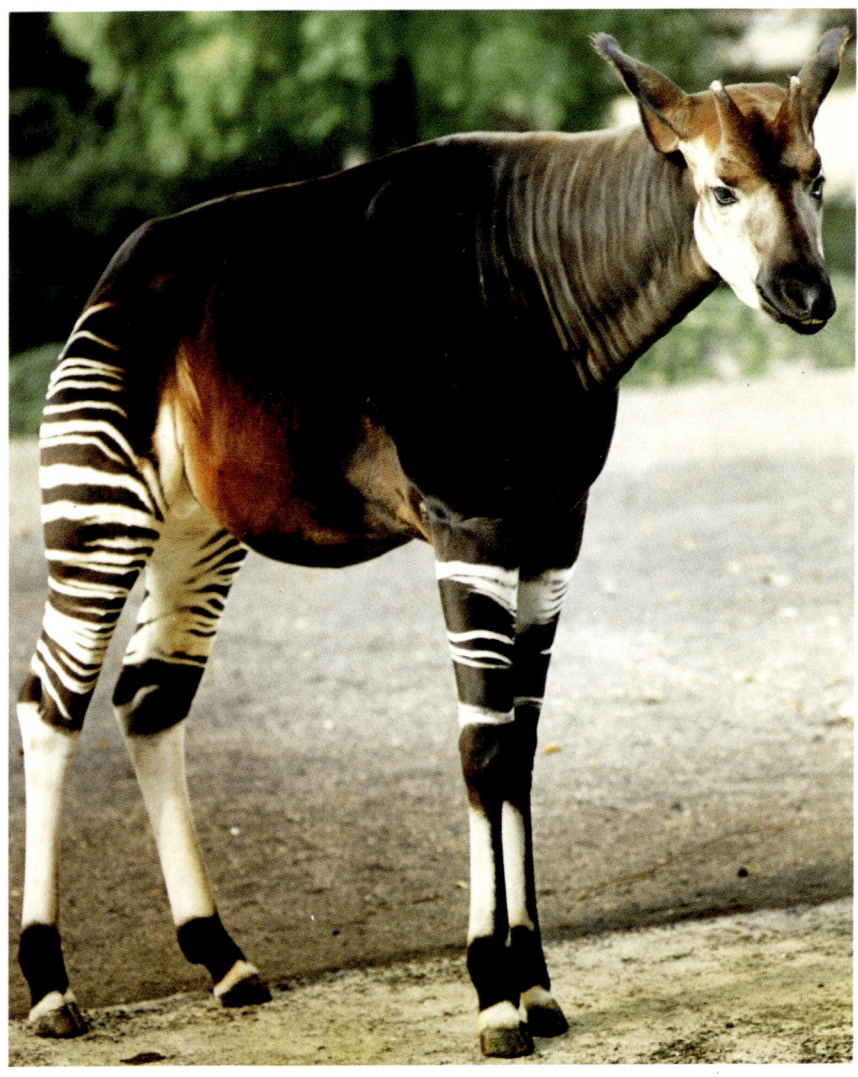

Abb. 13   Das Okapi *(Okapia johnstoni)* kommt ausschließlich in den schwer zugänglichen
Wäldern Zaires vor. Wilderei und Besiedlung des Lebensraumes stellen für das
Okapi die größte Gefährdung dar. Im Zuchtbuch waren Ende 1991 76 Tiere
registriert. Der Bestand im Freiland wird auf etwa 10 000–20 000 Tiere geschätzt.
Das entspricht einer Bestandsdichte von etwa einem Paar pro Quadratkilometer.
Bisher wurden keine Okapis in Zaire ausgewildert. (Foto: E. Müller, Zoo Frankfurt)

Abb. 14   Der Mähnenwolf *(Chrysocyon brachyurus)* ist ein vorwiegend solitär lebender
Wildhund Südamerikas. Er kommt in den Grassavannen und in lichten Baum-bzw.
Buschsteppen von Ostbolivien, dem mittleren und südlichen Westbrasilien und
südlich bis Paraguay und Nordargentinien vor. Im Gegensatz zu anderen
Wildhunden besteht seine Nahrung zum Teil auch aus pflanzlichen Bestandteilen
(Wildfrüchte, Beeren). Der Mähnenwolf ist im Freiland in manchen Gegenden des
Verbreitungsgebietes gefährdet, aber nicht bedroht. In den Zoologischen Gärten
wurden weltweit 1991 392 Tiere in 111 Institutionen gehalten. Auswilderungs-
versuche wurden noch nicht durchgeführt. (Foto: E. Müller, Zoo Frankfurt)

Abb. 15   Die Arabische Oryx-Antilope *(Oryx leucoryx)* war noch im vergangenen Jahrhundert
in weiten Teilen der arabischen Halbinsel verbreitet. Sie ist dort 1972
ausgestorben. Seit 1962 existiert, ausgehend von 3 Wildfängen und 4 gehaltenen
Tieren, eine Erhaltungszucht unter Zoobedingungen, zunächst im Zoo Phoenix/
Arizona, ab der zweiten Hälfte der 70er Jahre in mehreren Zoos der Welt. Am
31. 12. 1991 waren im Studbook 1483 Tiere verzeichnet. Die Rückführung auf die
arabische Halbinsel begann 1978, zunächst nach Jordanien und Israel, dann nach
Oman, Abu Dhabi, Saudi Arabien, Qatar, Dubai, Bahrein. Dort werden die Antilopen
teilweise in Gehegen gehalten, teilweise bereits in neu errichtete Reservate
ausgewildert. Laut Studbook lebten auf der arabischen Halbinsel Ende 1991 etwa
950 Tiere. (Foto: G. Stangler, Zoo Hannover)

Abb. 16   Das Verbreitungsgebiet des Balistars oder Rothschild's Mainas *(Leucopsar
rothschildi)* ist heute auf den Nordwesten Balis – noch ganze 100 km^2 –
beschränkt. Die Art ist mit einem Freilandbestand von weniger als zwanzig
Exemplaren extrem bedroht. In Zoos allein leben etwa 500 Balistaren, eine
unbekannte Zahl lebt bei Privatzüchtern. Ein Europäisches Erhaltungszucht-
Programm für diese Art wird im Kölner Zoo von Theo Pagel geführt. Nachzuchten
vom Jersey Zoo und von amerikanischen Zoos wurden wieder angesiedelt.
(Foto: Chr. Schmidt, Zoo Zürich)

Abb. 17   Der Fischotter *(Lutra lutra lutra)* zählt zu den am stärksten von der Ausrottung
bedrohten Säugetierarten in Europa. Die Bestände gehen überall zurück. In
Luxemburg, Liechtenstein und der Schweiz gilt der Fischotter als ausgestorben.
Vor allem die Intensivierungsmaßnahmen in Land-, Fisch- und Wasserwirtschaft
tragen dazu bei, daß der Lebensraum für diese sensible Wassermarderart weiter
schrumpft. Besonders schwerwiegend wirken sich die Zerstörung der Ufergebiete
durch wasserbauliche Maßnahmen und die Verseuchung unserer Gewässer aus. Im
Zuchtbuch, das von Dr. Peter Vogt, Krefeld, geführt wird, waren 1990 161 Tiere
registriert. In der Schweiz werden erste Auswilderungsversuche durchgeführt.
(Foto: W. Hall, Tiergarten Hoyerswerda)

Abb. 18   Der Waldrapp *(Geronticus eremita)* ist Anfang des 17. Jahrhunderts aus Europa
verschwunden – vermutlich auch, weil die Jungvögel als Delikatesse galten. In der
Türkei, seinem östlichen Verbreitungsgebiet, ist der Waldrapp ausgestorben, in
Marokko ist er höchst bedroht. Außerhalb der Zoos leben wahrscheinlich nicht
mehr als 200 Vögel. Waldrappe werden in vielen zoologischen Gärten gepflegt und
brüten bei entsprechender Haltung erfolgreich. Auswilderungsversuche gestalten
sich schwierig, da Jungvögel lange von ihren Eltern betreut werden müssen.
(Foto: Zoo Innsbruck)

Abb. 19   Der Orang Utan *(Pongo pygmaeus)* kommt in zwei Unterarten in Nordsumatra bzw. in Teilen Borneos vor. Die Abholzung der tropischen Regenwälder stellt für ihn die größte Gefährdung dar. Im Zuchtbuch waren 1990 680 Tiere registriert, davon sind 462 Tiere bereits im Zoo geboren. Der Bestand wird heute auf knapp 150 000 Tiere geschätzt, wovon allerdings nur rund 20 000 Tiere in Nationalparks und Schutzgebieten einigermaßen sicher sind. Einige Hundert beschlagnahmter Orang Utans wurden von verschiedenen Rehabilitationszentren wieder ausgewildert, darunter einige wenige zoogeborene Tiere. (Foto: D. Poley, Tiergarten Heidelberg)

Abb. 20 Der Mönchsgeier *(Aegypius monachus)* ist ein typischer Bewohner von
Gebirgslandschaften. Er lebt in Einehe und benutzt seine Horste über mehrere
Jahre hinweg. Pro Jahr wird allerdings jeweils nur ein Ei gelegt und ein Junges
aufgezogen. In Mitteleuropa ist der Mönchsgeier ausgestorben. Man findet ihn
noch in Südspanien, auf dem Balkan, der Krim, im Kaukasus und in Vorder-,
Zentral- und Ostasien. Seit wenigen Jahren gibt es ein Europäisches
Erhaltungszuchtprogramm, das von Dr. Konen Brower, Amsterdam, geführt wird.
Auswilderungsversuche in Mallorca und Frankreich wurden von Evelyn Tewes
durchgeführt. (Foto: Alpenzoo Innsbruck)

Abb. 21   Das Przewalskipferd *(Equus p. przewalskii)* ist die Stammform aller
           Hauspferderassen. Einstmals von Westeuropa bis Ostasien verbreitet, wurde es
           über die Jahrhunderte immer weiter verdrängt. Die letzten Przewalskipferde
           wurden in den 60er Jahren in der Mongolei gesehen. Nachdem der Bestand in
           menschlicher Obhut nun auf mehr als 1000 Tiere angewachsen ist, wird dort, in
           der dsungarischen Wüste, ein Wiederansiedlungsprojekt vorbereitet.
           (Foto: R. Schlosser, Zoo Köln)

Abb. 22   Der Sibirische oder auch Amurtiger *(Panthera tigris altaica)* hat seine Verbreitung
im fernen Osten Rußlands, der Mandschurei und den nördlichen Teilen der
Koreanischen Halbinsel. Ein Jagdverbot bestand in der Sowjetunion seit 1947, in
China seit 1950. 1960 lagen die Bestandszahlen bei 50 bis 100 Individuen. In den
folgenden 3 Jahrzehnten stiegen sie auf ca. 450 Exemplare. In den letzten Jahren
wuchs die Bedrohung durch Wilderei, denn Felle und Knochen werden in China
und anderen ostasiatischen Ländern sehr gut bezahlt. Im Zuchtbuch sind bisher
3793 Individuen registriert. Am 31. 12. 1991 lebten in den regelmäßig für das
Internationale Tigerzuchtbuch meldenden Zoologischen Gärten 652 Amurtiger.
Auswilderungsversuche wurden bisher nicht unternommen. Wegen der Gefährdung
der ortsansässigen Bevölkerung ist auch dringend davon abzuraten.
(Foto: R. Hausmann, Zoo Leipzig)

Abb. 23   Der Hyazinth-Ara *(Anodorhynchus hyacinthinus)* war ursprünglich in weiten Teilen
Brasiliens verbreitet. Er bevorzugt offenere Flächen, Sumpfland sowie Palmhaine.
Der Bestand ist durch starke Verfolgung bis auf ca. 1000 Tiere im Pantanal
dezimiert mit der akuten Gefahr, daß er völlig zusammenbrechen kann.
Hauptgrund für den starken Rückgang ist der Fang für den Heimtiermarkt, wo der
große, stahlblaue Vogel inzwischen illegal, aber sehr hoch gehandelt wird. Seit
1989 existiert ein Europäisches Erhaltungszucht Programm (EEP) für diese Art und
seit 1991 ein SSP (Species Survival Plan) in Nordamerika. Beide Zuchtprogramme
kooperieren gut. Der Bestand im EEP beträgt 1992 263 Vögel, 1989 waren nur 5
Zuchtpaare im EEP. 1992 waren es bereits 13 züchtende sowie ca. 25
eierlegende, aber noch nicht aufziehende Paare. Ziel der beiden Programme ist es
zunächst einmal, einen stabilen Volierenbestand aufzubauen. Ob später eine
Wiedereinbürgerung erfolgen kann, ist derzeit fraglich. Der Druck der Wilderer auf
die verbleibende Restpopulation im Pantanal ist zu groß. Erst wenn effektive
Schutzmechanismen vorhanden sind (und auch umgesetzt werden) und die
Bevölkerung vor Ort bereit ist mitzumachen, hat eine solche Aktion eine Chance.
(Foto: H. Lücker, Zoo Dresden)

Menschen im Zoo

Lothar Dittrich

In unseren Zoologischen Gärten halten sich an den meisten Tagen des Jahres weit mehr Menschen auf als Tiere dort leben. Diese Feststellung verblüfft im ersten Moment, da wir gewohnt sind, den Zoo als einen »Ort der Tiere« zu betrachten. Gleichwohl ist der Zoo *für* die Menschen da, zu ihrer Freude, Bildung, Erholung. Nicht vergessen werden sollen die Menschen, die sich im Zoo um das Wohlergehen der Tiere, den reibungslosen Ablauf des Zoobetriebs, die Betreuung der Besucher und den wirtschaftlichen Erhalt des Zoos bemühen. Menschen sind für den Zoo deshalb ebenso unabdingbar wie die Tiere.

Die Zoobesucher

Im Jahr 1990 konnten die im Verband Deutscher Zoodirektoren zusammengeschlossenen 36 größeren Zoos rund 30 Millionen Besucher zählen. Deshalb ist es nicht verwunderlich, daß man im Zoo nicht nur auf die Bedürfnisse der Tiere achtet, sondern auch auf die der Besucher. Mehr als 90% der Besucher kommen, so ergaben Befragungen in verschiedenen deutschen Tiergärten, um Tiere zu sehen. Dieses Ergebnis ist nur scheinbar banal, zeigt es doch, daß neben den selbstverständlichen noch andere Wünsche an den Zoobesuch existieren. Beim Nachfragen stellte sich heraus, daß die meisten Besucher nicht nur erwarten, interessante, gesunde, artgemäß gehaltene Tiere gut beobachten zu können, sondern daß für sie auch die sogenannten »Randbedingungen« des Zoos sehr wichtig sind.

Die meisten Besucher erreichen den Zoo mit dem eigenen Wagen und möchten diesen möglichst nahe am Eingang abstellen. Gute Parkmöglichkeiten fördern also den Zoobesuch. Warteschlangen an der Zookasse sollte es auch an Spitzenbesuchstagen nicht geben. Nach Passieren der Pforte möchte man sich schnell über die räumliche Situation und die Wegeführung im Zoo informieren. Eine gute Ausschilderung ist dafür unerläßlich. Viele Zoobesucher, auch das ergab sich aus Befragungen, halten sich länger als 2½ Stunden im Zoo auf, eine größere Anzahl fast doppelt so lang. Sie möchten in der Regel während des Zoobesuches etwas zusichnehmen und erwarten, daß sie sich einfach und preiswert, aber in einer angenehmen Umgebung beköstigen können. Man will sich während des Zoobesuches auch erholen, aus dem Besucherstrom heraustreten und an einem ruhigen Platz ausruhen. Die Kinder sollen derweilen ihren altersbedingten Aktivitätsüberschuß nicht auf Geländern und Parkbänken, sondern möglichst auf einem Spielplatz abreagieren. Picknickmöglichkeiten, Babywickelraum, öffentliche Fernsprecher, selbstverständlich Toilettenanlagen, Waschgelegenheit, kurz alles, was Servicestandard in unseren urbanen Zentren ist, soll vorhanden sein.

Um diesen Besucherwünschen entgegenzukommen, muß der Zoo für Investitionen und Erhaltungsmaßnahmen nicht wenig Finanzmittel bereitstellen. Die »Randbedingungen« spielen jedenfalls für die Zufriedenheit der Besucher eine wichtige Rolle und auch dafür, daß sie gern wiederkommen.

▬ Was erwarten die Besucher vom Zoo?

Zu allen Zeiten in der langen geschichtlichen Entwicklung unserer Tiergärten hatten die Besucher eine ganz bestimmte Vorstellung von der Umgebung, in der die Zootiere leben sollten. Und diese hat sich wiederholt geändert. Das Kapitel »Tiere im Zoo« geht darauf ausführlich ein, deshalb folgt hier nur eine knappe Zusammenfassung: Mitte des vorigen Jahrhunderts hatte man eine romantische Vorstellung von Natur: Man wollte Tiere im Zoo erleben »wie in der Natur«. Für Eulen schien eine künstliche Ruine angemessen zu sein, für Bären ein mittelalterliches burgenartiges Verlies. Dann hielt der Exotismus Einzug in den Zoo, und nun war die Imitation eines ägyptischen Tempels die angemessene Unterkunft für Strauße und die birmanische Pagode für Asiatische Elefanten. Als die Diskussion um Darwins Abstammungslehre die Gemüter erhitzte, war »Artenkenntnis« unerläßlich, wenn man mitreden wollte. So entstanden die großen Käfig- und Gehegegalerien. Carl Hagenbecks Tierpark beendete mit seiner Eröffnung 1907 diese Entwicklung, als auf einem preußischen Rübenacker bei Hamburg eine verschiedenen Naturlandschaften nachempfundene Parkgestaltung zu sehen war.

Ende der 20er Jahre zog die funktionalistische Architektur in die Tiergärten ein, und man erlebte die Zootiere nun in ihren Gehegen »wie auf einer Bühne«. Mit der Perfektionierung der Betonverarbeitung entstanden funktionell optimale Tiergebäude und Anlagen, die zwar keineswegs wie Natur aussahen, in denen man aber die Zootiere artgemäß halten konnte.

Und dann änderte sich in den 60er Jahren erneut die Erwartungshaltung der Zoobesucher. Wiederum breitete sich ein romantisches Naturverständnis aus, und ein zweites Mal wollte man die Zootiere in »naturnahen« Anlagen sehen. Die Tieranlagen sollten weiträumig, reich strukturiert, möglichst bepflanzt und nicht mehr bühnenartig sein. Das Tiergehege sollte – mit den Augen des Menschen bewertet – »schön« sein. Naturästhetik spielt eine große Rolle für das Tiererlebnis im Zoo (siehe auch S. 66 ff).

Dieser pauschale und dadurch die Ansichten der Zoobesucher etwas vergröbernde Abriß des Wandels der Maßstäbe im Laufe von 150 Jahren läßt zweierlei deutlich werden: Zum einen, die *Zootiere* mußten sich immer wieder anderen räumlichen Situationen anpassen. In einem begrenzten Ausmaß sind sie dazu auch in der Lage. Die Haltung von Wildtieren unter Zoobedingungen ist eine Anpassungsleistung der Tiere. Manche Tierarten sind dazu nicht imstande und diese können auch heute noch nicht im Zoo gehalten werden. Zum anderen, ein Zoo sieht sich immer wieder einer sich ändernden Einstellung seiner *Besucher* zur Gestaltung der Tieranlagen gegenüber. Er muß die zeitbedingte Erwartungshaltung sehr ernst nehmen und darauf eingehen, will er seine Hauptaufgabe, seinen Bildungsauftrag erfüllen. Der Zoo möchte nicht nur Informationen über Wildtiere vermitteln. Er will vor allem auch Zuneigung zu Tieren, Tierliebe entwickeln als Hintergrund für ein immer besseres Naturverständnis, für Akzeptanz und Engagement möglichst vieler Menschen für die Maßnahmen des Natur- und Tierschutzes. Die Befriedigung der Erwartungshaltung der Zoobesucher spielt deshalb für die Erfüllung seines Bildungsauftrages die entscheidende Rolle. Die Auffassung, wie man Tiere im Zoo erleben sollte, wird sich auch in Zukunft irgendwann wieder ändern. Es wird also niemals den idealen Zoo geben, den zu Ende und fertiggebauten. Ein Zoo muß immer wieder in die Lage versetzt werden, sein Gesicht dem Zeitgeschmack seiner Besucher anpassen zu können. Er ist kein Baudenkmal, keine historische Park- und Gehegelandschaft, die es im Sinne des Denkmalschutzes zu bewahren gilt.

Welche Tiere möchten die Besucher sehen? Man könnte annehmen, das seltene, vielleicht noch niemals gesehene Wildtier hätte die größte Attraktivität für die Zoobesucher. Dem ist aber nicht so, zumindest nicht im 20. Jahrhundert. Als 1931 der Zoo Hannover von der Stadtverwaltung an eine große international bedeutende Tierhandlung verpachtet wurde, nutzte diese den Zoo als Schaufenster ihrer Leistungsfähigkeit. Immer wieder neue und darunter auch viele sehr seltene Tiere, die sich ein eigenständiger Zoo dieser Finanzkraft hätte damals nicht leisten können, kamen nach Hannover. Der Zoo Hannover warb nun mit dem Slogan »reicher, immer wieder wechselnder Tierbestand«. Er hatte damit aber keinen Erfolg. Gewiß gibt es unter den Besuchern jedes größeren Zoos einige zehntausend Tierfans, für die seltene und neue Tiere zu sehen, der wichtigste Anlaß sind, in den Zoo zu kommen. Die weitaus größere Zahl der Zoobesucher möchte aber vor allem die ihnen schon vertrauten Tierarten wiedersehen und sehr viele unter ihnen wollen die persönlich bekannten Tierindividuen neuerlich besuchen.

Man hat in mehreren deutschen Tiergärten die Besucher immer wieder einmal nach den beliebtesten Zootieren gefragt. Affen haben einen hohen Stellenwert in der Beliebtheitsskala, und dann vor allem Tiere, die in der Spiel- und Märchenwelt der Kinder eine große Rolle spielen, wie Bären oder Elefanten, Strauße, Löwen oder Wölfe, Pinguine, Papageien, Känguruhs und Pferde. Selbstverständlich wird sich ein Zoo nicht allein nach der Erwartung seiner Besucher richten, sondern auch seinen Auftrag nach umfassender Information im Auge haben bzw. sich daran orientieren, welche Tierarten nach der historisch überkommenen Infrastruktur des Zoos und den speziellen Fähigkeiten seiner Tierpfleger gehalten werden können. Er wird sich aber immer wieder überlegen, wie er seine Besucher an das Erlebnis Tier heranführen kann. Spezialisierungen auf eine bestimmte Tiergruppe oder auf die Tierwelt nur eines bestimmten Faunengebietes, wie auf Vögel allein, auf Tiere des Alpenraumes oder eines bestimmten Erdteiles, haben Mitte des 20. Jahrhunderts einen sehr hohen Bildungswert gehabt und waren vor allem für solche Zoos attraktiv, bei denen Touristen einen hohen Anteil der Besucher ausmachen. Im Grunde genommen wollen – nach den Befragungsergebnissen – die Zoobesucher aber sowohl Altvertrautes, Bekanntes im Zoo wiederfinden, wie zugleich Neues und noch Unbekanntes beobachten, die eine oder andere Spezialität entdecken, wie die Tierarten wiederfinden, ohne die ein Zoo ihrer Meinung nach unvollständig wäre.

Was bietet der Zoo seinen Besuchern?

Die meisten Zoobesucher sind neugierig, wenn sie die Zoopforte hinter sich gelassen haben, begierig darauf, mehr über Tiere zu erfahren oder bereits über sie Gewußtes bestätigt zu bekommen bzw. vertiefen zu können. So ist es eine der wichtigsten Aufgaben des Zoos, Informationen über die gezeigten Tiere an die Besucher heranzutragen. Die Beschilderung an den Gehegen gibt die ersten Auskünfte über wichtige biologische Daten und Merkmale, über die Herkunft der Tiere, nennt das Geburtsdatum und manchmal auch die Kosenamen der Tiere. Weitergehende Informationen liefern die gedruckten Zooführer, auch wenn viele Zoobesucher diese erst nach dem Zoobesuch nutzen und nur dann vor dem Gehege hineinschauen, wenn ganz besonders brennende Fragen auftauchen, die man sofort beantwortet haben möchte. In vielen Zoos finden sich oft didaktisch sehr interessant gestaltete große Schautafeln, die über im Zusammenhang mit den ausgestellten Tierarten wichtige Fragen der Evolution informieren, beson-

Abb. 24   Akustische Information der Zoobesucher. (Foto: Archiv Zoo Frankfurt/Main)

dere physiologische Merkmale oder solche des Körperbaues herausstellen, über aktuelle Fragen der Bedrohung dieser Tierarten in der Natur und die für ihre Erhaltung ergriffenen Schutzmaßnahmen, über Besonderheiten ihres Soziallebens oder ihrer Zucht im Zoo und andere Themen berichten.

Am ergiebigsten sind sicher Führungen durch den Tierbestand. Dies ist aber auch die aufwendigste Methode der Besucherinformation und in allen Zoos nur in einem begrenzten Umfang möglich. Ein besonderes Anliegen derjenigen Zoobesucher, die mehrmals im Jahr ihren Zoo besuchen, ist es, aktuelle Informationen über bestimmte, ihnen vertraute Tierindividuen zu bekommen, intime Hintergrundinformationen sozusagen. Im Zoo Hannover steht das System »Der springende Punkt« dafür zur Verfügung. Schnell mit der Schreibmaschine aufzuschreibende, kurzfristige und aktuelle Informationen werden in den auffälligen mobilen Informationskugeln angeboten und von vielen Zoobesuchern gern gelesen.

Allen pädagogischen Wünschen und Versuchen zum Trotz ist und bleibt die Begegnung mit dem lebenden Tier das Interessanteste, Spannendste am Zoobesuch.

Abb. 25   Schnelle Information der Zoobesucher über aktuelle, nur kurzfristig zu
            beobachtende Ereignisse bei Tieren:
            Der »Springende Punkt« ist eine transportable Kugel mit drehbarer Walze, die
            mit großgeschriebenen Schreibmaschinenblättern bespannt und mit Plexiglas
            abgedeckt wird. (Foto: Archiv Zoo Hannover)

Die Zahl derjenigen, die persönliche Erfahrung mit wildlebenden Tieren haben, wird immer kleiner. In den Schulen, selbst bei der Universitätsausbildung von Biologen spielt die Beobachtung lebender Tiere in ihrer natürlichen Umwelt eine immer geringere Rolle. Ausflüge und Exkursionen in die Natur finden kaum noch statt. Dieser Entfremdung vom Wildtier steht gegenüber, daß durch die Medien vor allem durch das Fernsehen der Informationsfluß über Tiere, über exotische wie heimische, über ihre spezifischen Lebensräume, ihr Verhalten, ihre Beziehungen zu anderen Tieren, ihre Wohngebiete noch niemals so groß war wie in unserer Zeit. Nimmt man die verschiedenen Fernsehprogramme zusammen, kann man beinahe jeden Tag eine Sendung über Tiere sehen. Und in vielen Ausgaben der großen illustrierten Zeitschriften findet sich auch ein Bericht über Tiere. Schließlich ermöglichen die Reiseveranstaltungs- und Touristikorganisationen immer mehr Interessierten, zumindest die Großtierfauna fremder Länder kennenzulernen, Erlebnisse, die einige Jahrzehnte zuvor nur Forschungsreisende oder sehr wenige, wohlhabende Persönlichkeiten haben konnten. In diesem Informationsfeld über Tiere hat der Zoo seinen spezifischen Platz.

Befragungsaktionen in verschiedenen Zoos, aber auch die Beobachtung des Besucherstromes haben eindeutig erwiesen, daß Fernsehfilme über Tiere für den Zoo keine Konkurrenz darstellen, eher im Gegenteil den Zoobesuch fördern. Vermutlich spüren viele Tierfreunde, ohne sich dessen bewußt zu sein, daß auch der beste Tierfilm Tiere nur eingeschränkt erlebbar macht.

Nach 25 Jahren Erfahrung als Mitarbeiter in einer Fernsehredaktion, die mehr als 150 Sendungen über wildlebende und gehaltene Tiere herausgebracht hat, sind mir die Grenzen der Möglichkeiten des Filmes, Kenntnisse über Tiere zu vermitteln, sehr deutlich geworden. Jeder gute Tierfilm ist nach bestimmten Regeln dieses Mediums aufgebaut. Um in der Vielfalt des Programmangebotes Aufmerksamkeit zu erreichen, muß das Filmthema Neugierde wecken, um sich die Gunst des Zuschauers zu erhalten, muß der Filmablauf spannend sein. Es muß dramatische Höhepunkte geben, die Tiere müssen aktiv sein, man muß sie bildfüllend zeigen, auch auf die Gefahr hin, daß Nebenereignisse ausgeblendet werden. Wenn der Film sehr gut gemacht ist, merkt der Zuschauer die filmdramaturgische Bearbeitung des Themas nicht. Nicht nur weil die Sendezeiten knapp sind, auch weil die Aufmerksamkeit der Zuschauer erlahmen könnte, werden viele biologische Abläufe im Fernsehen gewissermaßen mit dem Zeitraffer vorgeführt. Sieht man von kurzdauernden biologischen Abläufen ab, zeigt der Film deshalb nicht alle Ereignisse des tatsächlichen biologischen Vorganges. Der Film hat allerdings auch einzigartige Vorteile. Die große Nähe der Kamera am Ort der Ereignisse läßt Details deutlich werden, die mit dem bloßen Auge nicht erkennbar wären. Mit optisch weitreichenden Kameras kann man ungestörtes Verhalten von Tieren beobachten, was von nahem nur erfahrenen Tierbeobachtern möglich wäre. Die Technik macht es möglich, Tiere im Dunkeln, in Baumwipfeln oder unter der Erde, unter Wasser wie über den Wolken zu beobachten. Und dennoch, Drehbuch, Kameralinse, das Auge des Kameramannes, das künstlerische Empfinden der Filmcutterin, auf deren Arbeitstisch aus den gefilmten Sequenzen der Sendefilm entsteht, und die Gesetze des Filmes stehen zwischen Tier und dem Auge des Zuschauers. So ergab sich in den letzten 3 Jahrzehnten, daß gute Fernsehfilme für die live-Beobachtung der Tiere im Zoo warben und diese nicht entbehrlich machte.

Wer an Natur- und Tierschutz oder an Bildungspolitik interessiert ist, wünscht sich noch aus einem anderen Grund, daß möglichst viele Bürger Tiere unmittelbar erleben. In vielen Filmen und gedruckten Geschichten handeln die Tiere nicht als Naturwesen, sondern als Objekte der menschlichen Fantasie, oder sie sind verfremdet, weil sie sich nicht ihrer Art gemäß, sondern menschenähnlich verhalten. So gilt es gerade bei Kindern die Unterscheidung zwischen wirklichen Tieren und ihrer Welt von den Fantasiegestalten in den Medien und in der Literatur zu fördern, um nicht falsche Vorstellungen von der Natur, von den Bedürfnissen und den ökologischen Beziehungen zwischen Tieren entstehen zu lassen. Daher steht die schlichte Vermittlung der Kenntnisse über Tiere unseres eigenen wie fremder Faunengebiete nach wie vor im Vordergrund der Aufgaben des Zoos. »Wissen ist Macht« hat der Arbeiterführer August Bebel einmal formuliert. Es stärkt das Selbstbewußtsein, wenn man von Tierarten, die in der derzeitigen Umwelt- und Naturschutzdiskussion oder die in unserer Kulturgeschichte eine Rolle spielen oder gespielt haben, eine konkrete Vorstellung hat.

Jeder Bürger unseres Landes könnte ein Känguruh beschreiben oder den Elefanten, die Giraffe, das Flußpferd oder Krokodil, einen Affen oder den Braunbären. Dabei kommt es natürlich nicht darauf an, daß jeder weiß, wie ein Braunbär aussieht, wie er sich bewegt, was er frißt und wo man ihn finden könnte, falls es ihn in der Wildbahn auch in Zukunft noch gibt. Doch das Wissen darum, daß es viele, sowohl sehr verschiedene Tierarten gibt, die sich in mancher Beziehung ähneln und dann wieder so grundsätzlich verschieden sind, ist ein wichtiges Fundament für das Verständnis der Welt, in der auch wir leben. Man kann im Zoo erfahren, daß die Natur eine Geschichte hatte, aber auch eine Zukunft haben wird und zwar eben nicht die Zivilisationswelt des Menschen, sondern die, die auch ohne ihn existiert. Der Zoo ist für Abermillionen Menschen die wichtigste

Informationsquelle, daß die Welt, die wir so gerne als die unsrige bezeichnen, viel reicher an Lebensformen ist, als wir in unserer unmittelbaren Erfahrensumwelt sonst bemerken. Wer je in einem Zoo erlebt hat, wie eine Tiermutter ihr Kind betreut, wer die Zootiere hat spielen sehen, wer ihre faszinierende Selbstdarstellung bei der Werbung um den Partner oder zur Behauptung des sozialen Status erfahren hat, der ist auch gefühlsmäßig darauf vorbereitet, die Forderungen des Natur- und Tierschutzes ernst zu nehmen. Um in Tieren wirklich die Mitgeschöpfe zu sehen, auch in Situationen, in denen man sich über sie ärgert oder gar von ihnen geschädigt wurde, muß man Beziehungen zu ihnen haben. Unendlich viele Menschen sammeln die ersten Erfahrungen mit Tieren im Zoo. Nur für das, was man kennt, ist man bereit, sich auch zu engagieren, sei es direkt für Aufgaben des Tier- und des Naturschutzes, sei es auch nur indirekt, indem man Einschränkungen der persönlichen Freiheit, z. B. solche, die aus Gründen des Naturschutzes unvermeidlich sind, akzeptiert.

Vielen Menschen sind sogar Haustiere schon fremd. Welches Großstadtkind hat je Hühner oder Schweine »als Nachbarn« erlebt? In vielen Zoos gibt es aus diesem Grund eine Abteilung mit Haustieren, wie Eseln oder Ziegen, die man aufsuchen, wo man die Tiere meist auch füttern kann. Anderen etwas abzugeben ist eine Anlage, die man bei Kindern unbedingt fördern sollte. Leider ist es in den großen Zoos in der Regel nicht möglich, daß die Zoobesucher die Tiere füttern dürfen, um Futterschäden und Überfütterungen zu vermeiden, oder auch sozialen Streit unter den Tieren und Herausbildung eines auf den Besucher bezogenen Verhaltens. In einigen Kinderzoos oder auf sogenannten Streichelwiesen aber ist die Fütterung der Tiere möglich und Kinder können ihre Zuneigung zu Tieren ausleben. Zugleich bemerken sie aber auch, daß Tiere Persönlichkeiten mit eigenem Willen und mit Durchsetzungsvermögen sind, gleichfalls eine wichtige Erfahrung. Man kann den Tieren die Gegenliebe nicht befehlen. Man muß vielmehr durch richtiges Verhalten um ihre Aufmerksamkeit und Zuneigung bemüht sein.

Leider sieht der Mensch meist nur das in der Umwelt, was er schon kennt. Um eine Schulung der eigenen Beobachtungsfähigkeit kommt man nicht herum, will man sich einen scharfen Blick zulegen. Die Beobachtungsfähigkeit von Kleinkindern und zugleich auch ihre Bindungsfähigkeit an ein Ereignis läßt sich ausgezeichnet im Zoo fördern. Kommentiert die Begleitperson ein wenig das Verhalten eines Tieres, das das Interesse des Kindes gefunden hat, kann man auch Kleinkinder viele Minuten an einen Vorgang fesseln. Selbstverständlich kann man Konzentrations- und Beobachtungsfähigkeit bei Kindern auch anderswo fördern, etwa in einem Museum. An Tieren fällt das aber erfahrungsgemäß leichter.

Fast alle Zoologischen Gärten haben heute eine schulpädagogische Abteilung. Demonstrationsführungen mit fixierten Lernzielen werden von eigens dafür geschulten Zoolehrern (siehe auch S. 140 ff) für alle Schultypen und alle Klassenstufen durchgeführt. Für etwa 1 Million Schüler hat in Deutschland der Zoobesuch im Rahmen des Unterrichts einen ähnlichen Wert wie die Demonstrationen in den anderen naturwissenschaftlichen oder allgemeinbildenden Fächern innerhalb der Schule.

Wenn durch diese Aufzählung auch der Eindruck entsteht, der Zoo sei so etwas wie eine übergroße Schule des Lebens auf dem speziellen Gebiet der Tierkunde, so weiß selbstverständlich jeder Zoobesucher, daß die Erlebnisse mit Bildungswert im Zoo sozusagen nebenbei vermittelt werden. Es ist einfach anregend, durch einen Zoo zu gehen und vielfach amüsant, den Tieren zuzuschauen, es ist auch, von Spitzentagen abgesehen, erholsam im Zoo und sein Besuch ist glücklicherweise noch nicht so teuer wie z. B. der eines Vergnügungsparkes.

Wer geht in den Zoo?

Die meisten Zoologischen Gärten liegen heute im Inneren großer Ballungszentren, nachdem sich die Städte in den zurückliegenden hundert Jahren gewaltig ausgedehnt haben und um sie herumgewachsen sind. Einst wurden sie vor den Toren gegründet. Nach Besucherstatistiken kommen in die großen, in den Städten liegenden Zoos nicht mehr als 20−40% der Besucher aus der Gemeinde selbst. Die Mehrzahl reist aus der näheren und weiteren Umgebung an. Zumindest für diese ist der Zoobesuch ein Tagesausflug, der vorgeplant ist. Einen spontanen Entschluß, in den Zoo zu gehen, treffen demgegenüber sehr wenige.

Statistiken haben ergeben, daß die jüngeren Altersgruppen unter den Zoobesuchern stärker vertreten sind als die älteren. Nur im Berliner Zoo machen Ältere etwa ein Viertel aller Zoobesucher aus. Da in unserer Gesellschaft der prozentuale Anteil älterer Mitbürger entsprechend der gestiegenen Lebenserwartung bei sinkender Kinderzahl noch immer ansteigt, müssen Zoos der Frage, wie sie auch für ältere Mitbürger zum wichtigsten Naherholungsziel werden können, noch Aufmerksamkeit widmen.

Der Wunsch, Kindern Tiere näher zu bringen, ist für die meisten Eltern der Anlaß zum Zoobesuch. Es wäre aber falsch, daraus zu schließen, ein Zoo müßte sich in erster Linie am Erlebnisvermögen von Kindern orientieren. Das Verhältnis von Erwachsenen und Kindern beträgt in den daraufhin untersuchten Zoos etwa 2 : 1. Als im Zoo Hannover ein neuer, sehr attraktiver Kinderspielplatz eingerichtet wurde, stieg die Besucherzahl signifikant an, die der Erwachsenen um etwa das Doppelte wie die der Kinder. Etwas pauschal formuliert kann man sagen, daß mit jedem Kind zwei Erwachsene in den Zoo kamen. Wenn auch der Wunsch, die Erlebniswelt der Kinder zu bereichern, der Anlaß für viele Familien zum Zoobesuch ist, der Zoo muß vor allem auch für Erwachsene attraktiv sein.

Die Zoobesucher kommen aus allen Altersgruppen und sozialen Schichten der Bevölkerung. Interesse an Tieren ist in allen Bevölkerungskreisen zu finden. Um Tiere zu erleben, bedarf es weder einer speziellen Begabung noch einer besonderen Schulung. Die Vermittlung von Informationen über die Zootiere an eine so weitgefächerte Klientel bedeutet daher einen gewissen Schwierigkeitsgrad. Manche Zoos helfen sich derart, daß sie für bestimmte Gruppierungen spezielle Informationsmittel bereithalten, etwa einen Kinderzooführer oder für herangewachsene Jugendliche einen Zooführer in Rätselform, neben dem allgemeinen Zooführer ein Angebot an über ein Thema spezieller informierender Einzelblätter, die man in einer Sammelmappe je nach Interessenlage abheften kann usw. Auch die Zooführungen nehmen selbstverständlich auf die Interessenlage der Teilnehmer Rücksicht. Es gibt Sonderveranstaltungen, die speziellen tiergartenbiologischen Themen gewidmet sind, etwa im Rahmen der Volkshochschule und es gibt am anderen Ende der Skala der Möglichkeiten im Zoo ausgerichtete Kindergeburtstage mit einem kleinen Beiprogramm im Tiergarten. Einige Zoodirektoren sind in die Ausbildung von Studenten eingebunden und nutzen den Tierbestand zu Demonstrationen. Studenten von Kunsthochschulen und Werkkunstschulen studieren die Zootiere, Vereinigungen von Hobbyfotografen finden im Zoo ihre Objekte. Zoologische Gärten gehören schließlich zu den Institutionen im Strauß des kulturellen Angebotes in der Stadt, die auch ohne gute Kenntnisse der deutschen Sprache genutzt werden können. Sie spielen daher als Freizeiteinrichtung für die Gastarbeiter und ihre Angehörigen eine Rolle auch im Sinne ihrer gesellschaftlichen Integration. Um vor allem Touristen, die die deutsche Sprache nicht beherrschen, zumindest einen ersten Zugang zum Tierbestand zu ermöglichen, ist auf den Tierschildern häufig der englische Name des Tieres sowie der lateinische für ein Nachschlagen in der Fachliteratur vermerkt. Zoos in Randlage unseres Landes nehmen meist auch Informationen in der Sprache des Nachbarlandes in die Tierschilder auf.

Diejenigen, die aus ethischen Erwägungen gegen die Haltung von Wildtieren unter Zoobedingungen sind und den Kreis der Nichtzoobesucher bilden, machen nach Befragungen etwa 5−6% der Bevölkerung aus. Sie sind gegenüber denen, die positiv zum Zoo eingestellt sind, eine kleine

Minderheit, wenn auch zeitweilig in einigen Medien eine sehr engagierte Kritikergruppe des Zoos.

=== Der Zoobesucher als Wirtschaftsfaktor

Zoologische Gärten haben anders als botanische Gärten oder die Museen mit öffentlicher Trägerschaft stets Eintrittsgeld gefordert. Erst in jüngster Zeit unter dem Druck hoher Unterhaltskosten der kulturellen Einrichtungen einerseits und knapper Mittel in den öffentlichen Kassen erheben auch die anderen Kulturinstitute Eintrittsgebühren. Daß der Zoobesuch stets Geld kostete, hat historische Gründe. Die Zoos waren im vergangenen Jahrhundert durchweg Gründungen der Bürger und nicht solche des Souvereigns, aus dessen Schatulle andere kulturelle Institutionen Zuschüsse bekamen. Die Bürger trugen über Aktienanteile mit ihrem Vermögen die Einrichtung, die Investitionen und in schwierigen Zeiten auch den Unterhalt der Zoologischen Gärten. Den größten Teil der laufenden Kosten sollten allerdings die Zoobesucher durch die Eintrittsgelder aufbringen. Schon wenige Jahre nach der Gründung stellte sich in den meisten Zoos aber heraus, daß die Betriebskosten viel höher waren, als die Gründerväter angenommen hatten. Viele Zoos durchliefen daher noch im vergangenen Jahrhundert finanziell schwierige Perioden und fühlten sich dazu gedrängt, durch Seitenaktivitäten, wie Völkerschauen, Musikprogramme, Bälle und andere gesellschaftliche Aktivitäten, die nichts oder kaum etwas mit ihrem kulturellen Auftrag zu tun hatten, zu Nebeneinnahmen zu kommen. Die Geschichte der Zoologischen Gärten ist ohne Berücksichtigung ihrer fast ständig bestehenden finanziellen Nöte nicht verständlich. Spätestens nach dem Ersten Weltkrieg und nach der Weltwirtschaftskrise bzw. der Inflation in Deutschland am Ende der 20er Jahre, gerieten fast alle Zoos mehr und mehr in Abhängigkeit von Subventionen aus öffentlichen Kassen. Dafür konnten sich die Eintrittspreise auch an kultur- bzw. bildungspolitischen Grundsätzen und nicht allein an ökonomischen Gesichtspunkten orientieren. Andererseits nahmen auf die Zoos mehr und mehr fachfremde Gesichtspunkte Einfluß, beispielsweise sozialpolitische mit Eintrittsvergünstigungen, und sie gerieten in die Turbulenzen, denen ihr finanzieller Träger, genauer seine Steuereinnahmen, im Laufe der Zeit immer wieder einmal ausgesetzt war. Es zeigte sich dann, daß die Zoos zwar in der Regel die am stärksten frequentierte Einrichtung im kulturellen Angebot in der Stadt waren. Es gelang ihnen aber meist nicht, die für den Verteilungskampf unter den Kulturinstituten um die begrenzten finanziellen Ressourcen notwendige engagierte Lobby vergleichbar der anderer Einrichtungen, wie Oper, Konzertwesen oder Theater zu gewinnen. Wenn einzelne Zoologische Gärten sich in ihrer Geschichte immer wieder einmal dem Vorwurf ausgesetzt sahen, sie würden die Zootiere nicht entsprechend dem Zeitgeschmack präsentieren, so war ein Grund dafür, daß ihnen die Mittel dazu fehlten. Kein Wort- oder Musiktheater könnte heute seine Besucher mit Inszenierungen aus Großvaterzeiten zufriedenstellen, kein Museum mit der Ausstellung seiner Exponate in überholter Manier. Den Zoos wird aber vielfach eine solche Präsentation ihres Tierbestandes abverlangt, ein Zustand, der bei kritischen Zoobesuchern Unbehagen und auch Vorwürfe auslöst.

Für fast alle Zoos sind die Einnahmen an den Eintrittskassen sowie Pachterträge aus den Versorgungseinrichtungen für die Besucher im Zoogelände die entscheidende Grundlage der Finanzierung ihrer Betriebskosten, weil stark witterungsabhängig allerdings eine unsichere und auch schwankende, nicht genau vorher kalkulierbare finanzielle Basis. Durch die spezifische Geschichte unseres Landes mit zwei verlorenen Weltkriegen und einer Inflation gelang es kaum einem deutschen Zoo, sich zusätzlich und unabhängig von den Einnahmen an den Eintrittskassen ständig fließende finanzielle Quellen zu schaffen, etwa aus Kapital-, Grundstücks- oder Stiftungserträgen. Erst in jüngster Zeit gewinnen neben Sponsoringmitteln auch Legate und letztwillige Verfügungen eine gewisse wirtschaftliche Bedeutung auch für die Zoos unseres Landes.

Wegen der recht unterschiedlich hohen Besucherzahlen der deutschen Zoos, ihrer sehr verschiedenen Betriebskosten und auch wegen der unterschiedlichen Wirtschaftsformen, die sie haben, ist ein direkter wirtschaftlicher Vergleich zwischen ihnen kaum möglich. In der Regel machen aber die Einnahmen der Zoos aus den Eintrittsgeldern der Besucher und aus Pachtverträgen etwa 30–50% ihrer Betriebskosten aus, so daß sie in jedem Jahr weiterer Millionenbeträge bedürfen. Die finanzielle Abhängigkeit der Zoos ist damit überdeutlich.

Die Magnetwirkung der Zoos hat für die Städte eine wirtschaftliche Bedeutung, die bei der Nutzen/Kostenbilanz eines Zoos als sogenannte Umwegrentabilität nicht außer acht gelassen werden darf. Vor allem manche der an den Wochentagen zu einem Zoobesuch in die Stadt gekommenen Besucher des Umlandes suchen außer dem Zoo mitunter noch andere Einrichtungen des Dienstleistungsangebotes in der Stadt auf, auch Geschäfte und Kaufhäuser. Zwar läßt sich diese Umwegrentabilität schwer quantifizieren, doch die Zoos sind zweifellos diejenige Institution, die, von Sonderereignissen abgesehen, die meisten Bewohner aus dem Umland in ihre Stadt locken. Eine gute Anbindung der Zoos an das örtliche Nahverkehrsnetz ist für Besucher aus dem Umland daher ebenso wichtig wie eine gute Regelung des rollenden wie des ruhenden Straßenverkehrs zum und in der Nähe des Zoos.

≡ Menschen, die sich um das Wohl der Zootiere bemühen

≡ Die Tierpfleger

Von Menschen im Zoo reden, heißt selbstverständlich auch von denen sprechen, die sich um das Wohl der Zootiere bemühen. Dabei denkt man zunächst an die Zootierpfleger, die von vielen Zoobesuchern ob ihres Arbeitsgebietes beneidet werden. Die Neigung, Tiere zu betreuen, ist anscheinend bei vielen Menschen ausgebildet und dies ist der Grund für den hohen Stellenwert, den der Beruf eines Zootierpflegers hat. Erst wenn man etwas mehr hinter die Kulissen geschaut hat, wird man erfahren, daß die Entscheidung, sich der Pflege von Tieren als Lebensberuf zu widmen, viel Engagement erfordert. Der Beruf eines Zootierpflegers ist eine Facharbeitertätigkeit, am ehesten vergleichbar einem Handwerk. Die praktische Ausbildung erfolgt in einem Lehrbetrieb und dauert in der Regel drei Jahre. Alle großen deutschen Zoos bilden Zootierpfleger aus, nicht nur für den eigenen Betrieb, sondern auch solche für kleinere und private, die keine Ausbildungsbefugnis haben.

Die Lehrausbildung umfaßt die Vermittlung von Kenntnissen und Fertigkeiten zur Pflege aller üblicherweise in den Zoologischen Gärten gehaltenen Tierarten. Solche Fähigkeiten setzen voraus, daß der Auszubildende die Lebensgewohnheiten der Zootiere, ihre Verhaltensweisen, ihren Körperbau und ihre Stoffwechselvorgänge sowie die Ansprüche der Tiere an die Haltungsbedingungen kennt. Wichtig ist die Herausbildung von Know-how: Er oder sie muß gut mit Zootieren umgehen können und wissen, wie man die Tiere ohne Zwangsmaßnahmen zu den Aktionen und Reaktionen veranlassen kann, die notwendig sind, um sie gesund zu erhalten bzw. um sie ggf. Besuchern »vorzuführen«. Die Auszubildenden müssen lernen, wie man Tierunterkünfte einrichtet, instandhält, säubert und desinfiziert. Sie müssen die Fütterung von Zootieren beherrschen, um die Zubereitung der Diäten wissen und Rationen zumessen können. Außerdem sollten sie wissen, wo und wie man Futtermittel beschafft und ohne Qualitätsverlust lagert. Aufnahme und Verdauung von Futter durch die Tiere müssen sie nicht nur überwachen, sondern auch auswerten können, einschießlich der Aufnahme von Trinkwasser. Zum Lehrstoff gehören die Kontrolle des Fortpflanzungsverhaltens der Zootiere und die Grundlagen dafür, wie verwaiste Tiere künstlich aufgezogen werden. Tierpfleger sollen in der Lage sein, Anzeichen für Unwohlsein oder Erkrankung ihrer Tiere rechtzeitig zu erkennen, deshalb müssen sie auch über Grundkenntnisse vom Zusammenhang zwischen Haltungsmethodik und Krankheiten bei den Tieren verfügen (siehe Seite 58 ff) und einen guten hygienischen Status in den Haltungssystemen wahren können. Sie sollen schließlich auch trainiert haben, Kleintiere, z. B. die zur Fütterung von Fleischfressern benötigten Futtertiere, schnell und schmerzlos zu töten. Wie man Zootiere transportiert und wie man sie für einen Transport verpackt, will ebenfalls gelernt sein.

Darüber hinaus müssen die Auszubildenden die einschlägigen Bestimmungen und gesetzlichen Verordnungen des Tier-, Arten- und Umweltschutzes kennen, um sie in der richtigen Weise und zum rechten Zeitpunkt anzuwenden. Sie sollen schließlich die Kriterien kennen, nach denen ein Haltungssystem als artgerecht bewertet wird.

Nach dreijähriger Ausbildungszeit in den verschiedenen »Revieren« des Zoos müssen die angehenden Zootierpfleger eine Facharbeiterprüfung ablegen. Während der Ausbildung werden die Lernenden zudem in den allgemeinbildenden Fächern in der Berufsschule unterrichtet. Daneben müssen Zootierpfleger Grundkenntnisse von der Anatomie der Tiere, ihrer Physiologie, vom Verhalten der Tiere und der Fortpflanzungsbiologie sowie von der Tiergeographie haben. In den meisten Zoologischen Gärten erfolgt daher zu dem Unterricht in der Berufsschule noch ein Betriebsunterricht in diesen Fächern.

Die großen Zoologischen Gärten in Deutschland beschäftigen in der Tierpflege zu Facharbeitern ausgebildete Mitarbeiter. Auch in kleineren und privatbetriebenen Tiergärten ist man um die Einstellung von ausgebildeten Zootierpflegern bemüht. Dem Tierbestand entsprechend kann die Landesgesetzgebung nach dem Naturschutzgesetz, nach dem die öffentlich zugängigen Tierhaltungen genehmigungspflichtig sind, die Beschäftigung wenigstens einiger Zootierpfleger verlangen, um eine artgemäße Haltung der Tiere sicherzustellen.

Nach dem Eintritt in einen Zoologischen Garten wird der junge Zootierpfleger zunächst in verschiedenen Pflegebereichen eingesetzt, die man Reviere nennt. Abhängig vom Stellenplan des Betriebes und von den besonderen Eignungen, die der Tierpfleger erkennen läßt, beginnt nach einigen Jahren seine Spezialisierung auf die Pflege nur noch ganz bestimmter Tiergruppen. Am Ende steht dann die Führung eines Reviers und der Mitarbeiter, die zur Betreuung des dort gehaltenen Tierbestandes eingesetzt sind. Es gibt also unter den Tierpflegern eines Zoos eine Verantwortungshierarchie.

Der Revierleiter ist sowohl für die Umsetzung der Pflegeanweisungen verantwortlich wie auch für die Funktionsfähigkeit aller Elemente des Haltungssystems sowie für die Arbeiten der ihm zugeordneten Mitarbeiter. Über ihn laufen alle Informationen aus dem Revier zu anderen Betriebsbereichen.

Nach einer Zeit der Spezialisierung sind die älteren Zootierpfleger routinemäßig nur noch in ihrem Spezialgebiet einsetzbar. Sie haben ihre Kenntnisse und ihre besonderen Fertigkeiten in der Pflege bestimmter Tiergruppen durch Verlust eines breit gefächerten Spektrums ihrer ursprünglich vorhandenen tierpflegerischen Möglichkeiten erkauft. Diese nur noch eingeschränkte Einsatzfähigkeit der Tierpfleger erschwert die Arbeitsorganisation in den Zoologischen Gärten erheblich.

Seit 1991 ist für den Beruf des Zootierpflegers nach jahrzehntelangem Bemühen die Meisterqualifikation eingeführt worden. Die ersten Ausbildungskurse begannen im Jahre 1992. Sie sind vergleichbar denen in anderen Handwerksberufen, z. B. denen für Gärtner.

Die Problematik der Tätigkeit eines Zootierpflegers unter sozialen Gesichtspunkten ergibt sich daraus, daß die Pflege der Tiere an allen Tagen des Jahres gleichermaßen durchgeführt werden muß, also an Wochenenden und an den Feiertagen ebenso wie an Wochentagen. Alle Zoologischen Gärten haben ganzjährig und täglich geöffnet. Auf jeden Tierpfleger kommen also allein vom Dienstplan her viele Sonn- und Feiertagsdienste zu. Obwohl diese Dienste mit Zuschlägen vergütet werden, empfindet man sie als im Konflikt stehend zu dem Stellenwert, den die Freizeit in unserer Gesellschaft hat. Obwohl auch heutzutage noch wie früher viele junge Menschen eine Berufung verspüren, sich der Pflege von Tieren zu widmen, betrachten sie die häufigen Wochenend- und Feiertagsdienste als schwere Belastung, oft vor allem im Hinblick auf die Wünsche ihrer Familie. Ein berufstätiger Ehepartner mit der üblichen Wochentagsarbeit und schulpflichtige Kinder erheben Ansprüche an ihre Verfügbarkeit. Daher nimmt die Anzahl der potentiellen Bewerber um einen Arbeitsplatz im Zoo vor dem Hintergrund der üblichen Arbeitsbedingungen im Zoo etwas ab.

Weitere Spannungen ergeben sich aus der Spezialisierung der Zootierpfleger und ihre begrenzte Einsatzmöglichkeit im Tierbetrieb. Bei Ausfällen über den im Dienstplan berücksichtigten Rahmen hinaus kann es zeitweilig zu erheblichen Mehrbelastungen für einzelne Tierpfleger kommen. Nur wenige Mitarbeiter sind in der Lage, den fehlenden Kollegen zu ersetzen, meist sind das nur die im gleichen Bereich tätigen Tierpfleger. Diese Einschränkung der Einsatzmöglichkeit hängt nicht in erster Linie mit mangelnden Fähigkeiten der Tierpfleger zusammen, sondern mit fehlender Akzeptanz durch die Tiere. Tierpflege ist in den Revieren mit Großtieren vielfach nur möglich, wenn der Tierpfleger von seinen Tieren als dominant, als »super-alpha« anerkannt ist. Nur von einem als zuständig empfundenen Pfleger nehmen die Tiere »Anweisungen« entgegen. Diese dominante Stellung erwirbt der Tierpfleger durch ständigen Umgang mit den Tieren, durch selbstbewußtes, aber auch das individuelle Verhalten der Tiere genau berücksichtigende Handeln. Viele Zootiere fühlen sich keineswegs veranlaßt, den Wünschen eines neu in das Revier kommenden oder nur selten dort tätigen Tierpflegers nachzukommen. Das ist auch der Grund dafür, daß es Personalreserven im Tierpflegebereich eines Zoos nicht gibt und auch nicht geben kann. So lassen sich z. B. erwachsene Menschenaffen nicht durch einen von ihnen nicht akzeptierten Tierpfleger abtränken, Elefanten nur von den vertrauten Pflegern in den Innenstall führen. Die großen und wehrhaften Huftiere erwarten die Aufforderung, nunmehr die Außenanlage zu verlassen und den Innenstall aufzusuchen von einem Tierpfleger, der aus ihrer Sicht die Kompetenz dazu hat, d. h. auch gegebenenfalls die Methoden kennt, sie dazu zu zwingen. Die Huftiere würden vor allem in der schönen Jahreszeit viel lieber in den Außenanlagen bleiben, als die Ställe aufzusuchen. Nur dort aber können sie voneinander isoliert, entsprechend ihren individuellen Bedürfnissen und mit Blick auf Erhalt einer guten Kondition separat und wohldosiert gefüttert werden. Auch die große Menge an Informationen über die vielen Details der Pflegemaßnahmen erschwert die Übergabe eines Pflegebereiches an einen nicht dort eingearbeiteten Tierpfleger.

Auch wenn künstliche Aufzuchten anliegen oder schwere Erkrankungen bei einem Tier des Reviers auftreten, wenn es zwischen dem im Tarifvertrag verbürgten Anspruch auf regelmäßige Freizeit und der Notwendigkeit abzuwägen gilt, im Interesse des Tieres im Dienst zu bleiben, erwachsen Konflikte, die das Bild von der Idylle im Zoo und vom Idealberuf des Zootierpflegers trüben. Der Zootierpflegerberuf ordnet sich in die gleichen Spannungsfelder ein, die auch andere Pflegeberufe in unserer Freizeitgesellschaft kennen.

Als besonders kritisch im Hinblick auf die im Tarifvertrag geregelte Arbeitszeit sind künstliche Aufzuchten von solchen Tieren, wie etwa Menschenaffensäuglingen, die rund um die Uhr und in sehr kurzen Abständen gefüttert werden müssen. Sie weigern sich oft schon nach wenigen Tagen, die Milchflasche von einer anderen Person anzunehmen, als von derjenigen, die sie für ihre Ziehmutter halten und am Geruch erkennen. In solchen Fällen helfen sich die Zoos mit Sonderabmachungen. Im allgemeinen gibt es in solchen Fällen kaum Schwierigkeiten, weil die Tierpfleger diese Aufgaben als in hohem Maße beglückend empfinden.

Die Entlohnung der Tierpfleger erfolgt in den großen Zoologischen Gärten nach den Bestimmungen des Tarifvertrages für den Öffentlichen Dienst (ÖTV) auf dem Niveau von Facharbeitern vergleichbarer Tätigkeiten.

Zooinspektor und Futtermeister

Die Organisation der Arbeitsabläufe im gesamten Tierbetrieb sowie von revierübergreifenden Aktionen, wie Tiertransporten, ferner die Erstellung der Dienst- und Urlaubspläne der Tierpfleger und die Beaufsichtigung der Auszubildenden, liegt in den Händen der **Zooinspektoren.** Diese Persönlichkeiten können aus dem Kreis der Tierpfleger hervorgehen oder auch aus anderen, verwandten Berufen kommen. Außer guten Kenntnissen über die Tierpflege und entsprechende Fertigkeiten wird von ihnen Managementerfahrung erwartet, Organisationstalent, wirtschaftliches Handeln, die Fähigkeit zur Menschenführung sowie die Kenntnisse der einschlägigen Gesetze und Verordnungen. Zooinspektoren müssen improvisieren können, ein scharfes Auge und ein gutes Gedächtnis haben, die Fähigkeit, an vielen Stellen zugleich zu sein und vieles nebeneinander zu tun. Der Zooinspektor ist das Bindeglied zwischen den wissenschaftlich geschulten Mitarbeitern des Zoos, die die Richtlinien für die Tierpflege entwickeln und den Tierpflegern. Der Erfolg eines Zoos und das Betriebsklima hängt nicht zuletzt von ihm ab.

Eine ähnliche Stellung hat der **Futtermeister** im Zoo. Ihm obliegt die Beschaffung von Futtermitteln, ihre Lagerung und Verwaltung sowie die Ausgabe in die Reviere entsprechend den Anforderungslisten. Auch die Entsorgung des Zoos fällt in seinen Aufgabenbereich. Seine guten Verbindungen zu landwirtschaftlichen Produzenten, zu Groß- und Einzelhändlern, zu Lokalmärkten, auch zu Spezialbezugsquellen, wie den Anbietern von Sämereien – gebraucht für die körnerfressenden Vögel im Zoo – zu Insekten- und Kleintierzüchtern, zu Notschlachtbetrieben oder Fischzüchtern, werden gebraucht, damit der Zoo jederzeit mit allem Nötigen versorgt ist und preiswert einkauft. Da er die Rechnungen für alle Futtermittel als sachlich richtig abzeichnen muß, trägt er auch hohe Verantwortung für eine sparsame Haushaltsführung.

In kleineren und mittelgroßen Zoos ist die Funktion eines Zooinspektors und des Futtermeisters oft in eine Hand gelegt. Der *Betriebsinspektor* hat dann eines der interessantesten und verantwortungsvollsten Arbeitsgebiete zu bewältigen, die es in einem Zoologischen Garten gibt.

Die Entsorgung eines inmitten einer urbanen Region gelegenen Zoos bereitet wegen der Auswirkungen der Verordnungen zum Schutz der Umwelt in zunehmendem Maße Schwierigkeiten. Nicht nur der täglich anfallende Dünger ist gar nicht mehr so einfach unterzubringen. Selbst die Abfuhr von Schlamm aus den Zooteichen oder gar des Laubes aus dem Park ist nur noch mit steigenden Kosten und immer größerem Aufwand möglich.

Zoogärtner und Handwerker

Die Tätigkeit der **Gärtner** hat in den Zoologischen Gärten ihren Schwerpunkt je nach der Eigenart des Zoos entweder in der Parkpflege, d. h. Baum- und Strauchpflege, in der Betreuung von Blumen- und Staudenpflanzungen oder aber von Warm- bzw. Kalthauskulturen in den Tierschauhäusern. Sie ist aber stets durch eine Besonderheit gekennzeichnet. Vielfach müssen gärtnerische Pflegemaßnahmen in unmittelbarer Nachbarschaft von Tieren ausgeführt werden. Deren mögliche Reaktionen auf die Maßnahme sind von vornherein einzukalkulieren. So kann man nicht ohne weiteres in der Nähe scheuer, fluchtbereiter Huftiere eine Leiter aufrichten, weil dieses ungewohnte Ereignis die Tiere erschreckt und panisches Verhalten auslöst. Die Tiere müssen entweder auf diese Aktion vorbereitet oder aus dem Sichtbereich weggebracht werden. Gärtnerische Pflegemaßnahmen, die mit Geräuschen verbunden sind oder bei denen Chemikalien eingesetzt werden, sind zuvor mit dem Zooinspektor oder den zuständigen Reviertierpflegern abzusprechen. Die Zoogärtner brauchen über ihre fachlichen Fähigkeiten hinaus ein Gespür für die Bedürfnisse der Zootiere. Sie müssen ferner akzeptieren, daß das Wohl der Tiere im Zoo Vorrang hat, auch vor den von ihnen als notwendig erachteten Pflegemaßnahmen für die Pflanzen. Diese Priorität mit allen Konsequenzen anzuerkennen, fällt zumindest anfänglich einem Gärtner, der sein Tätigkeitsfeld im Zoo gefunden hat, sehr schwer.

In vielen Zoos sind die Gärtner und ihre Helfer auch für die Sauberkeit auf den Zoowegen verantwortlich. Da sich in den großen Zoos an vielen Tagen in der schönen Jahreszeit einige Tausend Menschen aufhalten, ist eine große Menge von Abfall zu beseitigen. Und weil es technisch unmöglich ist, für ständige Sauberkeit im Zoo zu sorgen oder die Wege während der Zeit des großen Besucherstromes zu reinigen, sorgen außer dem Wind noch einige wild im Zoogelände lebende Tiere wie Rabenkrähen und Eichhörnchen dafür, daß der Abfall im Zoogelände weit umher verstreut wird.

Ähnlich wie der Arbeitsablauf im Bereich der Tierpflege ist auch der in der Gartenabteilung organisiert. Ein Gartenmeister oder Obergärtner steht dieser Abteilung vor. Falls ein Zoo auch Auszubildende im gärtnerischen Bereich hat, ist er mit ihrer Ausbildung beauftragt.

Eine sehr wichtige Abteilung in den Zoos ist die der **Handwerker und Techniker.** Ein Meister oder graduierter Ingenieur leitet eine größere oder kleinere Gruppe von Handwerkern und Technikern aus verschiedenen Berufen an. Langjährige Mitarbeiter dieser Abteilung können als »Zoospezialisten« gelten. Sie kennen alle Installationen in den Haltungssystemen, oft haben sie diese selbst erstellt. Ihnen obliegt die Wartung und Reparatur. Dabei erledigen sie vor allem solche Arbeiten, die unter wirtschaftlichen Gesichtspunkten und wegen des geringen Umfanges Fremdfirmen nicht in Auftrag gegeben werden. Vielfach sind sie sehr kompliziert oder sie lassen sich wegen der Anwesenheit von Tieren nicht schnell und zügig erledigen.

In manchen Zoos sind die Betriebshandwerker aber nicht nur Reparaturfacharbeiter, sondern auch mit der Errichtung neuer Haltungssysteme betraut. Für den Zoo ist ihre Betriebserfahrung, vor allem aber auch ihre allmählich erworbenen Kenntnisse von den destruktiven Potenzen der Zootiere von unschätzbarer Bedeutung.

Für die Entsorgung, Parksäuberung, Gebäudereinigung und für Nebenarbeiten werden im Zoo auch angelernte oder ungelernte Arbeitskräfte eingesetzt. Ihre Anzahl ist jedoch sehr begrenzt.

Verwaltung und wissenschaftlich ausgebildete Mitarbeiter

Selbstverständlich braucht ein Zoo auch eine Verwaltung mit den üblichen Abteilungen entsprechend der Größe des Betriebes. Ihr zugeordnet ist das Personal der Eintrittskassen und -kontrollen. Neben hauptamtlichem Personal werden hier auch Saisonkräfte beschäftigt.

Die Haltung von Wildtieren unter Zoobedingungen bedeutet die praktische Umsetzung der Erkenntnisse einiger naturwissenschaftlicher und technischer Disziplinen. Wichtig für die Tierpflege sind die Fortschritte der Zoologie, Stoffwechselbiologie, Verhaltensforschung, Vererbungslehre, Hygiene, Parasitenkunde, der Tiermedizin, der Hochbau-Sanitär-Lüftungs- und Heizungstechnik und des Gartenbaus. Daraus ergibt sich, daß an einem Zoo auch wissenschaftlich geschultes Personal einen wichtigen Aufgabenbereich abdecken muß.

Zum **Zoodirektor** oder tiergartenbiologischen Leiter des Zoos wird in Deutschland entweder ein Zoologe oder ein Tierarzt mit einschlägiger Berufserfahrung berufen. Sowohl der Zoologe wie der Tierarzt an der Spitze des Zoos braucht jeweils vom anderen Fachgebiet einige Grundkenntnisse, um in seiner Entscheidungsfreiheit nicht nur von seinen Beratern abhängig zu sein. Der Tierarzt hat in der Regel mit der Übernahme des Direktorenamtes die kurative Betreuung der Zootiere in andere Hände gelegt, weil er die zeitlichen Freiräume für sofortige tierärztliche Maßnahmen nicht mehr hat. Die meisten Zoodirektoren haben vor der Übernahme dieses Amtes einige Lehrjahre als wissenschaftliche Assistenten oder Kuratoren in einem Zoo durchlaufen. Seiteneinsteiger hat es in diesem Jahrhundert in den deutschen Zoos sehr selten gegeben. Die privatwirtschaftlich geführten Zoos haben außer dem tiergartenbiologischen Vorstand noch einen **Wirtschaftsdirektor** an der Spitze, die nach kameralistischen Wirtschaftsmodell arbeitenden Zoos mit öffentlicher, meist kommunaler Trägerschaft neben dem Zoodirektor noch einen **Verwaltungsleiter.** Dieser ist dem Zoodirektor nachgeordnet. Er ist zugleich Leiter der Verwaltungsabteilung. Die Verwaltung eines Kulturbetriebes hat insbesondere dafür zu sorgen, daß er wirtschaftlich erfolgreich agiert. Dies ist eine so komplizierte und zeitraubende Aufgabe, daß die naturwissenschaftlich ausgebildeten Persönlichkeiten, von Ausnahmen abgesehen, diese Materie nicht so beherrschen, um den Zoo auch noch wirtschaftlich optimal zu führen. Daher kommt den Wirtschaftsdirektoren bzw. den Verwaltungsleitern in den Zoologischen Gärten in zunehmendem Maße Bedeutung zu. Sie sind aus der öffentlichen Verwaltung hervorgegangen oder aber Betriebswirte mit einschlägiger Erfahrung.

Fast alle großen deutschen Zoos haben einige Mitarbeiter mit zoologischer oder tierärztlicher Ausbildung. Voraussetzung für ihre Anstellung ist ein durch Diplom oder Promotion abgeschlossenes Hochschulstudium der Biologie oder Tiermedizin. Wie in vielen anderen akademischen Berufen gibt es seit langem ein Überangebot an Bewerbern um die Assistentenstellen im Zoo. Daher haben solche Bewerber eine größere Chance, die auch Fähigkeiten zum Management vorweisen können, z. B. bereits ein wissenschaftliches praxisbezogenes Projekt auch verwaltungsmäßig abgewickelt haben. Sie müssen gute Fähigkeiten zur Menschenführung mitbringen, sich gewandt in Wort und Schrift ausdrücken, also populärwissenschaftlich publizieren und geschickt und verständlich vor dem Publikum oder vor der Kamera agieren können. Die wissenschaftlich geschulten **Assistenten** sind oft für Teilbereiche des Zoos verantwortlich, etwa für die Pflege bestimmter Tiergruppen, für Aquarientiere, für die Vögel oder Säugetiere. Sie führen dann häufig die Berufsbezeichnung *Kurator.* Sie entwickeln die Richtlinien für die Tierpflege und kontrollieren deren Einhaltung. Sie haben zu garantieren, daß die Tierpflege und die Haltungssysteme als artgemäß zu bewerten sind. Zu den weiteren Aufgaben eines Kurators kann auch die Koordination eines Erhaltungszuchtprogrammes gehören (siehe S. 89 ff).

Über die eigentlichen Aufgaben hinaus, die Erkenntnisse der einschlägigen wissenschaftlichen und technischen Disziplinen in für die Tierpfleger anwendbare Strategien für die Tierhaltung umzusetzen und Betriebsleitungsfunktion wahrzunehmen, wird von den Assistenten und Kuratoren auch erwartet, daß sie wissenschaftliche Beobachtungen und Datenerhebungen vornehmen und diese publizieren. Die wissenschaftliche Bearbeitung aller mit der Haltung von Wildtieren unter Zoobedingungen verbundenen Probleme macht die Tiergartenbiologie aus. Sie voranzubringen ist die Aufgabe der an den Zoos tätigen akademisch ausgebildeten Mitarbeiter.

Zoolehrer

Im Jahre 1960 nahm im Zoologischen Garten Frankfurt a. M. die erste Zooschule ihre Arbeit auf, gegründet auf Anregung des damaligen Zoodirektors Prof. Dr. B. Grzimek. Inzwischen wurden in den meisten deutschen Zoos solche Abteilungen eingerichtet. Die dort tätigen Mitarbeiter werden als Zoolehrer bezeichnet.

Zoolehrer müssen sowohl über pädagogische Fähigkeiten wie über einschlägige biologische Spezialkenntnisse verfügen, d. h. über Biologie und Verhalten der im Zoo gehaltenen Tiere und über Spezialwissen der Tiergartenbiologie. Sie müssen in der Lage sein, vor den Augen der von ihnen betreuten Schüler ablaufendes Verhalten der Tiere, bezogen auf die Unterrichtsthematik und auf deren Lernniveau, verständlich zu machen bzw. in die thematisch abgestimmte Unterrichtseinheit pädagogisch sinnvoll einzubauen. Viele Verhaltensweisen von Zootieren üben auf Schüler eine große Faszination aus. Da sie vielfach zeitlich nicht voraussagbar sind und auch nicht mit irgendeiner Zielvorstellung von außen beeinflußt werden sollten, verlangt die Tätigkeit eines Zoolehrers Flexibilität. So ist es unmöglich, über die gestaltauflösende Bedeutung der Körperzeichnung bei Tieren zu informieren, wenn unerwartet die Tiger beginnen, Paarungs- und Werbeverhalten zu zeigen. Zum Detailwissen des Zoolehrers gehört auch ein Einblick in individuelle Eigenschaften zumindest der Großsäuger des Zoos. Es hat sich daher als günstig erwiesen, wenn die Zoolehrer ausschließlich als solche eingesetzt werden und Gelegenheit haben, auch außerhalb ihrer

Unterrichtsstunden die Zootiere beobachten sowie Informationen über sie aus erster Hand von den Zoo-Mitarbeitern der verschiedenen Ebenen einholen zu können. Von Vorteil ist es ferner, wenn sie über bestimmte zu erwartende Ereignisse im Tierbestand des Zoos, wie Schlupf von Küken, Brunst, Geburten, soziale Vorgänge usw. so rechtzeitig Kenntnis erhalten, daß sie diese in die Unterrichtseinheiten einbauen können. Der Zoobesuch muß für die von einem Zoolehrer betreuten Schulklassen den Wert einer speziellen Demonstrationsveranstaltung haben.

Die Zoolehrer betreuen Klassen bzw. Gruppen von der Vorschule bis zur Abiturklasse und vielfach auch Studenten der einschlägigen Studiengebiete. Für die Klassen aller Schulstufen bis zur Sekundarstufe I liegen in den meisten Zoos von den Zoolehrern entwickelte Arbeitsbögen vor, die mit den Lehrinhalten des Biologieunterrichtes in der Schule abgestimmt sind und diese ergänzen. Sie sind schriftlich fixiert, so daß sie auch von den Klassen- und Fachlehrern angefordert und für ihren Unterricht im Zoo benutzt werden können.

Die Beanspruchung der Zoolehrer ist in der Regel sehr groß. Meist kann nur ein Teil der Schulklassen vom Zoolehrer selbst betreut werden. Daher bemüht man sich, in Lehrerseminaren und durch Einzelbesprechungen mit Klassen- und Fachlehrern, die Lehrerkollegen in die Lage zu versetzen, die Demonstrationsgänge im Zoo mit der eigenen Klasse selbst durchzuführen. In fast allen deutschen Tiergärten werden jährlich einige Zehntausend Schüler registriert, die den Zoo im Rahmen einer Unterrichtsstunde mit der Klasse besuchen.

Über die Vermittlung spezieller, thematisch fixierter Lerninhalte hinaus ist es zunehmend von Bedeutung, bei den Schulkindern auch eine emotionale Bindung an Tiere zu erreichen, d. h. Tierliebe zu entwickeln. Sie ist ein wichtiger Hintergrund für das Naturverständnis im allgemeinen, für das Interesse an biologischen Vorgängen, ökologischen Bezügen und für die Belange des Tier- und des Natur- und Artenschutzes im späteren Leben, d. h. auch für die Akzeptanz von Verordnungen, die zugunsten des Naturschutzes die bürgerlichen Freiheiten einschränken. Schließlich gilt es oft auch, die Fähigkeit zur Beobachtung und zur Konzentration auf Lebewesen erst einmal zu entwickeln.

Ein Spezialgebiet der Zoolehrer ist die Arbeit mit behinderten Schulkindern, mit sprach- und sehbehinderten, schwerhörigen, blinden und taubblinden Schülern. Hier steht mitunter im Vordergrund, zusammen mit dem Fachlehrer und mit Hilfe subtiler Methodik, den Kindern den Zugang zur Welt der Tiere ganz allgemein zu eröffnen und Verständnis für ganz basale biologische Vorgänge zu entwickeln, wie das Phänomen Fliegen,

Abb. 26   Unterricht tauber, schwersichtiger, blinder oder taubblinder Kinder im Zoo
Hannover: Der dicke Speckpanzer dient Walrossen und anderen Robben als
Isolierung gegen die Kälte des Wassers. (Foto: Archiv Zoo Hannover)

oder für Säugen und Saugen, für die Funktion Kälteschutz der Hautbedek-
kung bei Säugern und Vögeln usw. Die Zoos halten meist einige zahme
Haustiere dafür bereit. Diese Spezialaufgabe der Zoolehrer hat gegenüber
der üblichen Schülerbetreuung zwar nur einen geringen Umfang, ist aber
als eine ganz besonders wertvolle Serviceleistung der Zoos zu bewerten.

Der Zoolehrer kann ein fest angestellter Mitarbeiter des Zoos sein oder aber im Dienst der zuständigen Schulträger zur Wahrnehmung seiner Tätigkeit im Zoo dorthin abgestellt.

Wenn in vielen Zoostädten der Slogan ausgegeben wurde, der Zoo sei die größte Schule der Region, bezieht sich dieser vor allem auf die spezielle pädagogische Betreuung der vielen Schulkinder, die im Rahmen einer Unterrichtsstunde in die deutschen Zoos kommen.

═ Der Tierarzt im Zoo

Helmut Pechlaner

In fast allen Menschen wurzelt der Wunsch, mit Tieren zu leben und vielleicht auch zu arbeiten und so zählen die Mitarbeiter von Zoologischen Gärten zu jenen privilegierten Berufsgruppen, die in ihrer Dienstzeit ihr Hobby realisieren dürfen. Dies gilt beim Tierarzt im Zoo wohl in ganz besonderem Maße. Die Schönheit des Berufes liegt in der nicht enden wollenden Vielseitigkeit, und Spezialisierung kann hier nur heißen, auf einem besonderen Gebiet noch mehr zu verstehen, ohne alle anderen Arbeitsbereiche aus den Augen verlieren zu dürfen.

Mit Recht bewundern wir das abwechslungsreiche Aufgabengebiet eines freipraktizierenden Tierarztes, der einerseits die Palette der landwirtschaftlichen Nutztiere zu betreuen hat, andererseits aber auch die unterschiedlichsten Heimtiere der heutigen Zeit richtig behandelt. Und trotzdem wird sich keiner dieser Fachleute zutrauen, von einem Tag auf den anderen in einem Zoologischen Garten oder einem Wildgehege als Tierarzt tätig zu sein. Die Ausbildung an den tierärztlichen Hochschulen und Universitäten beschränkte sich eben bis vor wenigen Jahrzehnten auf die gängigsten landwirtschaftlichen Nutztiere, wobei hier die Unterweisung in Fischkrankheiten und Bienenkunde bereits eine Neuerung war. Die Lehre der Erkrankungen der Heimtiere und deren Behandlung hat ebenso zugenommen wie Spezialvorlesungen und -übungen betreffend die Zoo- und Wildtiere. Basierend auf den Behandlungs- und Sektionsprotokollen von Jahrzehnten und auf den Erfahrungen zootierärztlicher Tätigkeit verfügt dieser Wissenszweig heute über eine breite Fachliteratur. Standardwerke über das gesamte Fachgebiet des Zootierarztes veralten natürlich schnell, weil sich dieser Wissenszweig zügig weiter entwickelt. Dem tragen nationale und internationale Kongresse Rechnung, wie das »Internationale Symposium über die Erkrankungen der Zoo- und Wildtiere«, das seit 1959 ausgehend von der Akademie der Wissenschaften in Berlin organisiert wird, oder auch die »Arbeitstagung der Zootierärzte im deutschsprachigen Raum«, die sich seit 1981 im wesentlich kleineren und überschaubaren Rahmen vor allem mit der klinischen Behandlung der Zootiere beschäftigt. Diese und andere Fachveranstaltungen bieten neben Fachwissen jedem Zootierarzt die unverzichtbare Möglichkeit des persönlichen Gespräches, des Erfahrungsaustausches, vor allem jedoch auch des Kennenlernens von Fachkollegen, die bei besonderen Problemen auf kürzestem Wege konsultiert werden können.

Es ist ein weiter Weg, der vom »Tierarzt« zum »Tierarzt im Zoo« und schlußendlich zum »Zootierarzt« zurückzulegen ist. Der Einstieg im Zoo unmittelbar nach Abschluß des Studiums als Tierarzt ist nur dann vertretbar und wünschenswert, wenn der junge Veterinär einem erfahrenen Kollegen für längere Zeit als Assistent zur Seite gestellt wird. Der

Abb. 27   Tiergärtnerei ist zumeist Praxis: Ein aus dem Zirkus stammender Afrikanischer Elefant wurde immobilisiert, um Untersuchungen und Behandlungen vornehmen zu können. Vier Tierärzte, ein Zoo-Inspektor und zwei Tierpfleger sind an dem nur kurzfristig »schlafenden« Elefanten bei ihrer Tätigkeit zu sehen. (Foto: D. Poley, Tiergarten Heidelberg)

logische Weg ist eigentlich der, daß der junge Tierarzt mit feuchtem Diplom die harten Lehrjahre eines Praxisassistenten auf sich nimmt und im Routinebetrieb der freien tierärztlichen Tätigkeit die angelernten Kenntnisse der Diagnostik und Therapie festigt und erweitert. Dies ist die Grundvoraussetzung dafür, um den nächsten Schritt zur zoologischen Vielfalt eines Tiergartens wagen zu können. Säugetiere und Vögel, nicht nur aus einheimischem Freiland, sondern meist aus allen Kontinenten, fordern einerseits Kenntnisse der zoologischen Systematik, aber auch solche der besonderen Gegebenheiten des Körperbaus und vor allem der Stoffwechsel- und Organfunktionen der einzelnen Arten. Es gleicht fast einem zweiten Studium, auch bei all diesen Tieren Normwerte und krankhafte Befunde schnell unterscheiden zu lernen. Die Ansprüche der Tiere, aber auch ihre Empfindlichkeit gegenüber Medikamenten oder Narkosemitteln sind erstaunlich unterschiedlich und können mit denen von Haustieren oft gar nicht verglichen werden. Ein kleines Beispiel kann dies vor Augen führen: Verabreicht der Tierarzt einer Europäischen Wildkatze die gleiche Menge desselben Narkosemittels, die er üblicherweise einer gleichschweren Hauskatze völlig risikolos anläßlich einer Operation verabreicht, so besteht für die Wildkatze in Folge der geringen Toleranz bereits Lebensgefahr.

Aber nicht nur die Vielfalt der Patienten und der Tätigkeit, auf die noch einzugehen sein wird, macht dem Tierarzt im Zoo Freude, es sind vor allem die Arbeitsbedingungen. Ähnlich einem Humanmediziner im Sanatorium spielen für den Tierarzt im Zoo die Behandlungskosten fast überhaupt keine Rolle. Entscheidend sind die Rettung und das Wohlbefinden des Patienten für den keine wirtschaftliche Wert-Begrenzung wie bei Nutztieren in der bäuerlichen oder industriellen Tierhaltung angestellt wird. Dies gilt ganz besonders für die vom Aussterben bedrohten Wildtierarten, für deren Erhaltung die Zoologischen Gärten viel Mühe aufwenden und eine besondere Verantwortung übernommen haben.

Die Behandlungskosten der Tiere spielen auch deshalb eine untergeordnete Rolle, weil der Tiergarten ja nicht vom Verkauf von Tieren oder tierischen Produkten lebt, sondern als kulturelle Institution mit wissenschaftlichen und sozialen Aufgaben die dauernde Betreuung von Tieren übernommen hat.

Das Optimum ist dann gegeben, wenn der Tierarzt im Zoo ein hauptberuflicher Zootierarzt ist. Nicht alle Zoologischen Gärten können sich die Besetzung einer solchen Planstelle leisten, in manchen Fällen läßt die Größe des Tierbestandes eine solche Besetzung auch gar nicht als sinnvoll erscheinen. Dann sollte zumindest ein Vertragsverhältnis mit ein oder zwei Tierärzten aus der unmittelbaren Nachbarschaft angestrebt werden, um für den Eventualfall gut gerüstet zu sein. Eine Behandlung ist natürlich wesentlich schneller und erfolgversprechender einzuleiten, wenn der Tierarzt seine Patienten bereits seit langer Zeit im gesunden Zustand kennt und über ihren bisherigen Werdegang, ihre Krankengeschichte, ihre Stellung in der Tiergemeinschaft etc. Bescheid weiß.

Eine Hauptaufgabe des Tierarztes im Zoo stellen jedenfalls die Krankheitsverhütung und die vorbeugende Behandlung des Tierbestandes dar. Dies beginnt beim Import vieler Tiere aus dem Ausland bei einer fachlich einwandfreien Quarantänehaltung im Betrieb. Die Überprüfung der schon im Exportland vorgenommenen Untersuchungen und Behandlungen, die Kontrolle der Tiere während der gesetzlich vorgeschriebenen Quarantänezeit verhindern das Einschleppen von Seuchen. Aufmerksam hat der Tierarzt das anschließende Zusammengewöhnen mit den vorhandenen Tieren zu beobachten, um die Risiken und Folgen von Rangordnungskämpfen zu minimieren. Vorbeugung wird auf dem Gebiet der Hygiene und dem der Parasitologie betrieben. Hier können nur Stichworte aufgezählt werden: hygienische Beschaffenheit des Futters und des Trinkwassers, aber auch der entsprechenden Vorrats- und Fütterungsbehälter, die Reinlichkeit im Umgang mit den Futtermitteln, vor allem jedoch auch die Bekämpfung von Überträgern von Infektionskrankheiten wie Ratten, Mäusen, Schaben etc. Vorbeugende Hygiene bedeutet aber auch, darauf zu achten, daß nicht die Besucher, aber schon gar nicht die Tierpfleger Krankheiten des Menschen (Anthropozoonosen) auf bestimmte Tierarten übertragen können. Der Zootierarzt hat sich aber auch um die Hygiene in den Tierhäusern und auf den Freianlagen zu kümmern. Schließlich findet er im Zoo im Verhältnis zum Freiland einen flächenmäßig eingeschränkten Lebensraum mit möglicher Anreicherung bakterieller und parasitologischer Krankheitserreger vor, kann jedoch im Vergleich zur herkömmlichen Haus- und Heimtierhaltung zumindest ein artgemäßes Familienleben auf eigenem Territorium garantieren (siehe auch Kap. »Tiere im Zoo«).

Vorbeugende Maßnahmen sind auch auf dem Gebiet der Erkrankungen durch Parasiten zu setzen. Routinemäßige Kotuntersuchungen werden vom Zootierarzt auch dann vorgenommen, wenn der Tierbestand äußerlich gesund erscheint. Eine Vielzahl von Erkrankungen, die eine Schädigung des Organismus durch eine Massenvermehrung von inneren und äußeren Parasiten zur Folge haben, werden als Faktorenerkrankungen zusammengefaßt. Diese auslösenden Faktoren sind vom Tierarzt ebenfalls auszuschalten. Einige Beispiele seien aufgezählt: Gibt es bei Gruppenhaltung zu wenig gleichwertige Futterplätze, so kann es vorkommen, daß ein schwaches Tier von den anderen gar nicht zum Futter gelassen wird. Andererseits würde eine Steigerung der Portionen des Getreidemischfutters nicht nur dazu führen, daß das schwächste Tier noch etwas erhält, die ranghöheren Tiere würden dann mit hoher Wahrscheinlichkeit an Verdauungsstörungen erkranken. Menge und Qualität des Wassers sind besonders wichtig. Wird von den Tierpflegern gerade an Wochenenden dort, wo kein Fließwasser vorhanden ist, das Wassergefäß nicht gesäubert und neu gefüllt, so kann allein der Wassermangel oder die Aufnahme von verschmutztem Wasser die Widerstandskraft gegen sonst harmlose Krankheitserreger mindern. Ähnliches tritt auch dann ein, wenn durch überheizte Ställe, Zugluft oder falsche Luftfeuchtigkeit der Organismus zusätzlichen Belastungen ausgesetzt wird. Besonders schlimm wirken sich auf die Konstitution und Widerstandskraft von Einzeltieren jedoch Überbesatz oder falsche Gruppenzusammensetzung im Tierbestand eines Geheges, das Fehlen von Ruhezonen und Rückzugsmöglichkeiten für einzelne Tiere aus. Unverträglichkeiten in der Gruppe führen jedoch nicht nur zu Schwächung und Faktorenkrankheiten, sondern letztlich auch zu Beißereien und Verletzungen. Ein Zootierarzt jedenfalls, der in seinem Betrieb sehr viele Unfallfolgen zu behandeln hat, sollte sich mehr zur Gestaltung und Einrichtung der Anlagen äußern, aber sich auch um die Verträglichkeit der gemeinsam gehaltenen Tiere kümmern.

Einen wesentlichen Aufschwung hat die erfolgreiche Behandlung von Zoo- und Wildtieren dadurch genommen, daß durch moderne Methoden die Tiere besser handzuhaben sind. Der früher oft nicht allzu tierschonend mögliche Fang von Wildtieren und deren Fixierung zur Behandlung hat oft nur eine sehr eingeschränkte Untersuchungs- und Behandlungsmöglichkeit geboten. Moderne Distanzinjektionssysteme und Narkosepräparate mit einer hohen Verträglichkeit und guten Applikationsbreite bieten hier wirklich phantastische Möglichkeiten. Narkosepfeile werden kaum noch mit Zündpatronen auf das Tier verschossen, Blasrohre und Blasrohrgewehre garantieren tierschonendste Injektion des Medikamentes. Auch in Notfällen, wenn ein für den Menschen möglicherweise gefährliches Wildtier aus seiner Behausung entweicht, ist der früher leider oft unverzichtbare tödliche Schuß nun kaum noch von Nöten. Ein routinierter Zootierarzt mit entsprechenden Medikamenten und geeigneter Ausrüstung kann binnen kurzem das Tier in Schlaf versetzen und wieder in sein Gehege zurückbringen.

Ein weiterer Arbeitsschwerpunkt des Zootierarztes hat sich in den letzten Jahren deutlich herauskristallisiert. Es betrifft die Fruchtbarkeit und Vermehrung von Zootieren, wobei hier auf die Jungtieraufzucht gar nicht eingegangen werden soll. Einerseits gibt es vor allem bei Bären und Großkatzenarten, die aufgrund ihres natürlichen Verhaltens paarweise gehalten werden sollten, bei denen jedoch dem Nachzucht in menschlicher

Obhut oft nicht ausreichend Platz geboten werden kann, aber auch eine Wiederansiedlung in natürlichen Lebensräumen nicht möglich ist. Hier muß hormonelle Geburtenkontrolle zumindest vorübergehend eingreifen, um unerwünschter Nachzucht ein nicht tiergerechtes Leben ersparen zu können. Andererseits muß bei bedrohten Tierarten im Interesse der Erhaltung eines breiten genetischen Potentials eine weitestgehende natürliche Vermehrungszucht ermöglicht werden. Allerdings müssen dann Individuen, die vermutlich auch in freier Natur keine Chance zum Überleben hätten, schmerzlos getötet werden. Bei extrem bedrohten Tierarten muß der Tierarzt nicht nur die Unfruchtbarkeit bei Einzeltieren bekämpfen. Auch andere vermehrungsfördernde Maßnahmen bis hin zum Embryotransfer erforderlich (siehe auch S. 95). Bei all diesen Möglichkeiten des Helfens und Eingreifens muß sich der Zootierarzt stets im klaren sein, daß er Wildtiere vor sich hat und diese als solche erhalten will.

Dies gilt auch bei der Zusammensetzung des Speisezettels, bei der der Zootierarzt ein entscheidendes Wort mitzureden hat. Die erforderlichen Wirkstoffe und Nährwerttabellen sind nicht allein entscheidend. Der Hauptbestandteil der Nahrung muß sich aus natürlichen Futtermitteln zusammensetzen, die dem Tier neben den erforderlichen Ballaststoffen vor allem auch Beschäftigung bietet und natürliche Verhaltensweisen bei der Aufnahme provoziert. Das einfachste Beispiel mit der größten Bedeutung ist die bunte Vielfalt der Zweige mit oder ohne Blätter, je nach Jahreszeit. Vom Elefant bis zur kleinsten Antilope, vom Hyazinthara bis zum kleinsten Sittich, alle diese Tiere sind sofort aktiv, wenn frische Äste ins Gehege kommen. Je nach Tierart wird geschnuppert und beknabbert, zerbrochen und zerbissen, geschält oder zerkaut, im Ganzen jedoch eine Fülle von Verhaltensweisen gezeigt und der Organismus mit Nähr- und Belaststoffen versorgt.

Der Tierarzt im Zoo kann natürlich niemals »Einzelkämpfer« sein. Er braucht nicht nur die konstruktive Zusammenarbeit mit allen anderen Menschen im Zoo, er muß ein Netz vertrauensvoller Zusammenarbeit mit anderen Institutionen aufbauen. Neben einer Vertretung durch Nachbarkollegen sind dies vor allem die Institute der nächstgelegenen tierärztlichen Universität, Spezialinstitute für Diagnostik, oft auch Humanmediziner, die gerade im Bereich der Behandlung von Menschenaffen große Hilfe leisten können, bis hin zu den Amtstierärzten, die im Interesse der Gesunderhaltung der Tierbestände auch für den Zoologischen Garten zuständig sind. Der Tierarzt im Zoo wird dann besonders erfolgreich sein, wenn er für seine Arbeit nicht nur von den Leistungen anderer profitiert, sondern auch bereit ist, seine Möglichkeiten und Erkenntnisse nach außen zur Verfügung zu stellen. Von der Schulung der Mitarbeiter im eigenen Tiergarten bis hin zur

Vortrags- und Publikationstätigkeit sowie zur Betreuung von Lehrenden und Lernenden an den Universitäten. Das Verfassen ausführlicher Vorberichte, wenn Tiere einer Sektion zugeführt werden, gewährleistet nicht nur eine optimale Untersuchung, sondern ermöglicht letztlich auch dem Pathologen eine entsprechend erfolgreiche wissenschaftliche Tätigkeit.

Ein Tierarzt im Zoo hat oft auch Aufgaben für eine bestimmte Tiergruppe, als Kurator, zu erfüllen. Tierärzte mit solch breitem Fundament haben dann auch gute Chancen, eines Tages in die Funktion des Zoodirektors berufen zu werden. Tierärzte als Zoodirektoren müssen jedoch zwangsläufig ihre geliebte tierärztliche Tätigkeit drastisch reduzieren, meist jedoch ganz einstellen. Dies vor allem deshalb, weil andere Aufgaben ihre Zeit zu sehr in Anspruch nehmen und sich damit Blickwinkel und Intensität, mit der die Tiere nun betrachtet werden, doch deutlich ändern.

In Europa nimmt die Zahl der Tierärzte, die in Zoologischen Gärten hauptamtlich tätig sind, zwar rasant zu, trotzdem ist ihr Arbeitsgebiet im wesentlichen auf die klinische Gesunderhaltung der Tiere beschränkt. In amerikanischen Zoos findet sich meist eine große Zahl von Tierärzten im Mitarbeiterstab, vor allem dann, wenn tierärztliche Forschungen wie in Universitätsinstituten vorgenommen werden.

Für die Funktion eines Zootierarztes genügen Fleiß, Einsatzfreude und Interesse allein leider nicht; ohne eine Verkettung glücklicher Umstände ist eine der wenigen Planstellen kaum zu erreichen.

▬ Organisationsformen des Zoos

Lothar Dittrich

Der hohe Ruf, den die mitteleuropäischen Zoos im internationalen Rahmen haben, ist ganz wesentlich durch die drei Faktoren bestimmt: Durch den hohen Ausbildungsstand der Zootierpfleger, durch die gute tiergartenbiologische Qualifikation des wissenschaftlich ausgebildeten Personals der Zoos und dadurch, daß es den für den wirtschaftlichen Erfolg verantwortlichen Mitarbeitern bisher trotz aller Schwierigkeiten immer noch gelungen ist, die für die Bewältigung der wichtigsten Aufgaben benötigten Finanzmittel zu beschaffen, so daß die deutschen Zoos insgesamt gesehen international verglichen sich in einem akzeptablen Zustand befinden.

Die heutigen zoologischen Gärten sind, sofern sie noch im vergangenen Jahrhundert gegründet wurden, einst als Aktiengesellschaften entstanden. Einige werden auch heute noch als solche geführt, andere privatwirtschaftlich arbeitende, die in diesem Jahrhundert entstanden sind, als GmbH. Die Kapitalgeber, ihr Aufsichtsrat oder die Kommanditisten berufen einen Vorstand oder die Geschäftsführer den Zoologen und den Wirtschaftsdirektor, und diese stellen sich ihr Leistungsteam zusammen. Die Anstellungsverträge orientieren sich an den in der Privatwirtschaft üblichen Regeln.

Im Verlaufe der wirtschaftlichen Krisen der 20er Jahre in diesem Jahrhundert wurden einige der großen deutschen Zooaktiengesellschaften zahlungsunfähig. Um sie zu erhalten, übernahm sie die Kommune. Sie werden seither als städtische Ämter geführt nach den Regeln der kommunalen Verwaltung. Der Zoodirektor ist städtischer Beamter oder Angestellter und der Zoo ist einem Dezernenten der Stadtverwaltung zugeordnet, meist dem Kulturdezernat. Einen vergleichbaren organisatorischen Aufbau wie die städtischen Zoos hat auch der einzige staatliche Zoo in Deutschland, die Wilhelma in Stuttgart, deren Träger das Land Baden-Württemberg ist. Die Wilhelma ist innerhalb eines staatlichen Grundbesitzes entstanden.

Die großen deutschen Zoos werden alle nach einer der beiden genannten Wirtschaftsformen geführt. Daneben gibt es kleinere Tiergärten, die von einem Verein getragen werden und solche, die im Privatbesitz sind oder als Familien-GmbH geführt werden, wie z. B. Hagenbecks Tierpark in Hamburg.

Bis heute ist der Name »Zoologischer Garten« nicht gesetzlich geschützt. Jeder Betrieb, in dem einige Tiere öffentlich gezeigt werden, kann sich Zoo, Tiergarten oder Tierpark nennen. Die großen deutschen Tiergärten haben daher Wert darauf gelegt, als »wissenschaftlich geleitete Zoos« bezeichnet zu werden, um sich gegenüber anderen abzugrenzen, was aus Gründen der tiergartenbiologischen Qualität der Tierhaltung und der Bildungsarbeit auch vertretbar ist. Allerdings hat sich die wenig griffige Bezeichnung niemals eingebürgert. Es steht aber zu erwarten, daß im Rahmen der Bildung der europäischen Staatengemeinschaft auch in Deutschland Kriterien zur Anwendung kommen, die die Bezeichnung Zoologischer Garten nur für solche Tiergärten zulassen, die tiergartenbiologisch-wissenschaftlich geleitet werden und u. a. ein bestimmtes Bildungsprogramm erfüllen.

Die Betriebsstrukturen der Zoologischen Gärten sind schon bei der Übersicht über die in einem Zoo tätigen Mitarbeiter deutlich geworden. Neben dem tierpflegerischen Bereich mit dem Zoo- oder Betriebsinspektor an der Spitze stehen eine Gartenabteilung mit dem Gartenmeister sowie der Bereich der Handwerker und Techniker mit dem Betriebsmeister oder -ingenieur. Entsorgungsabteilung, Tierarzt, Zooschule mit dem Zoolehrer und die Verwaltung vervollständigen das Organisationsgefüge unterhalb der Betriebsleitung. Nur die größten Zoos haben daneben noch eine tiergartenbiologische Abteilung, gebildet aus den wissenschaftlich geschulten Mitarbeitern. An den Betriebskosten machen die Personalkosten den größten Anteil aus, in der Regel mehr als 50%. Gegenüber diesen Kosten bleiben alle anderen Ausgabenbereiche weit zurück, etwa der für die verschiedenen Energieformen (incl. Wasser) oder für die bauliche Unterhaltung bzw. Wartung der technischen Installationen bzw. für die Fütterung, die jeweils etwa nur je 10% der Betriebskosten, mitunter sogar noch etwas weniger ausmachen.

═══ Wichtige Institutionen im Umfeld des Zoos

Außer den im Zoo selbst Beschäftigten sind in seinem Umfeld stets noch Mitarbeiter einiger anderer Einrichtungen mehr oder weniger regelmäßig um das Wohlergehen der Zootiere bemüht, vor allem für die Gesunderhaltung des Tierbestandes. So arbeiten die Zoos eng mit einigen tierärztlichen Instituten, oft von Universitäten, zusammen. Diese führen Kot- und Blutuntersuchungen auf das Vorliegen von Parasitenbefall oder auf Anzeichen einer bakteriellen bzw. viralen Infektion durch. Die Ermittlung der Todesursache bei den gestorbenen Tieren und die dafür notwendigen subtileren Folgeuntersuchungen werden in der Regel außerhalb des Zoos durchgeführt. Oft hat sich der Zootierarzt zur gesundheitlichen Überwachung und Betreuung von jungen Menschenaffen der Mitwirkung eines Kinderarztes versichert, weil die Krankheiten dieser Affen denen des Menschen entsprechen und die Fortschritte der Kinderheilkunde am besten auf diesem Wege für sie nutzbar gemacht werden können. Für komplizierte chirurgische Eingriffe sucht sich der Zootierarzt erfahrene Helfer aus dem tierärztlichen, manchmal sogar aus dem humanmedizinischen Bereich. Der zuständige Amtstierarzt ist eine wichtige Person für den Zoo, teils als Kontrollorgan, teils aber auch, weil er Informationen über seuchenhaftes Krankheitsgeschehen bei Haustieren im Einzugsgebiet des Zoos rechtzeitig an die Zooleitung für Vorsichtsmaßnahmen herantragen kann.

Ein Zoo braucht große Mengen geschnittenes Weichholz zur Beschäftigung vieler Zootiere und interessant gewachsenes Stamm- oder Wurzelholz zu Dekorationszwecken. Solche Objekte sind käuflich nicht zu erwerben. Daher ist ein guter Draht zu den umliegenden Forstämtern wichtig, so daß der Zoo von anfallenden geeigneten Objekten erfährt. Entsprechendes gilt für andere Dekorationsobjekte, wie große Steine, für die Lieferanten und Sponsoren stets erwünscht sind. Auch mit zoologischen Instituten und Museen gibt es meist enge Verbindungen, die die Tiergartenbiologen für ihre wissenschaftlich-technischen Aufgaben brauchen. Dafür bietet der Zoo häufig Diplomanden oder Doktoranden das Material oder die Beobachtungsmöglichkeiten für Examensarbeiten. Die wissenschaftlichen Mitarbeiter des Zoos übernehmen im Gegenzug Vorlesungen über Tiergartenbiologie an den Hochschulen bzw. Demonstrationsführungen für Studenten im Tiergarten.

Vor allem aber braucht ein Zoo stets Gelder über den Haushaltsplan hinaus zur freien Verfügung, z. B. zur zeitgemäßen Umgestaltung von Haltungssystemen sowie eine in der Öffentlichkeit für ihn agierende Lobby. Für zusätzliche Geldmittel sorgen Sponsoren, sie übernehmen beispielsweise Patenschaften für Zootiere. Die von ihnen gespendeten Mittel kann der Zoo zur Verbesserung von Haltungssystemen oder für Ankäufe benutzen. Für eine ähnliche materielle, vor allem aber für eine ideelle Unterstützung sorgen Mitglieder des Fördervereins, zu dem sich zoointeressierte Bürger zusammengefunden haben. Sie treten mitunter nicht nur in der Öffentlichkeit für den Zoo auf, sondern übernehmen im Zoo Aufgaben, wie Führungen für bestimmte Gruppen, organisieren Kindergeburtstage und Seniorentreffs und helfen dem Zoo bei Großveranstaltungen. Sie schließen auf vielfältige Weise den Zoo an das öffentliche Leben in seiner Stadt und in der Region an. Man darf vermuten, daß mit Blick auf die Weiterentwicklung unserer gesellschaftlichen Ordnung mit immer stärkerer Betonung des privaten Wirtschaftsbereiches ihre Bedeutung für die Zoos zukünftig noch wesentlich größer werden wird.

Selbstverständlich muß ein Zoo gute Verbindungen zu vielen anderen Institutionen der Öffentlichkeit haben, zu zoointeressierten Persönlichkeiten in den Medien etwa oder zu bestimmten Verwaltungsbehörden. Darüber wird im Kapitel »Das gesellschaftliche Umfeld der Zoos« ab Seite 155 berichtet.

Der Zoo hat eine große Bedeutung für das Freizeitverhalten und für den Wunsch nach naturkundlicher Bildung für die Menschen unseres Kulturkreises. Über Besuchermangel können sich die Tiergärten nicht beklagen. Es gibt wohl nur sehr wenige Menschen in unserem Land, die keine Zooerlebnisse haben oder sich nicht an solche in ihrer Jugend erinnern. Es sind hoffentlich nur wenige Eltern, die nicht bei ihren Kindern den Sinn für Tiere und Sensibilität für Natur im Zoo schärfen. Und denen entgeht ein reizvoller Bereich unseres kulturellen Lebens, die nicht erlebnisreiche Stunden im Zoo zu verbringen wissen. Diejenigen aber, die für die Tiere und Menschen im Zoo arbeiten dürfen, haben trotz aller Probleme und Schwierigkeiten, die auch dieser Beruf mit sich bringt, ein Gewinnlos des Lebens gezogen.

Das gesellschaftliche Umfeld der Zoos

Dieter Poley

Die klassenlose Gesellschaft mit dem hohen Freizeitanteil hat sich für die Existenz und den Betrieb Zoologischer Gärten zweifellos positiv ausgewirkt. Zoologische Gärten sind ebenso wie andere Einrichtungen von den jeweils herrschenden Rahmenbedingungen der Gesellschaft abhängig. Aus diesem Grunde sollen hier kurz die heute wirkenden **Rahmenbedingungen** angesprochen werden, da die weitere Entwicklung der Zoologischen Gärten weitgehend von ihnen abhängt.

Die räumliche Trennung von Arbeitsplatz und Wohnung setzt eine zeitliche Trennung von Arbeitszeit und Freizeit voraus. Die *Freizeit* erweist sich als der eigentliche Motor des Wertewandels. Sie verändert das individuelle Bewußtsein und bringt das gesellschaftliche Wertesystem in Bewegung.

Hinzu kommen die *Lebensverhältnisse* in unserer modernen Gesellschaft, wo ein großer Teil der Bevölkerung in den Großstädten lebt, in einer Umgebung also, die mehr oder weniger technisch gestaltet ist und deren besonderen Kennzeichen eine hohe Bebauungs- und Bevölkerungsdichte sind. In diesem Umfeld mit hohem Verkehrsaufkommen, Lärm und verschmutzter Luft scheint ein hoher Bedarf nach allem zu bestehen, was irgendwie mit Natur in Verbindung zu bringen ist. Folgerichtig begründet Hediger damit die Notwendigkeit von Zoologischen Gärten »als Brücken zur Natur, zur Stillung eines tief eingewurzelten Bedürfnisses nach Naturkontakt« und als »notwendigen Teil des menschlichen Großstadtbiotops«. Wie hoch in unserer technisierten Welt dieser emotionale Aspekt der Begegnung von Mensch und Tier eingeschätzt wird, wird durch Hediger deutlich gemacht, der sinngemäß formuliert:

Zoologische Gärten sind für den modernen Großstadtmenschen Notausgänge zur Natur.

Darüber hinaus erfüllen Zoologische Gärten heute bei einer Bevölkerung, die als Kleinfamilie weitgehend in Glas, Beton und Stahl lebt, eine sozialhygienische Funktion. Der Zoologische Garten wird von allen Alters- und Bevölkerungskreisen besucht; hier ergeht sich der Professor neben dem Hilfsarbeiter, hier spazieren Großmutter und Enkel einträchtig nebeneinander. Der Zoo ist heute in der Reihe der vielen anderen Institutionen, in denen »man« seine Freizeit verbringt, die weitgehend einzige, in die die Familie noch vollzählig kommt.

Zoologische Gärten weisen höhere Besucherzahlen auf als alle anderen von der öffentlichen Hand subventionierten Kultur- und Freizeiteinrichtungen. Während jedoch die anderen kulturellen Freizeiteinrichtungen wie Theater, Museen, Galerien, Büchereien, Opernhäuser usw. und die unterschiedlichen Sportstätten in ihrer Problem- und Aufgabenstellung einzig und allein auf den Menschen fixiert sind, dienen Zoologische Gärten in einer Doppelfunktion Tieren und Menschen gleichermaßen. Die Zahl der Zoobesucher übertrifft die aller anderen Einrichtungen. So besuchten 1990 30 Millionen Menschen die Zoologischen Gärten, deren Direktoren im Verband Deutscher Zoodirektoren zusammengeschlossen sind. Die Zuschauerzahl von Fußballspielen wird von der deutschen Bundesliga für die Spielsaison 1990/91 mit 3 090 118 Fans angegeben. In Heidelberg besuchten 1990 fast 43 000 Besucher mit dem Familienpaß den Zoo, dagegen besuchten nur 1030 Familienpaßinhaber Theater und Konzerte und 108 das Kurpfälzische Museum. Eine deutlichere Abstimmung über den Wert und die Beliebtheit eines Zoologischen Gartens kann es kaum geben. »Kein Freizeitziel besitzt in Deutschland mehr Anziehungskraft als der Zoo. In einer durch Zivilisation und Technik verarmten Umwelt suchen und finden sie hier einen Zipfel des verlorenen Paradieses« (Peter Baumann, 1971).

Eine Rahmenbedingung von großer Wichtigkeit ist der *naturwissenschaftliche Kenntnisstand,* das wissenschaftliche Jeweilsbild der Biologie in der Gesellschaft. Ein möglichst dem neuesten Wissensstand angenähertes Bild von Tieren, Pflanzen und ökologischen Zusammenhängen wäre hierbei der Idealzustand, besonders wenn man an Politiker denkt, deren Entscheidungen u. U. auch Auswirkungen auf den Betrieb Zoologischer Gärten haben. Nicht zu vergessen sind natürlich jene Leute, die aus Tier- und Naturschutzsicht über Zoos urteilen sowie die Verantwortlichen der Medien.

Hierzu sei eine nicht gerade optimistisch stimmende Untersuchung des biologischen Allgemeinwissens durch die Europakommission für Allgemeinbildung aus der zweiten Hälfte der siebziger Jahre angeführt: Schon die heutige junge Generation – dazu werden alle bis 28jährigen gerechnet – hat nicht nur ausgesprochen dürftige zoologische, sondern auch botanische Kenntnisse aufzuweisen. Das mehr als beschämende Ergebnis dieser Untersuchung zeigt, daß in der angegebenen Altersklasse nur jeder Hundertste mehr als fünf wild wachsende Pflanzen und Blumen und nur jeder Siebzigste mehr als sieben einheimische Wald- und Feldtiere kennt. Das Wissen um Insekten, Käfer, Schlangen und Vögel ist so gering, daß es gar nicht mehr der Erwähnung wert ist.

Die Angehörigen dieser Jahrgänge tragen heute zum Teil Verantwortung und fällen Entscheidungen.

Zoologische Gärten als Vermittler zoologischen Basiswissens können den biologischen Wissensverlust, der auch durch den immer in den Hintergrund tretenden Biologieunterricht verursacht wird, nicht vollständig auffangen. Die weiteren Konsequenzen dieser Entwicklung sind zeitlich überhaupt nicht einzuschätzen. Biologisches Wissen ist im Hinblick auf den zunehmenden Stellenwert des Umwelt- und Naturschutzes dringend erforderlich. So darf es nicht vorkommen, daß beispielsweise in einer Umweltverträglichkeitsprüfung, die von der Deutschen Bundesbahn vorgelegt wurde, Marder, Iltisse und Maulwürfe als »Kleinnager« eingestuft werden... (Marder und Iltisse sind Raubtiere, und Maulwürfe gehören zu den Insektenfressern.)

≡ Die Kommunalverwaltung als Oberbehörde des Zoos

Die Zoologischen Gärten sind, von wenigen Ausnahmen abgesehen, kommunale Kultureinrichtungen, dabei sind sie in unterschiedlichen Rechtsformen organisiert. Zum einen gibt es kommunale Zoos, die entweder als eigenes Amt geführt werden, oder sie sind einem anderen städtischen Amt angegliedert. Bei den in privater Rechtsform als GmbH oder AG geführten Zoos sitzen die politischen Vertreter der jeweiligen Zoostadt in den Gesellschafterversammlungen bzw. Aufsichtsräten. Eine langjährige Kontinuität in der Zusammensetzung dieser Aufsichtsgremien wird durch Gemeinderats- oder Oberbürgermeisterwahlen unterbrochen.

Grundsätzlich ist die Subventionierungspraxis von Bund, Ländern und Gemeinden gegenüber den Kulturinstituten als Bestandteil der politisch-rechtlichen Rahmenbedingungen anzusehen. Im Falle der zoospezifischen Bezuschussung bleibt jedoch festzuhalten, daß dem Zoo als Kulturinstitut bei weitem nicht die Aufmerksamkeit öffentlicher Sponsoren zuteil wird wie beispielsweise künstlerischen Einrichtungen, deren Wert für die Attraktivität bestimmter Standorte offensichtlich sehr viel höher eingeschätzt wird. Es ist einleuchtend, daß bei den wachsenden Aufgaben der Zoos durch das herrschende Subventionssystem die Effektivität sinken muß. Schon seit vielen Jahren wird ein Zoobillet im Bundesdurchschnitt mit vier DM und eine Theaterkarte mit 100 DM bezuschußt. An dieser 1985 veröffentlichten Tatsache hat sich bis heute nichts Wesentliches geändert. – Es sei hier gleich ein Mißverständnis beseitigt: Keiner der Zoodirektoren fordert die Kürzung des Etats anderer Kulturinstitute, sie wären allerdings alle mit einer Milderung dieser Diskrepanz einverstanden. Selbst das

Publikum von Theatern, Schauspielhäusern, Konzerten usw. hat keinen Begriff davon, mit welch hohen Summen die öffentliche Hand ihre Liebhaberei fördert.

In Anbetracht einer gespannten Haushaltslage der Kommunen als momentan wichtigster Geldgeber der Zoos trifft der Vergleich von Fortschritt und Schnecke für die Tiergärten besonders zu und bedeutet damit eine entscheidende Restriktion für die Realisation zukünftiger Projekte. Öffentliche Theater und Schauspielhäuser sind im Wettbewerb um öffentliche Subventionen als Konkurrenten der Zoos zu betrachten. Ein nennenswertes Wachstum der Unterstützungsleistungen erscheint wenig wahrscheinlich. Folgerichtig beurteilen die Zoodirektoren den finanziellen Spielraum Zoologischer Gärten überwiegend schlecht. Nur ein Viertel der Direktoren bewerten diesen Spielraum mit »sehr gut« und »gut«, die Hälfte mit »mittelmäßig« und ein weiteres Viertel mit »schlecht« und »sehr schlecht«. Mit etwa 30−45% erwirtschaften die Zoos ihre Kosten selbst, während dies die öffentlichen Theater in der Spielzeit 1988/89 mit durchschnittlich 17,9% tun und damit nach eigenen Angaben das beste Ergebnis seit 20 Jahren erzielten. Die Worte des ehemaligen Oberbürgermeisters von Heidelberg: »Es gibt keinen besseren Platz als den Zoo, um eine Investition schnell und gleichwertig allen Alters- und Bildungsstufen zukommen zu lassen«, werden von Zoodirektoren zwar gern zitiert, haben aber in der Kommunalpolitik Seltenheitswert.

Als Heini Hediger vor nunmehr einem halben Jahrhundert (1942) seinen »Grundriß der Tiergartenbiologie« veröffentlichte, beschäftigte er sich auch mit dem Problem »Geld«: »Zoologische Gärten sind naturgemäß kostspielig in bezug auf Anlage und Betrieb.« ... »Da und dort besteht immer noch der Aberglaube, daß ein Zoo, wenn er nur richtig aufgezogen ist, ein blühendes, d. h. gewinnbringendes Geschäft sein kann.« ... »Auf jeden Fall kann heute die Qualität eines Zoos nicht nach den Einnahmen beurteilt werden, die aus dem Tierhandel, Eintrittsgebühren oder aus dem Umsatz von Bier, Coca-Cola, Schinkenbroten und Andenken herrühren.« Wer allerdings glaubt, bis heute hätte sich Wesentliches geändert, der irrt.

An anderer Stelle fährt Hediger fort: »Eine grundsätzliche Schwierigkeit ergibt sich oft dadurch, daß Mitglieder der Oberbehörde sich für Experten halten auf dem Gebiet, auf dem nur der Direktor – auf Grund seiner Ausbildung und praktischen Erfahrung – Experte sein kann, und dann glauben, dem Direktor und seinem Stab dreinreden zu dürfen.« Leider gibt es auch dafür Beispiele aus der jüngsten Vergangenheit. In den »Badischen Neuesten Nachrichten« v. 05. 06. 1991 schlägt die Grüne Liste vor, »aus dem jetzigen Tiergehege einen Naturschutz- und Kinderzoo zu machen, der im wesentlichen bedrohte heimische Tierarten beherbergen soll... Der Fischotter, der Marder, der Lux (gemeint ist der Luchs! Der Autor), der Biber oder die Fledermäuse – sie alle könnten in einer weitläufigen Anlage relativ leicht artgerechte Lebensbedingungen erhalten.« Lassen wir gleich Hediger zu Wort kommen:»Zweitens mußten jene, die glaubten, einheimische Tiere seien ›einfacher‹ zu halten, bald einsehen, daß z. B. viele der volkstümlichen Wildarten Europas – wie etwa Reh, Hase, Auer- und Birkwild, Schnepfen usw. – sehr viel schwierigere Pfleglinge sind als manche Antilopen, Affen, Papageien usw.«

Beispielsweise ist die Haltung von heimischen Fledermäusen in Tiergärten problematisch, da ausschließlich Insekten fressende Arten nur schwer zu ernähren sind. Die Bereitstellung so großer Mengen Lebendfutter würde einen nicht zu rechtfertigenden Aufwand bedeuten. Die Haltung von tropischen Verwandten, die sich vorwiegend von Früchten und Obstsäften ernähren, bietet hingegen in Zoos kaum Schwierigkeiten. Einleuchtend ist auch, daß die Pflege körnerfressender Papageien leichter zu bewerkstelligen ist als die der wesentlich höhere Ansprüche an die Nahrung stellenden Auer- und Birkhühner, die je nach Jahreszeit ein wechselndes Futter benötigen.

Abschließend sei bemerkt, daß es glücklicherweise auch Kommunalverwaltungen gibt, die durchaus erkennen, daß die Besucher wegen der Tiere kommen, die der Zoo in interessanten Kollektionen in gepflegten, modernen Häusern und Gehegen zeigt, und nicht – wie ein prominenter Zoodirektor bemerkt,»wegen der Lampionabende und Würstchenbuden. Die Bayreuther Festspiele sind nicht deswegen ausverkauft, weil man in der Parsifal-Pause Sackhüpfen darf, sondern weil Inszenierung und Sänger Format haben.«

≡ Der Zoo im Blickpunkt der Medien

Die Medienlandschaft unseres Gemeinwesens ist reichhaltig, bunt und vielfältig. Die formulierte Meinung, die Nachricht erreicht heute nahezu jeden Bürger über das geschriebene und gesprochene Wort. Unter dem Aspekt immer wieder geäußerter Kritik gegenüber Zoologischen Gärten interessieren hier besonders Einstellungen und Verhalten verschiedener Medienvertreter. Infolge ihrer Rolle als Meinungsführer kommt den Medien eine zentrale Bedeutung für eine Beurteilung der Institution Zoo sowohl durch die Bevölkerung als auch durch Politiker zu. Zookritische Beurteilungstendenzen lassen sich insbesondere im Bereich der überregionalen Presse feststellen, wohingegen die Lokalpresse mit meist positiven

Vorzeichen über Ereignisse in »ihrem Zoo« berichtet bzw. dem Zoodirektor entsprechend Platz für eigene Artikel einräumt. Dieser Umstand ist nicht nur wegen der größeren Verbreitung überregionaler Medien bedeutsam, sondern auch deshalb, weil deren Berichterstattung – oft unter dem Stichwort »Enthüllungsjournalismus« – stärkeren Druck auf politische Entscheidungen ausübt. Einer Verbindung dieser Einflußpotentiale mit der Tendenz zu stark emotionaler Berichterstattung (»Katastrophenjournalismus«) kommt zwar im Bereich einer neuen Einstellung zur Umwelt eine wichtige Schrittmacherfunktion zu, sie birgt jedoch für die Institution Zoo auch die ernstzunehmende Gefahr einer dauerhaften Imageschädigung, z. B. wenn sich Reportagen über vereinzelte Mißstände in Zoos unversehens zu einer generellen Zookritik ausweiten. Eine anthropozentrische Beurteilungsperspektive im Verein mit emotionalisierenden Schlüsselbegriffen bringt so den Zoo pauschal als Tiergefängnis in Mißkredit (siehe auch S. 66 ff).

Beispiel 1: Im Hinblick auf die Vertrauenswürdigkeit der Urheber eines Textes vollziehen Leser, Hörer und Zuschauer eine Einstufung. Dies ist insbesondere im Falle eines heute noch benutzten Schulbuches fatal, wo Falschinformationen zu einem Horrorbild des Zoos führen und wo von den Kindern verlangt wird, zu einem objektiven Zoobild zu finden. Da wird in diesem Schulbuch in einem mit »Der Zoo – eine Hölle für Tiere« überschriebenen Artikel u. a. behauptet: »Bei einer angenommenen Todesquote von 15% krepieren jährlich 960 000 Zootiere.« Mitarbeiter des Münchner Tierparks Hellabrunn haben sich die Mühe gemacht und aus dem *International Zoo Yearbook* von 1980 die Zahl der weltweit gehaltenen Zootiere ermittelt. Danach lebten 1980 in den Zoos der Welt 385 006 Säugetiere, 281 335 Vögel, 56 983 Reptilien, 19 265 Amphibien und 333 832 Fische, also insgesamt 1 076 421 Tiere. Bei angeblich 960 000 toten Zootieren müßten die Zoos der Welt demnach jährlich ca. 90% ihres Tierbestandes ersetzen. Da dies keinesfalls Realität ist, stimmen weder die Zahl der toten Zootiere noch die angebliche Todesrate von 15%.

Beispiel 2: Eine überregionale Tageszeitung veröffentlicht ein 34 Jahre altes Foto eines Unfalles mit Eisbären so, als ob es gestern geschehen sei.

Beispiel 3: Das Taschenbuch eines italienischen Journalisten erscheint 1976, hat 1987 in der deutschen Übersetzung keinen großen Erfolg. Trotzdem nimmt ein angesehener Taschenbuchverlag 1992 die Erzählungen über italienische Zooverhältnisse als »Sachbuch« in sein Programm.

Solche Berichterstattung über die »armen Zootiere« macht nicht nur für Stimmungen anfällig, sie macht auch für Stimmungen süchtig.

≡ Naturschutzverbände und Zoos

Seit geraumer Zeit stehen die Zoologischen Gärten und ihre Arbeit im Mittelpunkt der Ablehnung und der Kritik von nationalen und internationalen Naturschutzverbänden, denen sich auch Tierschutzorganisationen anschließen. Im wesentlichen werden folgende Behauptungen aufgestellt:

– Die Nachzucht bedrohter Tierarten ist kein Beitrag zum Artenschutz.
– Zootiere entwickeln physische und psychische Domestikationseffekte.
– Die geringe Individuenzahl der Gründerpopulation führt zu Gendrift und genetischer Depression.
– Statt bedrohte Arten durch den Versuch der Zucht zu retten, solle man sie lieber in Freiheit und Würde sterben lassen.

Die erste Behauptung, daß die Zucht bedrohter Tierarten kein Beitrag zum Artenschutz sei, ist insofern unrichtig, als von vielen Tierarten die in Menschenobhut gehaltenen Populationen inzwischen größer sind als die in den Herkunftsgebieten lebenden. Die Zahl der Arten, deren Zoobestände größer als in der Natur sind, ist im Steigen begriffen. Beispiele dafür sind der Sibirische Tiger, der Balistar und der Waldrapp. Manche Arten waren in der Natur ganz erloschen, so z. B. Wisent, Arabische Oryx, Milu und Kalifornischer Kondor. In beiden Fällen kommt der Nachzucht erhöhte Bedeutung zu, oder die Art erlischt für immer (s. auch Kap. »Arche Zoo«).

Für die Behauptung, Zootiere entwickelten physische und psychische Domestikationseffekte, ist der federführende Autor bis heute trotz mehrmaliger Aufforderung jeden Beweis schuldig geblieben. Als Domestikation bezeichnet man die Haustierwerdung. Haustiere sind unter dem Einfluß des Menschen entstanden. So hat der Mensch vor etwa 11 000 Jahren begonnen, aus den mehr als 4000 Säugetierarten 18 Arten in den Hausstand zu überführen. Haustiere sind das Ergebnis der bewußten Auswahl nach Kriterien der Nützlichkeit für den Menschen, d. h. Zucht und Auslese über tausende von Jahren. Haustiere stehen deshalb in enger Verbindung mit der kulturellen Entwicklung des Menschen. An Zootiere wurden nie vergleichbare Maßstäbe angelegt; sie durften »wild« bleiben.

Die Bedenken hinsichtlich der Genetik zu kleiner Gründerpopulationen sind nicht stichhaltig, geringe Individuenzahl muß nicht notwendigerweise Lebensschwäche und Entartung zur Folge haben. Man sollte die Gefahren, die durch kleine Zuchtgruppen und zeitweilige Inzucht denkbar sind, nicht überbewerten, siehe das Beispiel der Geparden und der Steinböcke auf S. 85. Die Ausbürgerung von seit Generationen gezüchteter

Zootiere hat in den letzten Jahren den Beweis erbracht, daß diese Tiere rasch verwildern.

Die zuerst von amerikanischen Naturschützern geäußerte Meinung, man solle bedrohte Arten lieber in Würde und Freiheit sterben lassen als den Versuch zur Zucht unternehmen, hat sich am Management des Kalifornischen Kondors entzündet. Diese Auffassung ist dann auch in Europa verbreitet worden.

Als 1987 die letzten Kalifornischen Kondore in Zoologische Gärten gebracht wurden und mit ihnen ein Zuchtprogramm begonnen wurde, war das amerikanischen Naturschützern die zynische Forderung wert, man solle die letzten Wildtiere lieber in Würde sterben lassen als einen Versuch der Rettung durch Zucht zu unternehmen. 1991 wurden die ersten im Zoo geschlüpften Kondore in einem kalifornischen Schutzgebiet wieder freigelassen. Nachdem die Auswilderung des Kalifornischen Kondors beim besten Willen nicht mehr geleugnet werden kann, wird behauptet, Zoologische Gärten leisten der Ausrottung der Arten Vorschub, indem sie für Politiker ein Alibi schüfen, intakte Lebensräume zu zerstören, denn die von der Ausrottung bedrohten Arten ließen sich ja im Zoo züchten und erhalten...

Angesichts der 1990 vorgestellten 129 Auswilderungsprojekte zoogezüchteter Tiere erübrigt sich eine weitere Stellungnahme zu diesem Gedanken (s. auch Kap. »Arche Zoo«).

Zusammenfassend läßt sich feststellen, daß die Ablehnung bzw. schwache Akzeptanz des Artenschutzbeitrages Zoologischer Gärten durch diese Organisationen auf der allen gemeinsamen Favorisierung einer Strategie beruht, die Artenschutz ausschließlich durch den weiträumigen Schutz ganzer Ökosysteme gewährleistet sieht. Der Stellenwert der Arche-Strategie als notwendige Ergänzung für diesen Ansatz wird von den Naturschutzorganisationen ebenso ignoriert wie die am 1. September 1986 offiziell verkündete Politik der IUCN *(International Union for the Conservation of Nature and Natural Resources)*, der weltgrößten Naturschutzorganisation (siehe auch S. 100). In der Zusammenfassung der Erklärung heißt es u. a.:

> »Unterschutzstellung von Habitaten allein ist keine ausreichende Maßnahme der Erhaltung biologischer Artenvielfalt. Sich selbst erhaltende Populationen bedrohter Arten sind in menschlicher Obhut aufzubauen. Zuchtprogramme müssen funktionieren, bevor eine Art im Freiland unter eine kritische Zahl sinkt. Über 3000 Wirbeltierarten werden in Zoologischen Gärten gezüchtet. Der zur

Verfügung stehende Erfahrungsschatz erhält die meisten Arten in vitalen Populationen. Diese Unterstützung bedrohter Arten steht nicht in Konkurrenz mit anderen Schutzabsichten, sie stellt vielmehr für einige Wildpopulationen eine entscheidende Hilfe dar. Biologisch stabile Populationen in menschlicher Obhut ermöglichen die Wiederaussiedlung und die Stützung von Wildpopulationen.«

Je mehr sich der Mensch unserer Zeit der Natur entfremdet, desto deutlicher tritt seine Beziehungslosigkeit zur Natur und zum Tier zutage. Die unsentimentale Einstellung zum Tier, die eine noch naturnahe lebende Bevölkerung auszeichnet, ist in der übertechnisierten Gesellschaft verloren gegangen. Der lange Prozeß der Entfremdung des Menschen in der westlichen Industriegesellschaft vom Leben in der freien Natur ist heute soweit fortgeschritten, daß eine Grenze erreicht zu sein scheint. Die Gesellschaft hat sich so weit von den Tieren distanziert, daß sie in ihrem Bemühen, eine Beziehung zur Natur wieder herzustellen, glaubt, dieser Zustand sei eine Art utopisches Paradies – rein, jungfräulich, unverdorben. Die Menschen sehnen sich danach, eine solche Welt zu erleben, die verlorene Unschuld wiederzugewinnen. Man wendet sich von abendländisch-kritischen Denksystemen ab hin zum ganzheitlich-gefühlsbetonten Eintauchen in mystische Naturwelten. Der traurige Aspekt an diesem Abstand ist, daß die Tierhaltung nur mit Scheuklappen gesehen und abgelehnt wird.

≡ Zoologische Gärten und die Politik

Der Direktor des Instituts für Angewandte Sozialwissenschaften der Universität Köln, Professor Scheuch, hat eine Studie über Parteien und Politiker angefertigt. Der Soziologe kritisierte besonders, daß vor allem in den Städten die Politik von Ideologie, wenigstens aber von Rücksichtnahme auf ideologische Gruppen durchtränkt sei. Die verschiedenen Felder der Politik, Verkehr, Schule, Kultur, Müllentsorgung, Wohnungsbau, das Subventionswesen, alles sei ideologisiert. Politische Karrieren gründeten heute auf der Durchsetzung von Seilschaften in lokalen Zusammenhängen. Sachkompetenz, wie sie vor allem über die Verbände und zum Teil über die Vereinigungen in die Politik hineingetragen werde, sei nur noch von untergeordnetem Stellenwert. Das politische Personal habe zunehmend nur noch die Fähigkeit, »weiche« Themen zu behandeln, wie etwa den Umweltschutz oder soziale Fragen. Der Kölner Soziologe stellte in seiner empirischen Untersuchung eine starke Verflechtung zwischen Verwaltung und Politik fest, die vorwiegend über die Ausschüsse erfolge. Die Frankfurter Allgemeine Zeitung, die am 30. Januar 1992 über diese Untersuchung berichtete, fährt fort, daß die von einer großen Volkspartei in Auftrag gegebene Studie zurückgezogen wurde, da es wegen der gewonnenen Erkenntnisse zu Auseinandersetzungen gekommen war.

Bei diesen Voraussetzungen ist leicht vorstellbar, wie die Argumentation von Naturschutzverbänden die mit dem Sachverhalt nicht vertrauten Entscheidungsträger beeinflußt. Das an den Schulen nicht mehr vermittelte biologische Basiswissen sowie die Bereitschaft, sich in dieser Frage emotional zu entscheiden, bürgen für den Erfolg dieser Strategie. Die folgenden Zitate eines Parlamentariers, der als Obmann seiner Partei in dem einschlägigen Ausschuß fungiert, beweisen dies:

– »Die Tatsache, daß man bei uns Tiere und Pflanzen halten, züchten und vermehren kann, ist kein Grund, dies auch zu tun. Es muß nicht alles getan werden, was machbar ist.«
– »Außereuropäische Tiere haben bei uns nichts zu suchen. Lassen Sie diese dort, wo sie hingehören, selbst dann, wenn ihr Lebensraum dort zerstört ist. Wir brauchen keine exotischen Tiere!«
– »Es ist uninteressant, ob man bei uns Kolibris züchten kann, wenn für diese Erkenntnisse zuvor zahlreiche Artgenossen ihr Leben lassen mußten.«
– »Der Erholungswert, der aus der Tier- und Pflanzenhaltung resultiert, ist völlig uninteressant. Es gibt genügend Angebote, sich nach der Arbeit sinnvoll zu beschäftigen.«

Wie politisch – und nicht sachlich – die Diskussion beispielsweise um das neue Artenschutzrecht in der Bundesrepublik im Jahre 1986 geführt wurde, erhellt ein weiterer Vorgang: Als die Vertreter einer großen Volkspartei, Verfechter einer Auffassung, »daß ›Gefangenschaftshaltung‹ nie ein Beitrag zum Artenschutz sein kann« und »daß Dauerhaltung in ›Gefangenschaft‹ Tiere schafft, die in der Regel für ein Leben in der ›Freiheit‹ untauglich sind« bemerkten, daß viele Parlamentarier nicht dieser Überzeugung sind, baten sie die Arbeitsgemeinschaft Deutscher Naturschutzverbände dringend um eine Gegenstrategie in Form einer Pressekampagne...

Noch 1991 hörte man von einer Bundestagsabgeordneten derselben Fraktion sinngemäß folgendes: Die Gesellschaft muß sich bei der Zerstörung von Lebensräumen auch mit der Ausrottung von Arten als Folgeerscheinung abfinden. Deshalb sind Erhaltungszucht und Ausbürgerung abzulehnen. Der Mensch begreife den Ernst der Situation nur, wenn er bewußt die Ausrottung der Arten sehe! Dieses zynische »Bekenntnis« zum Natur- und Artenschutz hat seine Wurzeln in der Argumentation jener »Naturschützer«, die den Kalifornischen Kondor lieber in »Würde« aussterben lassen wollten, als ihn in Zoos zu züchten. Wie weit hat sich diese Bundestagsabgeordnete von Fritz Erler entfernt, der 1966 im Bundestag sagte: »Wie in einem Volke die Menschen miteinander und wie sie mit den Tieren umgehen, ob sie bereit sind, Menschen und Tiere, unsere Mitgeschöpfe, vor Grausamkeiten und Leiden zu bewahren, das ist Ausdruck der Humanität und der Kulturstufe eines Volkes.«

Diese Hintergründe machen jedoch verständlich, warum das neue Bundesnaturschutzgesetz und die Bundesartenschutzverordnung von einem tiefen Mißtrauen gegenüber Zoologischen Gärten geprägt sind. So ist beispielsweise das zuständige Ministerium schon sehr früh darauf hingewiesen worden, daß die wissenschaftlich geleiteten Zoos der Bundesrepublik in unterschiedlichen Rechtsformen betrieben werden. Trotzdem wurde zunächst ein die privatrechtlich betriebenen Zoos – das ist immerhin die Hälfte – diskriminierender Paragraph nicht geändert.

Das neue Gesetz beinhaltet auch ein Vermarktungsverbot gezüchteter Tiere besonders geschützter Arten. Auf den Einwand des Verbandes Deutscher Zoodirektoren, mit diesem Verbot langfristige Zuchtstrategien, vor allem den internationalen Austausch von Tieren, zu torpedieren, erhielt man eine erschütternde Antwort: Eine Streichung des Vermarktungsverbotes komme für den Minister für Umwelt, Naturschutz und Reaktorsicherheit nicht in Frage, da angesichts des Mißbrauchs der Zuchtausnahmen in der Vergangenheit eine behördliche Kontrolle der Zucht im Vermarktungsbereich besonders schutzwürdiger Tierarten unumgänglich sei.

Das Gesetz fordert darüber hinaus den Nachweis der Zuverlässigkeit und fachlichen Kenntnisse über die Haltung und Pflege der einzelnen Tierarten. Man sollte annehmen, dies sei für den Gesetzgeber im Falle von Zoodirektoren kein Thema, weil es doch die Frage aufwirft, welche Personen in der Bundesrepublik (und in den Ländern der EG) die fachliche Kompetenz der Zoologischen Gärten und ihrer Direktoren beurteilen oder gar anzweifeln können. Doch zeigte sich schon beim nächsten Problem, der Frage der Beurteilung der Nachzucht von Tieren, daß weder der Gesetzgeber noch der zuständige Minister willens waren, sich von Fachleuten in der Haltung und Zucht von Wildtieren beraten zu lassen. Das zuständige Ministerium ließ klarstellen, daß es sich in der Frage der wissenschaftlichen Beratung des Bundesministers bei der Vorbereitung der Verordnung in Fachfragen an die Bundesforschungsanstalt für *Naturschutz* und *Landschaftsökologie* in Bonn-Bad Godesberg sowie an die wissenschaftlichen Institutionen in den Ländern (z. B. *Museum* Koenig und Senckenberg*museum*) wendet – »denn es kann wohl nicht bezweifelt werden, daß diese

Institutionen über entsprechende Erfahrungen im Zuchtbereich verfügen«. Dem ist nichts mehr hinzuzufügen.

Eine Zoo-Animosität kommt auch eindeutig in der Stellungnahme einer vom Europarat ins Leben gerufenen ad hoc-Kommission zum Schutze von Tieren in Ausstellungssituationen zur Sprache. Diese Kommission hat vor ihrer Sitzung nicht bei einem einzigen Tiergärtner um sachverständige Beratung nachgesucht; die Abgeordneten der im Europarat vertretenen Staaten hielten es anscheinend ebenfalls nicht für angezeigt, Sachverständige in die Diskussion und Formulierung eines Entwurfs einzubeziehen. In dieser vom Europarat in Auftrag gegebenen Vorlage steht zu lesen, daß diese Kommission Zirkusse, Stierkämpfe, Wandermenagerien und Zoos verbieten will. Es ist interessant zu wissen, daß dieses Gremium aus Haushaltsgründen aufgelöst wurde, nicht etwa weil zu wenig Sachverstand vorhanden war.

≡ Zoo, Universität und Wissenschaft

Zwar hat sich in den letzten Jahrzehnten zwischen vielen biologischen Wissenschaftsbereichen eine fruchtbare Zusammenarbeit mit den Zoologischen Gärten angebahnt. Doch muß man sich darüber im klaren sein, daß sich die Interessen vieler junger Biologen trotz der Fülle von Forschungsergebnissen auf dem Gebiet der Zoologie, Ökologie, Ethologie, Physiologie, Parasitologie, Veterinärmedizin usw. mehr und mehr anderen Fachgebieten zuwenden, wie Gentechnologie, Biochemie, Kybernetik u. a. m. Um die Artenkenntnis und das Interesse an lebenden Wirbeltieren ist es immer schlechter bestellt. Der Unterschied in den Betrachtungsweisen der Tiergärtner und den völlig anders arbeitenden Universitätswissenschaftlern wird immer größer. Es stellt sich mehr und mehr wieder jener Zustand ein, den Heinrich Dathe 1986 so beschrieb: »Wir, die wir lange in diesem Berufe arbeiten, wissen, daß wir von der hohen Wissenschaft gelegentlich über die Schultern angeschaut werden, weil man uns als populärwissenschaftliche Autoren oder Propagandisten bezeichnet oder überhaupt ansieht. Das stört uns nicht. Ich halte es hier mit meinem verehrten Chef, Prof. Schneider, der mir mal gesagt hat: ›Lassen Sie nur, um populärwissenschaftlich zu schreiben, muß man sehr viel mehr wissen, wenn man verallgemeinert – und das mußten wir in jedem Falle –, als wenn man nur fachwissenschaftlich sich äußert‹.«

Merkwürdigerweise erlangen Tiere, sobald sie tot sind und vom Zoo, der in der öffentlichen Meinung bis zum heutigen Tag als Ort der Entspannung und des Amüsements angesehen wird, ausgestopft in ein naturhistorisches Museum überwechseln, automatisch ihren Kulturstatus. Im Jahre 1913 schreibt Friedrich Knauer »Über den Nutzen, den ein Zoologischer Garten der wissenschaftlichen Tierkunde leisten kann und soll, war man sich lange, selbst in den Kreisen der akademisch Gebildeten, ja unter den fachmännischen Zoologen recht unklar.« In vielen Fällen ist selbst heute nach 80 Jahren dieses Urteil noch gültig. So kommt es, daß nicht einmal Museen die Arbeit Zoologischer Gärten angemessen beurteilen:

Ein staatliches Museum in München z. B. informiert seine Besucher emotional-ideologisch, nicht aber seiner Aufgabenstellung nach wissenschaftlich objektiv: Unter einem Bild, auf dem ein Orang Utan durch die Gitterstäbe getränkt wurde, steht u. a.: »So treten z. B. bei unseren nächsten Verwandten, den Menschenaffen, unweigerlich schwere Verhaltensstörungen auf, wenn man sie einsperrt und zur Schau stellt. Dazu sind sie viel zu intelligent und empfindungsfähig.« Mehrmalige Proteste des Zoodirektors beim Generaldirektor der Naturwissenschaftlichen Sammlungen blieben ohne Erfolg. Auch hier tritt die persönliche Emotion gegen Zoos an die Stelle einer objektiven Information.

Neben den Zoologischen Instituten der Universitäten und den Tierärztlichen Hochschulen befassen sich Zoologische Gärten im großen Umfang wissenschaftlich mit Tieren. Zoologische Gärten verfügen über eine Vielzahl von Arten, deren näheres Kennenlernen wünschenswert und in vielen Fällen dringend notwendig wäre. Universitäten halten im allgemeinen nur wenige und meist allseits bekannte Laborarten. Die Erfahrungen vieler Universitäten und Zoologischer Gärten haben gezeigt, daß eine fruchtbare Zusammenarbeit beider Institutionen tatsächlich möglich ist.

Am weitesten ist diese Zusammenarbeit mit der Veterinärmedizin gediehen. So ist es als ein Glücksfall anzusehen, daß die bereits erwähnte (S. 32f) Forschungsstelle für Wirbeltiere, die dem Tierpark Berlin-Friedrichsfelde angegliedert war, nach der deutschen Wiedervereinigung überlebte. Sie arbeitet heute unter dem Namen »Institut für Zoo- und Wildtierforschung« weiter. Ein jährlich vom Institut veranstaltetes »Internationales Symposium über die Erkrankungen von Zoo- und Wildtieren« steht Zoodirektoren, Zootierärzten, Hochschulwissenschaftlern u. a. m. als wissenschaftliches Podium zur Verfügung. Neben dem Fachbereich Wild- und Zootierkrankheiten mit den Fachgebieten Vergleichende Pathologie, Mikrobiologie und Parasitologie gibt es in diesem Institut einen weiteren Fachbereich Wild- und Zootierbiologie mit den Fachgebieten Reproduktionsbiologie und -pathologie sowie Physiologie.

Von einer solchen engen Zusammenarbeit sind Zoologische Gärten und Zoologische Universitätsinstitute allerdings auch heute noch weit entfernt. So muß man beklagen, daß die Aussage von Rudolf Lehmensiek (1934): »Es ist erstaunlich, eine wie untergeordnete Rolle der Zoologische Garten in der Ausbildung des Biologen spielt«, leider auch heute noch weitgehend zutrifft.

Zoo der Zukunft

Helmut Pechlaner

In den vorausgegangenen Kapiteln wurden Vorläufer und Geschichte Zoologischer Gärten beschrieben, besonders ausführlich hatten wir jedoch das heutige Selbstverständnis moderner Zoologischer Gärten dargestellt. Natürlich wurde schon dort sehr viel zum Thema »Zoo der Zukunft« ausgesagt. Denn nur in wenigen Zoos ist all das verwirklicht, was oben als richtig und wünschenswert dargestellt wurde. In vielen Zoos ist immerhin einiges davon täglich geübte Praxis, doch sind noch gewaltige Anstrengungen und unterstützende Maßnahmen erforderlich, um die Realisierung dieses Aufgaben- und Wunschkataloges zu erreichen. Es gibt aber leider auch genügend Zoos oder Einrichtungen, die sich so nennen, die in ihren Prospekten und vielleicht auch in mancher Wortmeldung das Bild des zeitgemäßen Zoologischen Gartens für sich zu Unrecht beanspruchen. In der Realität sind sie jedoch weder bereit noch in der Lage, die erforderlichen Umstrukturierungen und Verbesserungen mit Sachkenntnis und vollem Engagement auf sich zu nehmen. Dabei ist es unerheblich, ob es sich um kommerzielle Tierschauen an Überlandstraßen handelt oder um Tierhaltungsbetriebe, die von ihrem privaten oder öffentlichen Besitzer aus mangelnder Sachkenntnis, fehlendem Interesse und Geld einfach zu Anstalten der Tierquälerei ausgehungert werden.

Zoologische Einrichtungen dieser Art haben keine Zukunft und müssen geschlossen werden. Die Sperrung solcher sogenannten Zoos – in den letzten Jahren unter anderem in Italien und Großbritannien praktiziert – wird von manchen Zoogegnern als Beweis der mangelnden Existenzberechtigung Zoologischer Gärten herangezogen; das Gegenteil ist wahr. Nur solche Tiergärten, die sich ernsthaft und erfolgreich bemühen, nach modernsten Grundsätzen der Tiergartenbiologie (also nach den Erkenntnissen, die alle beteiligten Wissenschaften im Rahmen der Zootierhaltung gewonnen haben) ihren Betrieb aufrechtzuerhalten, haben eine Existenzberechtigung und sind in diesen Funktionen auch absolut unverzichtbar für uns Zivilisationsmenschen und für den Erhalt der Tierwelt. Kritik an überholten Modellen der Tierhaltung beschleunigt sicher den Weg in eine gute Zukunft. Einer engagierten und fachkundigen Zooführung sollten solche Mängel natürlich bekannt sein, doch kann Kritik von außen oft schneller für zusätzliche Finanzmittel sorgen. Kritiker, die mit fundiertem Wissen Mißstände aufzeigen, müssen im Zoo willkommen sein! Die Institution Zoo mit ihrem komplexen Aufgabengebiet jedoch zur Gänze abzulehnen, zeugt nicht nur von mangelndem Sachverstand, sondern richtet sich zweifellos gegen die Bestrebungen der Volksbildung sowie des Natur- und Tierschutzes.

≡ Welche Ziele sollen erreicht werden?

Der Zoo der Zukunft will nach besten Kräften dazu beitragen, daß sich die Menschen in den entwickelten Ländern nicht noch mehr von ihrer belebten Umwelt, bewußt oder unbewußt, abzukoppeln versuchen. Ein moderner Zoologischer Garten führt zurück zu den Wurzeln, hin zu den Mitgeschöpfen, die einen vollwertigen Bestandteil der Lebensgemeinschaften dieser Erde darstellen. Durch diese Bewußtseinsbildung wollen Zoos in der Öffentlichkeit Druck erzeugen, damit natürliche Lebensräume geschützt und erhalten werden und mit ihnen auch die biologische Vielfalt, die sie beherbergen. Bei einem erholsamen und erlebnisreichen Spaziergang sollen wir Menschen unsere verantwortliche Stellung in diesen Lebens- und Schicksalsgemeinschaften erfahren.

Die im vorderen Teil des Buches ausführlich beschriebenen Aufgaben des Zoos unter den Stichworten Erholung, Bildung, Forschung und Naturschutz bleiben natürlich auch für den Zoo der Zukunft die Leitlinie der Entwicklung. Trotzdem werden diese Arbeitsschwerpunkte mit teilweise neuen Methoden zu erreichen sein.

An Bedeutung gewinnt z. B. die Selbstbeschränkung der Aufgabenstellung, das Schlagwort »Themenzoo« wird stärker in den Vordergrund treten. Der Zoo der Zukunft kann sicher keine Tiersammlung sein, in der wie in einem Bilderbuch eine möglichst große Artenzahl dem staunenden Publikum vorgeführt wird. Bezogen auf den bisher üblichen Artenreichtum in den Zoologischen Gärten ist zumindest bei den Wirbeltieren eine klare Selbstbeschränkung angesagt. Damit ist nicht nur gewährleistet, daß den einzelnen Tierarten mehr Raum, Struktur und Aufmerksamkeit geboten werden kann. Für den wißbegierigen Besucher erhöht sich jedenfalls die Aussicht, ein maximales Verhaltensrepertoire der Tiere in ihrem Leben als Paar, in der Kolonie oder im Rudel zu erkunden.

Selbstbeschränkung, ja Spezialisierung ist auch für Zoologische Gärten wichtig, nur wer Schwerpunkte setzt, kann auch Außerordentliches leisten. Eine Themenstellung für den Tiergarten ist aber auch für den Zoobesucher von besonderer Bedeutung, wird doch dadurch das gezeigte zoologische Spektrum verständlicher. Ein Themenzoo ist also ein Tiergarten, der sein Aufgabengebiet auf einen bestimmten Teilbereich aus der Artenvielfalt des Tierreichs beschränkt. Eine solche Spezialisierung ist bereits in Form des Aquarien- und Reptilienzoos, des Alpenzoos (Innsbruck) oder des Wüstenzoos realisiert worden. Das andere Extrem sind Tiergärten, in denen je nach den Wünschen der Zooleitung oder des Publikums, den finanziellen Gegebenheiten oder dem zufälligen Angebot des Tierhandels eine unüberschaubare und/oder unkoordinierte Artenanhäufung, unter Umständen nur notdürftig untergebracht, gegenübersteht. Damit könnte bestenfalls einem zoologisch versierten Systematiker gedient werden, der sich für die Besonderheiten der einen oder anderen Unterart interessiert. Das Interesse und die Lernfähigkeit der Zoobesucher werden bei einer solchen Darbietung jedoch klar überfordert, eine gediegene Zoopädagogik wird schwierig gemacht. Bei der Themenwahl ist der Phantasie keine Grenze gesetzt. Naheliegend ist eine Beschränkung auf eine Klimazone, auf einen Lebensraum, einen Erdteil oder auf einen kleineren geographischen Raum. Beispielsweise auf den Bereich der Alpen wie im Alpenzoo in Innsbruck, der ausschließlich Tiere zeigt, die heute noch in den Alpen leben oder in geschichtlicher Zeit hier gelebt haben. Ähnliche Beschränkungen oder solche auf einen Teilbereich der zoologischen Systematik sind sicher naheliegender als das literarische Thema, das sich der Bibelzoo in Jerusalem gewählt hat: Er zeigt möglichst all jene Tiere, die in der Bibel Erwähnung finden.

Die Forderung nach Errichtung eines Themenzoos ist bei einer Neugründung nicht nur unverzichtbar, sondern auch leicht zu erfüllen. Die Umstrukturierung alter Tiergärten ist hier allerdings wesentlich schwieriger, Traditionen im Betrieb mit Wünschen der Besucher und der Entscheidungsträger, vor allem jedoch der gegebene Tierbestand lassen eine Spezialisierung nur langsam realisierbar werden. Klassische Zootiere, die manchen unverzichtbar erscheinen, dürfen in Zukunft jedenfalls nicht »klassisch«, sondern nur nach modernsten Gesichtspunkten gehalten werden.

Wenn also eine Beschränkung bei der Zahl der gehaltenen Tierarten sinnvoll und möglich ist, so muß auch beim Thema Flächenbedarf flexibel reagiert werden. Zweifellos war es für einen Zoodirektor zu allen Zeiten wünschenswert, ein größtmögliches Tiergartenareal zugesprochen zu erhalten. In der Vergangenheit führte eine Vergrößerung allerdings fast stets zu einer Aufstockung des Tierbestandes und Vermehrung der gehaltenen Arten, jedoch viel zu selten zur Errichtung großzügiger Gehegeanlagen. Gerade bezüglich der wünschenswerten Verknüpfung von Tierhaltung und typischer Pflanzenwelt ist ein großes Areal zweifellos anzustreben und hilfreich. Forderungen nach großflächigen Tier- und Pflanzenanlagen dürfen jedoch keinesfalls dazu führen, daß die bestehenden und teilweise recht kleinen Innenstadtzoos geschlossen werden! Der Druck der Wirtschaft nach teurem Bauland in der Stadt kann dies zum Vorwand nehmen, Zoos aus dem Zentrum verschwinden zu lassen oder an den Stadtrand zu drängen. Neugründungen sind sicher zu begrüßen, doch haben auch und gerade Innenstadtzoos ihre Berechtigung und Bedeutung. Nach modernsten Grundsätzen geführt, stellen sie einen wertvollen »Notausgang zur Natur« für die anwohnende Bevölkerung dar. Hier gilt ganz klar der Grundsatz: »Es gibt keine zu kleinen Zoos, sondern nur zu viele Tiere und/oder zu kleine Gehege.« Eine stark begrenzte Artenzahl kann auch in kleinen Zoos durchaus optimal gehalten werden.

Jedenfalls müssen Zoobesucher auch bei sehr großen Zooanlagen bedenken, daß eine vielfache Gehegefläche nicht automatisch einen vielfachen Tierbesatz zuläßt, sondern daß eben nach wie vor nur eine Familie hier ihren Lebensraum als Grundbesitz beanspruchen kann. Unabhängig von der Größe des Geheges ist vorrangig die Mannigfaltigkeit der Strukturelemente für das Wohlbefinden der Tiere entscheidend. In allen Zoos brauchen viele Tierarten noch mehr Gelegenheit, ein Maximum an Verhaltensweisen ausleben zu können. Daß hier die Verantwortlichen, Direktion oder Tierpfleger, stets neue Ideen entwickeln können, ist selbstverständlich einzusehen.

Künftighin wird der Zoo noch mehr als bisher eine Stätte der biologischen Bildung neben den schwerpunktmäßig betriebenen Funktionen als Stätte der wissenschaftlichen Forschung, als Institution des Tier- und Artenschutzes, aber auch des gehobenen Erholungsraumes sein. Daher ist die Finanzierung neuerlich zu überdenken. Zoologische Gärten sind hier in einer äußerst zwiespältigen Situation, die sich zumindest europaweit zuspitzt. Für eine kulturelle und soziale Bildungsstätte sollte es eigentlich selbstverständlich sein, daß die öffentliche Hand ihre Verpflichtung anerkennt und so wie bei Schulen, Museen und Theatern im öffentlichen Interesse auch den offensichtlich notwendigen Finanzbedarf abdeckt. Zoologische Gärten entsprechen aber bereits heute derart umfassend den Bedürfnissen einer breiten Bevölkerungsschicht, daß im Gegensatz zu anderen kulturellen Einrichtungen eine hohe Besucherzahl bereit ist, respektable Eintrittspreise zu bezahlen und so im Zoo eine hohe Eigenfinanzierungsquote erreicht wird. Diese führte jedoch keineswegs dazu, daß die Zoologischen Gärten nun über mehr Mittel zur Verbesserung und Ausweitung ihres Angebotes verfügen könnten, im Gegenteil! Der Differenzbetrag zu den tatsächlich benötigten Betriebskosten, aber auch der Finanzbedarf bei Neubauten wird in vielen Stadtgemeinden eher zurückhaltend bemessen. Dies der irrigen Annahme wegen, daß eine Einrichtung mit lebenden Tieren und vielen Besuchern doch eher etwas Kommerzielles sei und nicht so sehr der Landeskultur zu dienen habe. Wer künftig immer noch an Zoologischen Gärten spart, spart sicher an der falschen Stelle.

Zoopädagogik hat mit der Belehrung von Schulklassen begonnen und entwickelt sich immer mehr zur wissenschaftlichen Service-Stelle für alle Zoobesucher. International betrachtet haben Zoologische Gärten weit mehr Besucher als andere kulturelle Institutionen (siehe S. 156). Nicht umsonst werden Zoologische Gärten als die bestbesuchten Schulen des Landes bezeichnet und ganz zurecht wird heute der Zoopädagogik ein hoher Stellenwert zugeordnet. Im Zoo wird auf ganz besondere Art eine Saat des Bewußtseins gesät, die gerade bei der Jugend auf fruchtbaren Boden fallen sollte. Die erzieherische Aufgabe des Zoos ist künftig wohl jener Bereich, der vom Personal- und Sachaufwand im Normalbetrieb die größten Steigerungsquoten erfahren wird. In modernen wissenschaftlich geführten Zoos haben Zoologen und Tierärzte einen festen Platz und sind vornehmlich für die Betreuung der Tiere im weitesten Sinne zuständig. Im Zoo der Zukunft wird eine kräftige Personalaufstockung bei der pädagogischen Betreuung vor allem der Schüler, aber auch der Erwachsenen notwendig sein. Die moderne Freizeitgesellschaft ist anspruchsvoll geworden; und Tiergärten wollen ihre Besucher nicht nur anlocken und beschäftigen, sondern im Sinne der kulturellen Aufgaben auch weiterbilden. Mit Schulweisheiten ist hier nichts zu erreichen, die Information muß packend und erlebnisreich dargeboten werden. Die Erweiterung des Aufgabengebietes und die Art der Darbietung des Zoos der Zukunft zeigen die folgenden Seiten, so wird moderne Zoopädagogik auch in diesem Bereich möglich.

≡ Der Blick ins nächste Jahrzehnt

In der Entwicklung der Zoologischen Gärten haben wiederholt bestimmte Einzelpersonen eine Epoche, eine neue Richtung eingeleitet. Rückwärts blickend seien hier aus dem Beginn unseres Jahrhunderts die Namen von Carl Hagenbeck, dem Schöpfer der Freisichtanlage, und aus der Jahrhundertmitte von Dr. Heini Hediger, dem Vater der Tiergartenbiologie, genannt. Heute zeichnen sich erneut zwei Personen ab, die durchaus mit revolutionierenden Umwälzungen im Selbstverständnis und der Präsentation unserer Zoos in Verbindung gebracht werden könnten. Es sind dies Dr. Michael H. Robinson vom Nationalzoo in Washington D.C., USA, und Christopher Parsons, dem Repräsentanten des Electronic Zoos aus Großbritannien. In den Jahren 1986 und 1987 führte Michael Robinson den Terminus »Biological Park« ein, weil ihm offensichtlich die Beschäftigung der Zoos mit Tieren allein nicht ausreichend war und weil ihm die Komponente der Zusammenschau der Biologie fehlte.

Natürlich gibt es schon heute in fast allen Tiergärten neben Beschriftungen und bildlichen Darstellungen Modelle, Umweltausstellungen, Natur- und Artenschutzprogramme, aber auch Wissenschaftler, die an Forschungsprojekten arbeiten, die nicht nur mit den betreuten Tierarten in Zusammenhang stehen. Michael Robinson verwies schon damals auf die Notwendigkeit, die Natur im größeren Rahmen, in weiteren Zusammenhängen zu präsentieren, in Form von Ausschnitten des Ökosystems. Ein Zusammenleben oder zumindest eine Zusammenschau von Pflanzen, Wirbellosen und Wirbeltieren ähnlich wie in der freien Natur, war ihm als Betonung der biologischen Vielfalt wichtig, als ein Bogen, der sich von den Wurzeln des Lebens zur Formenvielfalt hin bis zur heutigen explodierenden Umweltkrise spannt.

Der Begriff »Biological Park« könnte heute allerdings zu Mißverständnissen führen, bezeichnet man doch damit auch in Indien riesige, eingezäunte Parkanlagen mit einer Fläche von 200 bis 400 Hektar, die von Wildhütern betreut werden und in denen standorttypische Tiere in ihrem Ökosystem gezeigt werden. Die Betreuung von Wildtieren auf so riesigen Flächen mag zwar deren Bedürfnissen gut entsprechen, für die unmittelbare und erlebnisreiche Belehrung einer breiten Bevölkerungsschicht scheint eine solche Anlage jedoch nicht ausreichend geeignet.

Im Sprachgebrauch der Zoodirektoren auf allen Kontinenten wird nun auf Initiative M. Robinsons der Ausdruck »BioPark« verwendet, wenn ein Zoo seinen Schwerpunkt zumindest im Rahmen der Didaktik von den Tieren zu Ökosystemen verlegt. Dies wird wohl der beste Weg sein, um in Zukunft die erzieherischen Aufgaben der Biologie und Umweltkunde erfüllen zu können. Das Leben auf unserem gesamten Erdball ist derartig vielfältigen Einflüssen unterworfen, daß wir unsere pädagogische Aufgabe ganzheitlich als Zusammenschau der verschiedensten Fachrichtungen der Biologie erkennen müssen.

In den vergangenen Jahrzehnten war es üblich, die Naturgeschichte in künstliche Unterabteilungen zu zergliedern und nicht nur in der Schule, sondern auch in der öffentlichen Präsentation in Form von Tiergärten, Botanischen Gärten, Abschnitten in naturkundlichen Museen ect. darzubieten. Künftighin kann ein Tiergarten über Vorgänge in der Natur nicht ausreichend bildend tätig sein, wenn nicht möglichst eindringlich und genau Details über die grundlegenden Zusammenhänge vom Leben verschiedenster Tier- und Pflanzenarten und dem Wirken des Menschen mitgeliefert werden. Wahrscheinlich kann ein Tiergarten nicht einmal ausreichend verständlich über das heutige Leben auf unserem Planeten informieren, wenn nicht da und dort auch die Entwicklungsgeschichte dokumentiert wird. Im BioPark ist daher auch ein »Evolutions-Zoo« enthalten.

Kann ein Tiergarten wirklich damit zufrieden sein, wenn sich die Besucher an der Schönheit und dem Verhalten einer Tierfamilie erfreuen, Größe, Aussehen und Geruch einiger Tiere bestaunen und spezielle Erkenntnisse mit nach Hause nehmen? Ohne dabei eine allfällige Themenstellung unbedingt zu verlassen, sollten doch auch Funktion und Position der Arten innerhalb ihres Lebensraumes in irgend einer Form erklärt werden.

M. Robinson weist darauf hin, daß ein Tiergarten nicht wirklich über die Wechselwirkung zwischen menschlicher Zivilisation und den anderen Lebewesen unterrichten kann, wenn nicht Material über die urgeschichtliche Entwicklung unserer Art und der anderer Lebewesen geboten wird. Wenn die aktuelle Bevölkerungsexplosion und ihre Folgen für die Umwelt den Mitmenschen verständlich gemacht werden soll, kann die Entwicklungsgeschichte des Menschen und seiner Mitlebewesen wohl nicht übergangen werden. Was verstehen wir von der Natur, wenn wir nicht ganzheitlich denken und die Beziehungen mit kleinen und Kleinstlebewesen, mit den Pflanzen und den klimatischen Bedingungen aufzeigen?

Der Einwand kommt schnell: Ein Zoologischer Garten kann keinen Botanischen Garten oder ein Naturkundemuseum ersetzen. Das soll er auch gar nicht, genausowenig wie er die gesamte Artenfülle des Tierreiches zeigen kann und darf. Aber noch mehr als Naturkundemuseen und Botanische Gärten müssen Tiergärten am Konzept des BioParks arbeiten und damit die Trennungslinien verwischen.

Moderne Anlagen für Tiere sind unverzichtbar, aber zugleich müssen die Aktivitäten auf dem Gebiet des Artenschutzes ausgeweitet und die Erziehungsprogramme erweitert werden. Aber die Zukunft der Zoos und die Berechtigung ihrer Existenz wird gesichert und verstärkt, wenn wir den Zoo oder das Aquarium, den Botanischen Garten und das Naturkundemuseum in Teilbereichen verschmelzen. In Düsseldorf hat Dr. Manfred Zahn für den Lebensraum Wasser bereits einen großen Schritt in diese Zukunft getan. Die Verschmelzung von Museum und Zoo unterstützt von moderner Technik bietet ein modernes Naturerlebnis. In Holland bezeichnet sich der ehemalige »Noorder Dierenpark« nun als »Zoo Biochron Emmen« und kann für sich in Anspruch nehmen, daß er auf dem Gebiet der Präsentation nicht nur von Tieren und Pflanzen, sondern auch von deren Lebensgemeinschaften und Entwicklung beispielgebend ist. In all unserer tiergärtnerischen Öffentlichkeitsarbeit dürfen wir die biologische Vielfalt nicht außer acht lassen, ist sie doch zur Zeit am meisten gefährdet. Wenn wir für den Naturschutz eintreten, müssen wir mithelfen, daß unsere Mitmenschen etwas von Ökologie verstehen.

Das Ziel von Michael Robinson ist gut, der Weg zum BioPark aber durchaus noch nicht klar vorgezeichnet. Nur beim National Zoo in Washington D. C. kommt das Wort »BioPark« im Untertitel vor. Die Umwandlungen in den Zoos müssen größer sein als von der Menagerie zu den Hagenbeckschen Freianlagen. Sicher können wir gerade bei großen Tierarten keinen echten Ausschnitt des Lebensraumes bringen und dann noch die Wechselbeziehungen mit anderen Tieren und Pflanzen im Gehege ablaufen lassen! Bei der geheimnisvollen Welt der Insekten ist die umfassende Darstellung schon viel leichter möglich. Wenige Menschen sind sich dessen bewußt, daß wahrscheinlich 95% aller lebenden Tierarten kleiner als ein Hühnerei sind. Gerade hier bieten sich moderne technische Hilfsmittel an. Die Eindrücke, die uns elektronische Medien mit ihrer Präzision, ihrer Vergrößerung und vor allem mit ihren Übertragungsmöglichkeiten von diesen Lebensformen liefern können, bieten einen Ausflug in eine natürliche Welt, die alle Sinne fesselt und den Besucher daran zweifeln läßt, ob er seinen Augen überhaupt noch Glauben schenken darf. Der Zoo der Zukunft wird also verstärkt bemüht sein, auf zusätzliche Informationsträger hinzuarbeiten.

Die Weitergabe von Wissen im Zoo hat mit einfachen Schildern begonnen, auf denen die Tiere vorgestellt wurden. Beschriftung und Bebilderung haben in den letzten Jahren in modernen Zoos bereits eine beeindruckende Perfektion erreicht, wobei große Schautafeln auch übergreifende Zusammenhänge demonstrieren. Modelle und Skelette wie aus einem Lehrmittelkabinett einer höheren Schule werden den lebenden Tieren gegenübergestellt und haben sicher viel zum Verständnis beigetragen. In Einzelfällen helfen schon versteckte Videokameras mit, dem staunenden Besucher Einblick in die Nester und Höhlen der Tierfamilien zu bieten, ohne daß diese beeinträchtigt werden.

≡ Elektronik im Zoo

Daß all dies nicht ausreicht, die für den BioPark gewünschte Informationsfülle auch entsprechend spannend und erlebnisreich zu übermitteln, ist leicht einzusehen. Doch hier kann modernste elektronische Technik als Hilfsmittel eingesetzt dazu beitragen, ein möglichst ganzheitliches Bild der Biologie zu vermitteln. In diesem Zusammenhang ist es notwendig, den zweiten Namen zu nennen, der vielleicht in der Zukunft der Zoos und hier gerade auf dem erzieherischen Sektor besondere Bedeutung erlangen könnte. Es ist Christopher Parsons, der mit seinem Schlagwort vom »Electronic Zoo« auch in Kreisen der Direktoren Zoologischer Gärten, Botanischer Gärten und Museen bekannt geworden ist. Zur Zeit wird in Großbritannien, speziell in Bristol, aber auch in den USA an der Realisierung erster Projekte gearbeitet. Als ehemaliger Direktor und Produzent der BBC Natural History Unit war er über Jahrzehnte primär dem Tierfilm verbunden. Die modernen Möglichkeiten der Aufnahmetechnik für kleinste Lebewesen und ihre Darstellung auf High Definition Systemen ließen ihn darüber nachdenken, biologische Zusammenhänge auf neue Art und Weise zu präsentieren. Andererseits hat er registriert, daß Museums- und Zoodirektoren immer wieder nach Technologien Ausschau halten, Naturfilmprogramme besonders reizvoll in ihren Ausstellungen einzubauen. Damit war die Idee für einen Electronic Zoo geboren, wobei der Spielraum von maximaler Elektronic und nur wenigen lebenden Tieren bis zur elektronischen Bereicherung existierender Zoos gegeben ist. Und in letzterem scheint wohl auch die Zukunft zu liegen.

Gute Zootierhaltung wird sich auch in Zukunft nicht einmal im erzieherischen Bereich durch Film und Elektronik ersetzen lassen. Der Besuch im Zoo kann jedoch wesentlich informativer und erlebnisreicher gestaltet werden, wenn Zusatzinformationen über elektronische Medien mitreißend dargeboten werden. Jeweils unter Bezugnahme auf vorhandene Tiere oder Lebensgemeinschaften in ihrer Anlage können auf elektronischem Wege Entwicklungsgeschichte, Hintergrundinformation aus dem Lebensraum, Interaktionen mit anderen Tierarten, aber auch verwandte Tiere anderer Lebensräume lehrreich dargestellt werden.

Es ist aber auch möglich, zusätzlich die Pflanzenwelt und die darin verborgene Kleinlebewelt der Insekten faszinierend darzustellen, damit der Besucher auch so ein umfassendes Bild gewinnt. Alle Möglichkeiten müssen genützt werden, um die Zoobesucher über die Bedeutung und Besonderheit der biologischen Vielfalt und Vernetzung aufzuklären. Dafür sind verschiedene Präsentationsmöglichkeiten denkbar: Man kann lebende Tiere in Kombination mit einer dicht aufgeschlossenen TV-Kamera, eventuell mit »Rundblick«, zeigen; das ist wohl die einfachste Version und empfiehlt sich in erster Linie für wirbellose Tiere, die gut zu halten sind und vom Blickwinkel einer Spezialkamera erfaßt werden können. Schmetterlinge, die aus der Puppenhülle schlüpfen, eignen sich dafür ebenso wie Kolonien sozialer Insekten, beispielsweise Bienen in ihrem Bau oder die Arbeitskolonien von Blattschneiderameisen. Hier öffnet die Elektronik dem menschlichen Auge neue Dimensionen. Andererseits könnten neben einem Gehege mit gutgehaltenen Tieren zusätzlich auf Videogerät Verhaltensweisen gezeigt werden, die nicht bei jedem Zoobesuch zu sehen sind, z. B. Balz-

und Brutpflegeverhalten. Darüber hinaus läßt sich interaktive Elektronik vertiefend einsetzen:

Mit dem interaktiven Video kann sich der Besucher jederzeit in das Geschehen des Filmes mit einem Fingerzeig auf dem Bildschirm einmischen; er erhält anschließend ein detailiertes Informationspaket über diesen Bereich. Diesen Vorgang erklärt Ch. Parsons an Hand eines Beispiels, das er verwirklicht hat: Ein alter englischer Eichenbaum wurde aus demselben Blickwinkel über 12 Monate lang gefilmt und zeigt den jahreszeitlichen Wechsel in einem Kreislauf von 36 Sekunden Dauer; der Besucher kann nun jederzeit sowohl jahreszeitlich als auch örtlich in den Filmablauf eingreifen und bekommt dann einen Zweiminutenfilm zu sehen, der jene Lebewesen in Aktion zeigt, die genau in diesem Monat und an dieser Stelle in Wechselbeziehung zueinander in der Eiche wohnen. Anschließend läuft der Übersichtsfilm wieder weiter, bis der nächste Besucher eingreift.

Interaktivität kann auch direkt geboten werden: Kleine Lebensräume, wie beispielsweise ein Teich, können durch den Besucher erforscht werden, indem er eine mobile Videokamera mit einer Spezialperiskoplinse bewegt. Das Bild der Kamera kann natürlich von einer ganzen Gruppe von Besuchern zugleich beobachtet werden. Zusätzlich angebrachte Kamerasysteme bieten besondere Nahaufnahmen von Lebewesen, die für die Betrachtung mit bloßem Auge zu klein sind.

In Zusammenhang mit speziellen Ausstellungsflächen gibt es verschiedenste Geräuschkorridore, die den Besucher mit einem allumfassenden Hörerlebnis erfassen. Er wird gleichsam durch simulierte Lebensräume geführt, durch ein Höhlensystem, einen Tropenwald des Nachts, einen englischen Wald in der Dämmerung etc. Die Geräuschempfindung wird tatsächlich dreidimenisonal erfolgen und viele individuelle Geräusche werden die Vielfalt der Tierarten dokumentieren.

Die Darbietung der »Magic Windows« entspricht einem simulierten Observatorium und bietet einen panoramaartigen Einblick in ein Naturschauspiel; beispielsweise eine Seevogelkolonie oder das Leben an einer afrikanischen Wasserstelle. Die Darbietung der Bilder auf drei High Definition-Videoschirmen wird durch die aktuelle Laser- und Disc-Technik zum besonderen Erlebnis. Dem Einfallsreichtum in punkto Themenstellung sind keine Grenzen gesetzt.

Modernste Elektronik kann das unmittelbare Erleben von Tieren im Zoologischen Garten auch in Zukunft nicht ersetzen, Tiere dürfen für sie auch nicht zur Kulisse oder zum Lockvogel degradiert werden. Im Zoo der Zukunft kann und muß man sich jedoch auf solche Tierarten beschränken, denen optimale Lebensbedingungen geboten werden können, deren Erhaltung und Zucht für den Natur- und Artenschutz von besonderer Bedeutung sind und deren Präsentation im Rahmen der Zoopädagogik wichtig ist. Wenn die Elektronik mithilft, den Ausschnitt des Lebens, den ein Tiergarten bieten kann, größer, übersichtlicher und verständlicher zu machen, wenn sie dazu beiträgt, Tierarten, deren bisherige Unterbringung in Zoologischen Gärten nicht modernen Ansprüchen gerecht wurde, zu ersetzen, so ist mit ihr ein Schritt in eine gute Zukunft möglich. Jugendlichen, die schon vom Kleinstkindalter mit elektronischen Medien heranwachsen, bietet sie die Chance, als Brücke zur belebten Umwelt, besonders zum Tier zu dienen.

Bei allen großen Aufgaben, die die Zoologischen Gärten heute und in Zukunft zu erfüllen haben, verdient jedenfalls der Respekt vor unseren Mitgeschöpfen und vor der Würde der Tiere besondere Beachtung. Wir Menschen beanspruchen das Recht, Tiere in Obhut zu nehmen und haben dabei die Pflicht, nach unserem Verständnis das Beste für sie zu tun.

Kein Mensch hat das Recht, Tiere zu Karikaturen ihrer selbst zu machen. So sollte es in Zoos künftig wohl nicht mehr möglich sein, daß Primaten als Clowns – in Menschenkleidung vielleicht – vermarktet werden. Ebensowenig ist zuzulassen, daß Großkatzen nur deswegen gezüchtet werden, damit mit Jungtieren in einer Fotoecke Geschäfte gemacht werden können und daß nach dem Ende dieser artfremden Jugend den meist entwicklungsgestörten Tieren aus Platzmangel ein vorzeitiges Ende bereitet wird. Der Zoobesucher sollte nach einem Rundgang verstehen, daß die Unterbringung eines einzelnen Paares von Greifvögeln in einer ausreichend großen und verhaltensgerecht gegliederten Voliere mit Brutmöglichkeit sehr wohl den Bedürfnissen der Tiere gerecht wird. Jedenfalls viel mehr als das hektische, kurze und nur scheinbar freie Kreisen hungriger Einzelvögel bei Flugdemonstrationen, nach deren Ende die angeblich glücklichen Tiere für viele Stunden wieder an die Kurzfessel gehängt werden.

Die Verantwortlichen der Zoos werden in Zukunft mehr als heute versuchen müssen, den Ansprüchen jedes einzelnen ihrer Schützlinge aus der Tierwelt auf die Spur zu kommen und diese Bedürfnisse dann auch bestmöglich zu erfüllen. Ein ordentlicher Zoo kann heute schon seine Aufgaben als Forschungs- und Bildungsstätte, als Zentrum des Artenschutzes, aber auch als begeisterndes Ausflugsziel so weitgehend erfüllen, daß das Wohlbefinden der Tiere gesichert ist. Neben den oben angeführten Aufgaben und Möglichkeiten der Zoos der Zukunft muß heute schon jeder Tiergarten vordringlich daran arbeiten, dem aktuellen Standard der Zootierhaltung umgehend gerecht zu werden.

Zoos haben Zukunft! Eine Zukunft ohne Zoos kann sich niemand vorstellen oder gar wünschen, der sich ernsthaft mit den Aufgaben, Möglichkeiten und Leistungen moderner Tiergärten beschäftigt hat.

Die Autoren

Lothar Dittrich, geboren 1932, studierte Biologie, Parasitologie und Chemie an der Universität Leipzig. Er schloß sein Studium mit der Promotion zum Dr. rer. nat. im Jahre 1960 ab. Im Jahr 1954 trat er als wissenschaftlicher Assistent in den Zoo Leipzig ein und wechselte im Jahr 1961 in den Zoologischen Garten Hannover über. Im Jahr 1972 übernahm er die Leitung des nunmehr städtisch gewordenen Zoo Hannover. An der Tierärztlichen Hochschule Hannover vertrat er zunächst als Lehrbeauftragter bis 1971 und dann als Honorarprofessor das Fach Tiergartenbiologie.

Wolfgang Gewalt, 1928 in Berlin geboren, studierte Biologie an der Humboldt-Universität und promovierte an der Freien Universität über das Farbsehvermögen von Raubtieren. Nebenher widmete er sich Freilanduntersuchungen zur Biologie der Großtrappe. Als Wissenschaftlicher Assistent des Berliner Zoologischen Gartens engagierte er sich ab 1959 in diversen Auf- und Erstzuchten, die in zahlreichen fach- sowie populärwissenschaftlichen Veröffentlichungen Niederschlag fanden; hinzu kamen Aufenthalte vor allem in afrikanischen Wildschutzgebieten. Seit 1966 Direktor des Zoologischen Gartens in Duisburg, widmet er sich besonders der Cetologie, d.h. der Erforschung und Haltung von Delphinen und Walen. 1972/73 wurde hier die EAAM (= European Association for Aquatic Mammals) gegründet, dazu kamen und kommen Expeditionen zur Beobachtung und zum Fang dieser Meeressäuger.

Gunther Nogge, geboren 1942, studierte Biologie an der Universität Bonn. Nach seiner Promotion 1969 war er vier Jahre als Dozent für Zoologie an der Universität Kabul und als Leiter des Zoologischen Gartens Kabul in Afghanistan tätig. 1973 kehrte er an die Universität Bonn zurück, wo er sich 1978 für das Fach Zoologie habilitierte. Seit 1981 ist er Direktor des Kölner Zoos und vertritt als außerplanmäßiger Professor die Tiergartenbiologie an der Universität Köln. Als Vorsitzender des Komitées für Europäische Erhaltungszuchtprogramme (EEP) des Europäischen Zooverbandes (EAZA) gilt sein besonderes Interesse der internationalen Zusammenarbeit Zoologischer Gärten beim Aufbau langfristig sich selbst erhaltender Tierpopulationen in den Zoos.

Helmut Th. Pechlaner, 1946 in Innsbruck geboren, begann seine zoologische Laufbahn als Ferialpraktikant bei Konrad Lorenz in Seewiesen und in verschiedenen Tiergärten. Das Studium der Veterinärmedizin in Wien schloß er mit dem Diplom und der Promotion 1972 ab. Als Stellvertreter des Zoodirektors Prof. Hans Psenner in Innsbruck durchlebte er eine siebenjährige gründliche Schulung. Von 1979–1991 wirkte er als wissenschaftlicher und kaufmännischer Direktor des Alpenzoos. Neben wissenschaftlichen Publikationen betreut H. Pechlaner seit Jahren kontinuierlich Printmedien und Fernsehen mit Artikeln bzw. Sendungen. Seit 1992 ist H. Pechlaner Alleingeschäftsführer der Schönbrunner Tiergarten Gesellschaft mbH in Wien und somit wissenschaftlicher und kaufmännischer Direktor des ältesten Tiergartens der Welt. Im Rahmen dieser neugegründeten Gesellschaft ist es seine Aufgabe, die Ziele eines Zoos der Zukunft in einem historischen Rahmen zu verwirklichen ...

Dieter W. Poley, geboren 1935, studierte Zoologie, Botanik, Org. Chemie, Geographie und Philosophie an den Universitäten Göttingen und Braunschweig, promovierte mit dem Thema »Experimentelle Untersuchungen zur Nahrungssuche und Nahrungsaufnahme der Kolibris«. Nach seiner Tätigkeit als wissenschaftlicher Assistent und Oberassistent am Zoo Duisburg (1967–1972) übernahm er als Direktor die Leitung des Tiergartens in Heidelberg. Verfasser zahlreicher Veröffentlichungen mit dem Schwerpunkt Zootiere, Tiergärtnerei und Ornithologie. Er bereiste viele Länder der Erde unter den Gesichtspunkten Zoologische Gärten, Nationalparks, Schutzgebiete und Vögel. Seit 1991 ist Poley Präsident des Verbandes Deutscher Zoodirektoren e. V., gegr. 1887.

Wissenschaftlich geleitete Zoos im deutschsprachigen Raum

Sachverzeichnis

Mensch und Naturwissenschaft

Sachbücher zur Wechselbeziehung von Mensch und Naturwissenschaft.

Für Leser, die wissen wollen, wo und wie neue Entwicklungen in Forschung und Technik den Alltag beeinflussen und verändern werden. Lebendig und begreifbar gemacht von Autoren, die sich als Mittler zwischen Experten und Öffentlichkeit verstehen.

Angelika Anders-von Ahlften / Hans-Jürgen Altheide

Laser – das andere Licht

Schlüsseltechnologie der Zukunft ╱

196 Seiten, 55 Abbildungen

Gerald Fleischer

Lärm – der tägliche Terror

Verstehen – Bewerten – Bekämpfen

224 Seiten, 110 Abbildungen

Herbert A. Koch (Hrsg.)

Angst vor der Zukunft?

Der Mensch und seine Umwelt:
Fakten und Probleme bei der Suche nach dem Weg ins nächste Jahrtausend

255 Seiten, 11 Abbildungen

Siegfried Koller

Vom Wesen der Erfahrung

Persönlichkeitsentwicklung, Alltagserfahrung, Erkenntnisgewinn, schöpferische Leistung – Über die Fähigkeit des Gehirns zur Verknüpfung verborgener Zusammenhänge. Ein Modell zum Verständnis des Phänomens Erfahrung

235 Seiten

Rolf Andreas Zell

Das Gen-Zeitalter

Menschen, Mächte, Moleküle

201 Seiten, 18 Abbildungen

Wenn Sie Bücher zu einem der genannten Sachgebiete suchen – **fragen Sie Ihren Buchhändler.** Er berät Sie gerne und besorgt für Sie jedes lieferbare Buch von TRIAS. Informationen erhalten Sie auch durch

≡ **TRIAS** THIEME HIPPOKRATES ENKE

Rüdigerstraße 14, 7000 Stuttgart 30